国家出版基金项目
NATIONAL PUBLICATION FOUNDATION

北京大學出土文獻研究所 編

北京大學藏西漢竹書

肆

上海古籍出版社

本書爲教育部哲學社會科學研究重大課題攻關項目「西漢竹書整理與研究」（2009JZD770041）成果。

本書編寫得到中華人民共和國教育部、財政部高等學校創新能力提升計劃（二〇一一計劃）中央專項資金支持。

本書得到國家出版基金資助出版。

本卷編撰人

《妄稽》　何晉

《反淫》　邵永海　傅剛

前言

二〇〇九年初，北京大學接受捐贈，獲得了一批從海外回歸的西漢竹簡。這批竹簡在入藏北京大學前，曾聘請簡牘專家做過鑒定。二〇〇九年一月十一日下午，竹簡運抵北京大學賽克勒考古與藝術博物館。當時，全部竹簡均被乙二醛溶液浸泡，大致按長短分裝於九個大小不等的塑料盒中。竹簡表面多呈黃褐或暗褐色，質地較硬，墨色凝重，字跡非常清晰。簡上用朱砂書寫或繪製的文字、欄格與圖表，顏色尚鮮豔如新。竹簡兩端均修治平齊，簡上多刻有用以固定編繩的契口，很多還殘留有小段編繩或編繩印痕。

一月中旬，我們邀請長沙簡牘博物館經驗豐富的簡牘保護專家主持進行了對竹簡的初步清理。同時由北京大學考古文博學院文物保護教研室針對竹簡現狀制定了保護方案。

爲了做好這批重要竹簡的保護、整理與研究工作，並以此爲契機整合北京大學在出土文獻研究方面的科研力量，我們向學校遞交了成立「北京大學出土文獻研究所」的申請，很快得到批准。北京大學出土文獻研究所由北京大學中國古代史研究中心與考古文博學院聯合組建（掛靠中國古代史研究中心），由歷史、考古、中文三個院系的專家學者組成。

同年三月十三日至三十日，北京大學出土文獻研究所組織力量，對這批竹簡進行了清理、測量和拍照。長沙簡牘博物館的專家參加了清理工作，並給予了技術指導。

經整理清點，全部竹簡共編號三千三百四十六個，其中完整簡約一千六百枚，殘斷簡多數也可綴合。竹簡按照長度，可分爲長、中、短三種。長簡長約四十六厘米，相當於漢尺二尺，三道編繩，屬於三種選擇類的數術書；短簡長約二十三厘米，相當於漢尺一尺，兩道編繩，內容均爲醫方。其餘內容的竹簡均爲中等簡，長約二十九・五至三十二・五厘米，相當於漢尺一尺三寸至一尺四寸，三道編繩。

需要特別説明的是，二〇一〇年初，我們在整理北京大學藏秦簡牘時，瞭解到其中部分竹簡背面存在整齊的刻劃痕跡，於是重新檢視西漢竹簡，發現大多數竹簡背面也存在既淺且細的斜直劃痕。相鄰竹簡的劃痕往往可以接續，有助於簡册的編聯復原。因此，二〇一〇年十二月至二〇一一年一月，我們又對全部漢簡簡背的劃痕進行了測量、繪圖。同時，還對部分簡質發黑或字跡模糊的竹簡拍攝了紅外照片。

在掌握了西漢竹簡的全部圖像與數據資料後，我們即着手進行簡文内容的釋讀與分篇工作，初步掌握了這批竹簡的基本情况。

這批漢簡全部屬於古代書籍，未見文書類文獻，因此可稱之爲「西漢竹書」。竹書含有近二十種古代文獻，基本涵蓋了《漢書・藝文志》的古書分類法「六略」中的各大門類，内容相當豐富，也是迄今發現的古書類竹簡中數量最大的一批。其中包括迄今所見存字最多的秦漢字書《蒼頡篇》，篇章結構最爲完整的出土《老子》古本，西漢前期人講述秦末重要史事的古佚書《趙正書》，《漢書・藝文志》「諸子略」曾經著録且久已失傳的道家著作《周馴（訓）》，目前所見我國年代較早的長篇俗賦《妄稽》，與枚乘《七發》年代接近、内容相關的「七」體漢賦《反淫》，總數達一千六百餘枚竹簡的種類繁多、内容豐富的數術書，保存一百八十餘個醫方、可與馬王堆帛書《五十二病方》對勘並補充其不足的古醫書。同時，這批竹書的書法極爲精美，包含至少七八種不同的書風，堪稱西漢隸書藝術的瑰寶。

西漢竹書中未見漢武帝以後的年號，僅在一枚數術類竹簡上發現有「孝景元年」紀年。各篇竹書的書法與字體特徵雖不盡相同，抄寫年代當略有早晚，但大體上可以認爲已近於成熟的漢隸，與西漢早期的張家山二四七號墓及馬王堆漢墓出土的簡帛中近於秦隸的書體有明顯的區別，與下葬於武帝早期的銀雀山漢墓出土的竹簡書體相比亦顯稍晚。但即使是其中最接近成熟漢隸的書體，與宣帝時期的定州八角廊漢墓出土的竹簡文字相比，仍略顯古樸。由書體特徵並結合對全部竹書内容的分析，我們推測這批竹書的抄寫年代應主要在漢武帝後期，下限不晚於宣帝。

綜合多種因素分析，北大西漢竹書的原主人應與阜陽雙古堆漢簡、定州八角廊漢簡的墓主人身份接近，有可能屬於漢代的王侯一級。這批竹書的内容，反映出西漢中期社會上層所具備的知識結構和思想意趣。

可以説，北大西漢竹書是繼二十世紀發現的馬王堆帛書、銀雀山漢簡之後問世的又一座重要漢代典籍寶庫，對歷史文獻學、文字學、先秦史、秦漢史、古代思想史、醫學史、書法藝術史以及簡帛書籍制度等諸多領域的研究，均具有非同尋常的學術價值。

這批重要竹書資料的整理、編纂和出版工作由北京大學出土文獻研究所主持進行。全部竹書的資料報告集以《北京大學藏西漢竹書》爲題，採用多卷本形式出版，各卷内容計劃爲：

第一卷《蒼頡篇》

第二卷《老子》

第三卷《周馴》、《趙正書》、《儒家説叢》、《陰陽家言》[一]

第四卷《妄稽》、《反淫》

第五卷《節》、《雨書》、《堪輿》、《荊決》、《六博》

第六卷《日書》、《日忌》、《日約》

第七卷 醫方

未能確定歸屬的殘簡和無字簡一併附於最後一卷。各卷均包括竹簡的彩色原大照片與放大照片、紅外照片、簡背劃痕示意圖、簡文的釋文與注釋以及附録。附録收入竹簡一覽表、與各卷竹書内容相關的文獻資料以及整理者的論文等。此外，我們還將編纂和出版《北京大學藏西漢竹書文字編》。

這套西漢竹書資料報告集的各卷，均實行該卷編撰者個人負責制。但每卷書稿付印前，均由本所主持召集相關專家進行多次討論，提出修改意見，各卷編撰者在聽取大家意見並作出修訂後定稿。囿於學識與能力，這套書中肯定會有這樣或那樣的疏誤，我們誠摯地期望得到方家的教正。

在這套書出版之際，尤其需要感謝的是：

教育部社會科學司和國家文物局的領導對於北大西漢竹書的整理與研究工作給予了及時的指導和支持。

北京大學藏西漢竹書的保護、整理與研究工作先後獲得了教育部哲學社會科學重大課題攻關項目「西漢竹書整

[一]《儒家説叢》、《陰陽家言》兩書，初步整理時暫名「子書叢殘」，今根據竹簡形制、書體和内容分爲兩種，改擬現題。

理與研究」（2009JZD770041）與國家科技支撑計劃「中華文明探源工程及其相關文物保護技術研究」項目子課題「古代簡牘保護與整理研究」（2010BAK67B14）的資助。

清華大學、復旦大學、中山大學、武漢大學、吉林大學、首都師範大學、中國文化遺産研究院等單位的專家學者在北大西漢竹書的整理、研究及科研立項工作中均給予了多方面的指教。

西漢竹書在入藏、整理、保護與研究過程中，始終得到北京大學校領導的親切關懷與支持。北京大學社會科學部、財務部、教育基金會及歷史學系、中國古代史研究中心、考古文博學院等各部門、院系的領導也給予了熱情幫助。

在這裏還要感謝上海古籍出版社爲這套系列資料報告集的編撰、出版所提供的大力支持。

北京大學出土文獻研究所

二〇一二年二月

二〇一五年一月修訂

凡例

一　本書採用多卷本形式，收入北京大學藏西漢竹書的全部資料。各卷均包括圖版、釋文與注釋、附録三部分。

二　竹書各篇凡原有篇題者均以原篇題爲名，原無篇題者依簡文内容擬定篇名並加【】號。

三　圖版分爲原大彩色圖版、放大彩色圖版、放大紅外圖版和簡背劃痕示意圖四部分。其中放大彩色和紅外圖版按照竹簡原大的200%影印，紅外照片只選取字跡模糊的片段。放大彩色圖版每簡左側均有與簡文一一對應的釋文，保留重文、合文符號和其他符號，不加括注和標點。簡背劃痕示意圖根據竹簡測量數據繪製，尺寸爲竹簡原大的50%。

四　圖版中竹簡的照片按照綴合、編聯後的順序，分篇排列和編號。簡號用小寫漢字數字一、二、三等標識於每簡之下。由多段殘簡拼綴而成的竹簡，僅標一個簡號。另外在每段殘簡的右下角用小寫英文字母標明其序號。紅外照片的編號與原簡號相同，若一枚竹簡有多段紅外照片，則在簡號之後加阿拉伯數字以示區別。簡文如分欄書寫，在每欄最上一字右側用大寫漢字數字壹、貳、叁等標明欄次。

五　釋文按照簡文原有的篇章結構來安排。簡文原不分章而篇幅較長者，根據内容適當劃分段落。不能與竹書各篇正文連讀的簡文，凡據内容可推定歸屬的，即置於所屬篇章之後，彩色圖版照片亦按照同樣原則來安排。

六　簡文原有的句讀勾識符號，釋文均予以省略，另加新式標點；重文、合文符號皆寫作相應的文字，分章符號予以保留。釋文中在每簡最後一字右下方標注簡號。通假字和異體字，在其後用（）號標注現代通行字，明顯的誤字用〈〉號標注正字；原有的脱文或衍文，釋文不作更動，在注釋中說明。簡文中的常見異體字，釋文統一寫作現代通行字。

七　釋文中凡遇簡文殘缺或漫漶不可辨識之處，可根據殘存筆畫或上下文補出者，即按照所缺字數補足並加【】號；殘缺文字無法補出，但字數可以推定者，用相應的□號表示；字數無法推定者用……號表示。

八　注釋置於釋文每章或段之後，內容主要是簡釋文字、分析詞義、疏通文句，以及與相關傳世或出土文獻的對讀等。在每篇釋文之前另加「說明」，簡要介紹該篇的簡數與形制、分章情況、內容和性質以及其他需要說明的事項。

九　附録主要包括本卷所收竹簡一覽表、與本卷竹書內容有關的傳世或出土文獻資料以及整理者撰寫的研究論文等。

目録

妄稽

妄稽 圖版

七　六　五　四　三　二　一　三背

一五 一四 一三 一二 一一 一〇 九 八

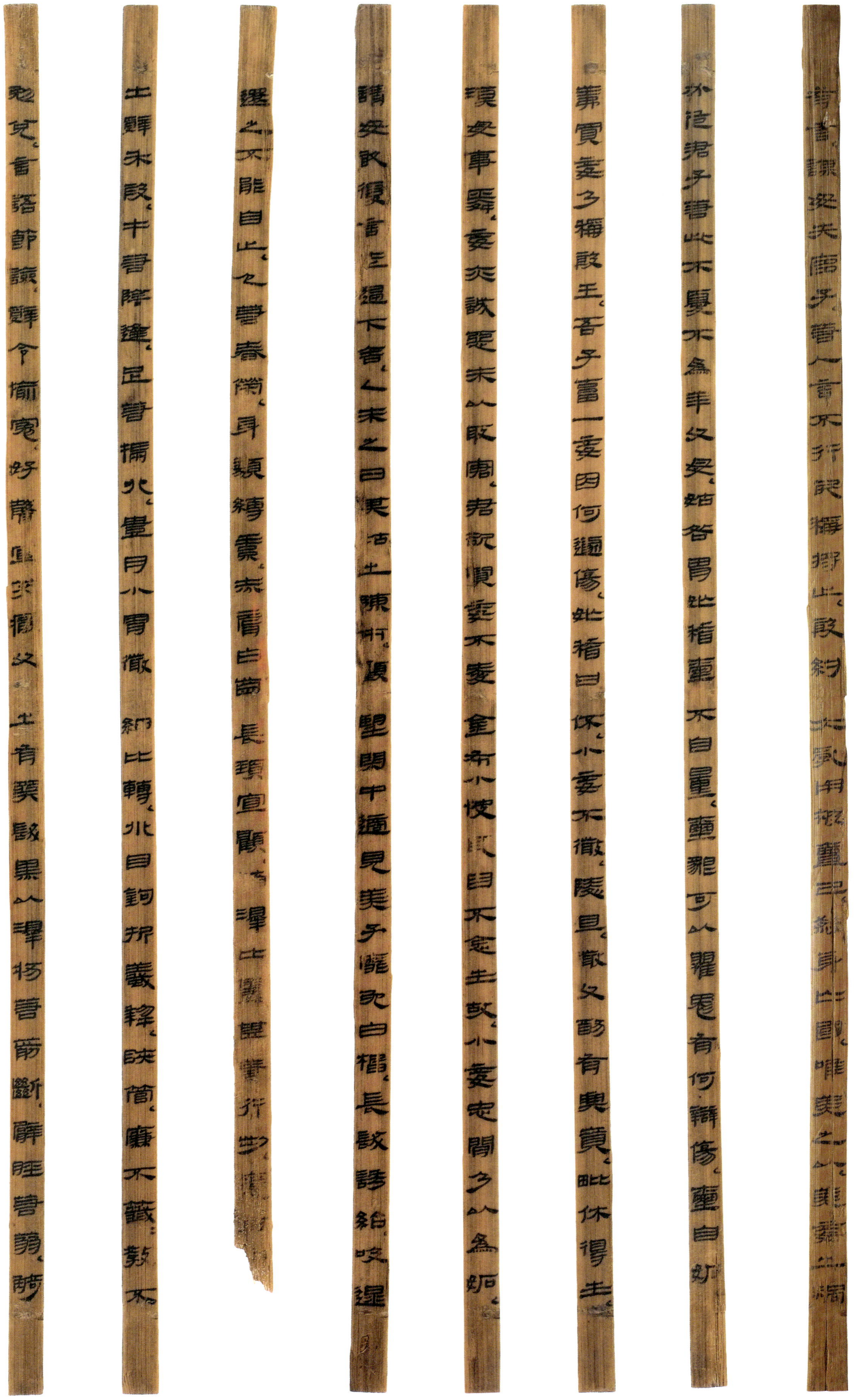

一六 一七 一八 一九 二〇 二一 二二 二三

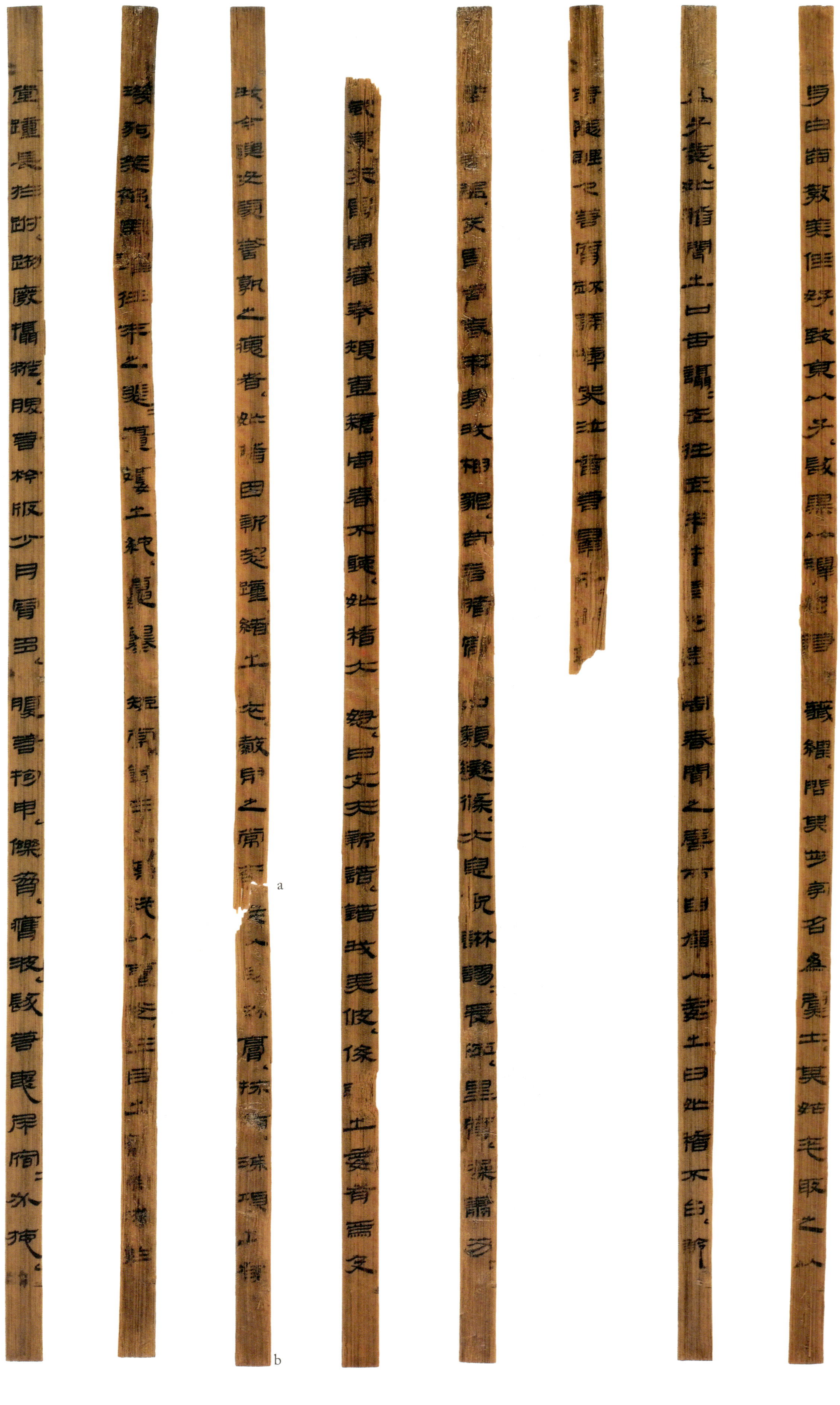

三一　三〇　二九　二八　二七　二六　二五　二四

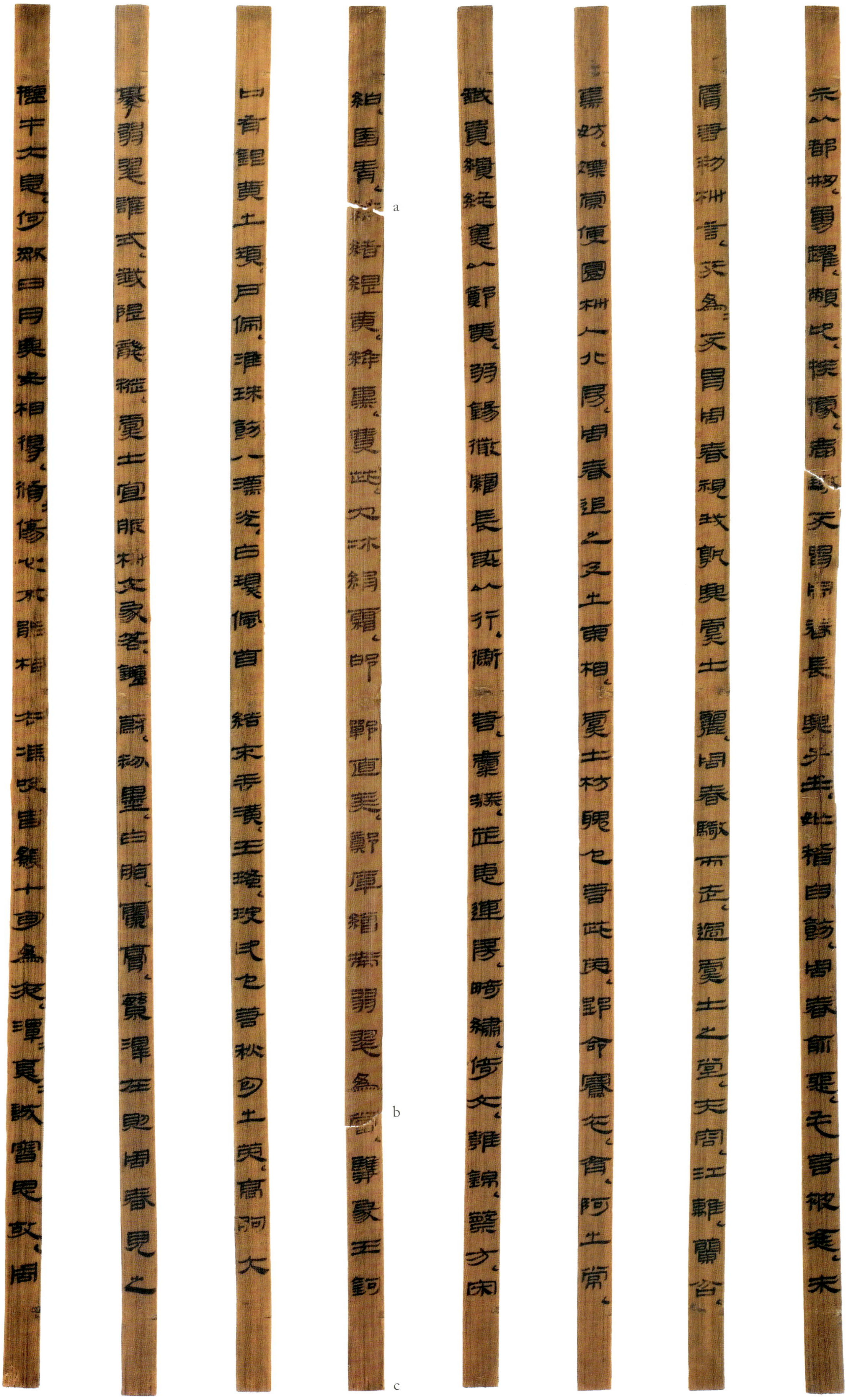

三二 三三 三四 三五 三六 三七 三八 三九

四〇 四一 四二 四三 四四 四五 四六 四七

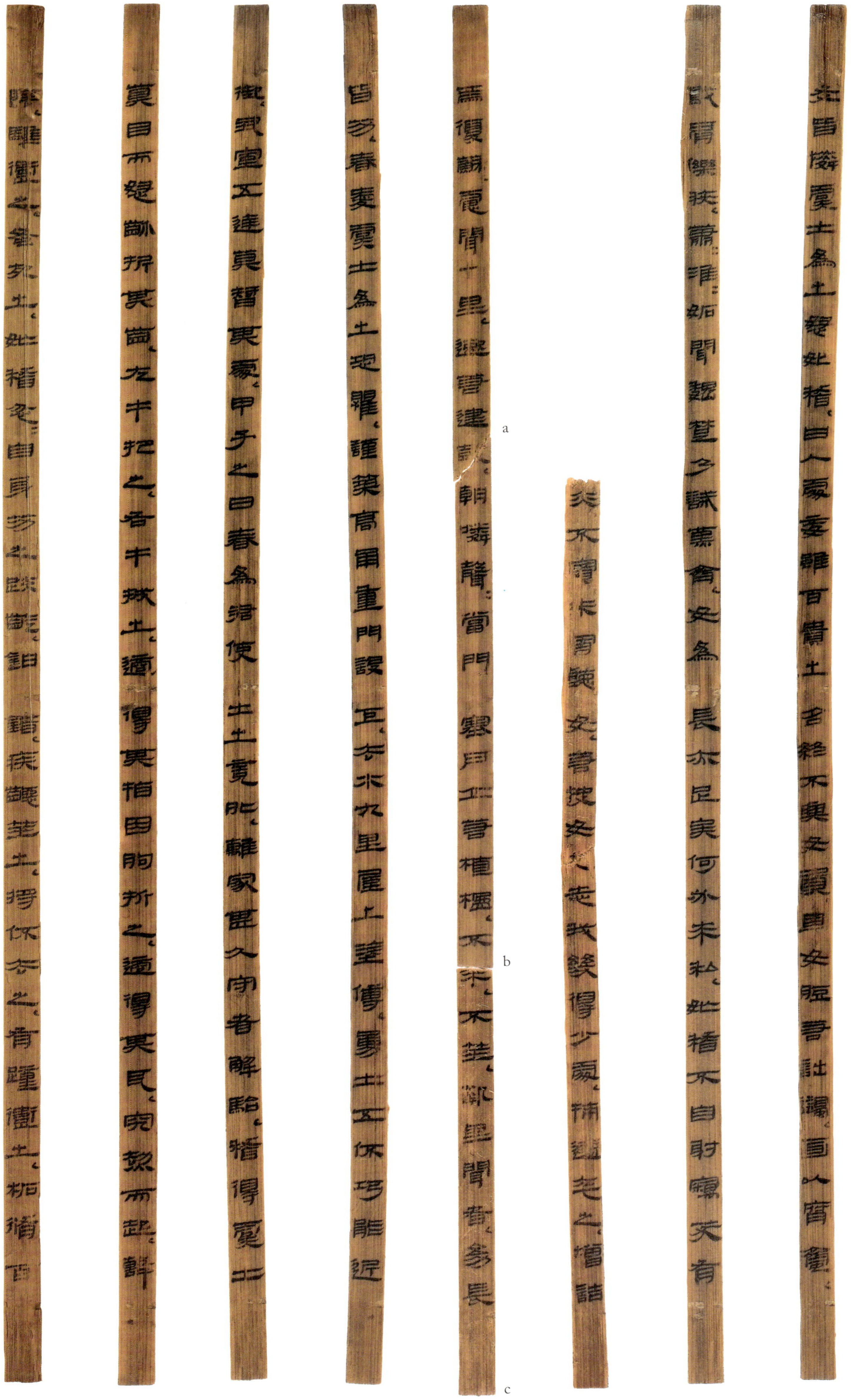

五五　五四　五三　五二　五一　五〇　四九　四八

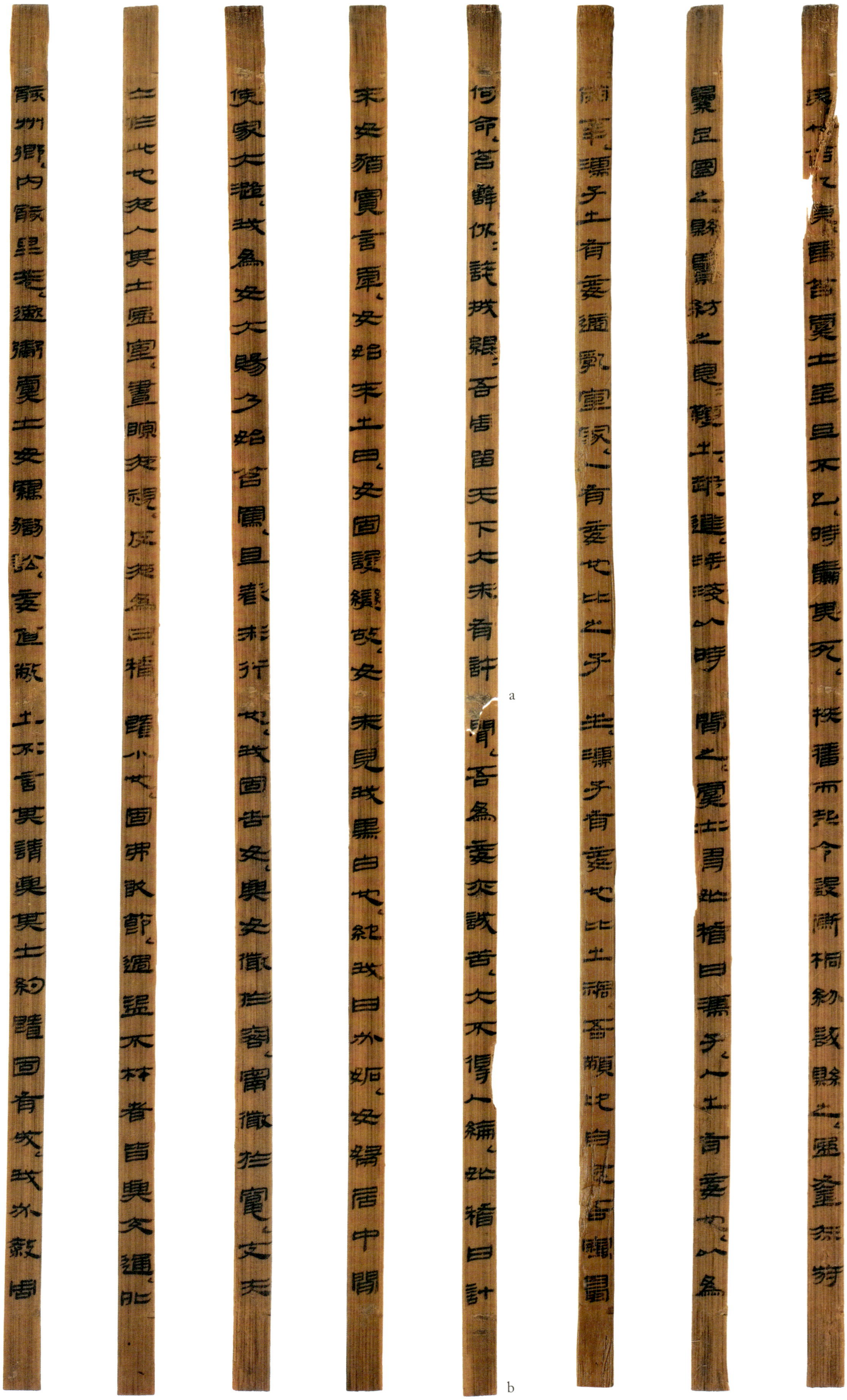

a

b

五六 五七 五八 五九 六〇 六一 六二 六三

六四 六五 六六 六七 六八 六九 七〇 七一

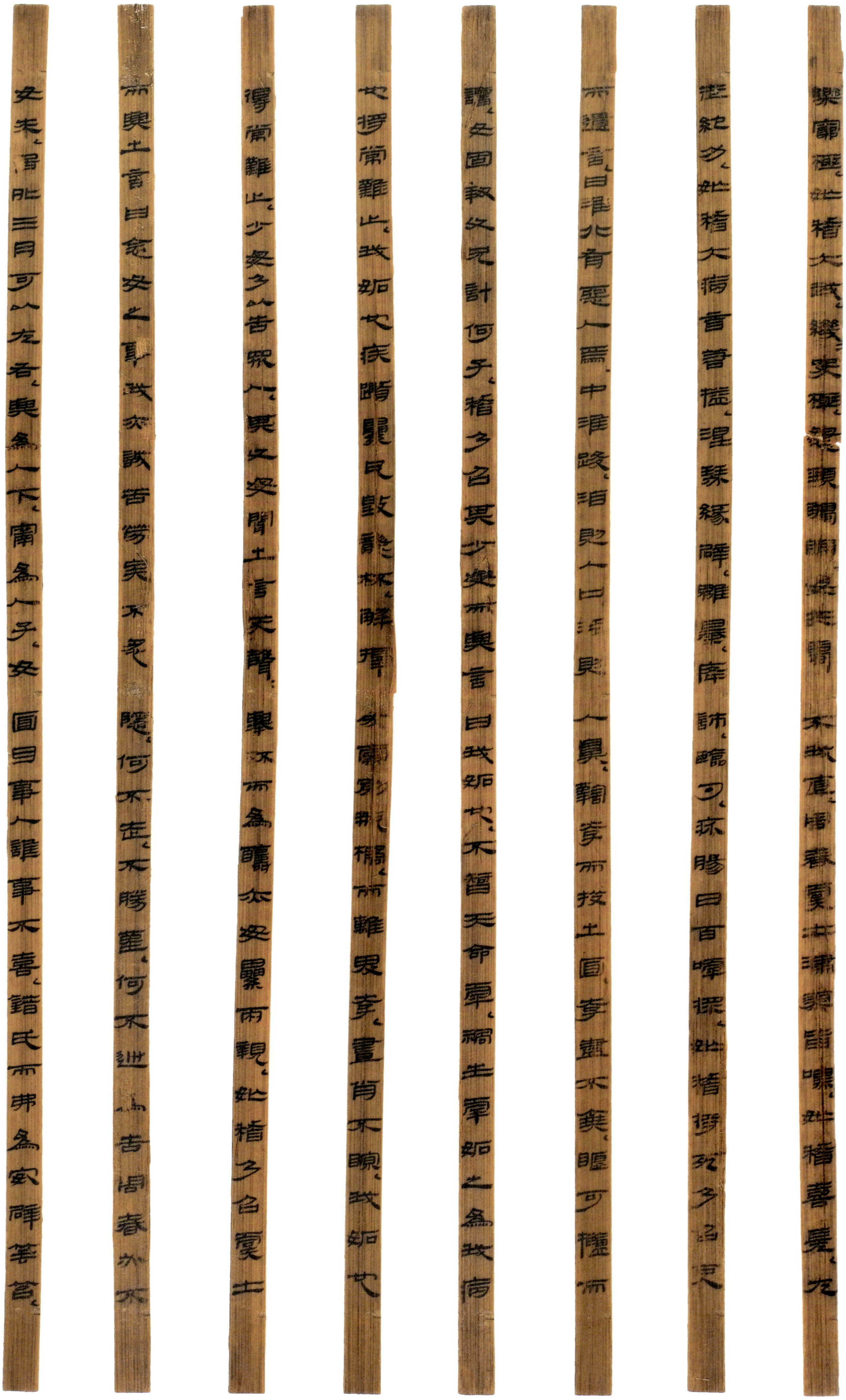

七二 七三 七四 七五 七六 七七 七八 七九

八〇 八一 八二 八三 八四 八五 八六 八七

妄稽

三背

謍陽幼進名族周春孝弟∠兹悔∠恭敬∠仁孫∠鄉

黨莫及∠於國无論∠辭讓送撎∠俗莭∠理羛

一

行步周睘∠進退紆倚∠顔色容貌∠美好∠夸麗∠

精絜貞廉∠不肯淫議∠血氣齊疾心不怒

二

暴∠力勁夬䛐∠不好手扶∠勇若孟賁未嘗色

校∠見鄉長者先言後笑∠其父母愛之∠衆

三

人願以爲子∠邑國蓋鄉∠撫於鄉里∠周春之賢

鄉黨无有∠敦次忠篤∠善養父母∠親戚

四

皆説語及子私∠謀鄉長者欲爲取妻其母

曰句稱吾子不憂无賢∠謀勺隨之爲取

五

安=稽=爲人甚醜以惡∠穜肵∠廣胏∠垂顈∠折骼臂

朕八寸∠指長二尺∠股不盈拼∠脛大五揬∠曠殄∠

六

領亦∠食既相澤∠勺乳繩縈坐肆於席∠尻若冣

笱∠塼膭格=目若别杏∠逢髮頗白∠年始十五

七

面盡鈐腊∠足若縣橿∠脛若談株∠身若胃棘必

好抱區∠口臭腐鼠必欲鉗須∠周春見之曾

八

弗賓視坐與大息∠出入流涕辯告鄉黨∠父母兄

弟∠必與婦生不若蚤死∠其父母聞之乃坐相

九

□有未

能∠爲買美妾且以代之∠妾稽聞之不卧極旦∠

一〇

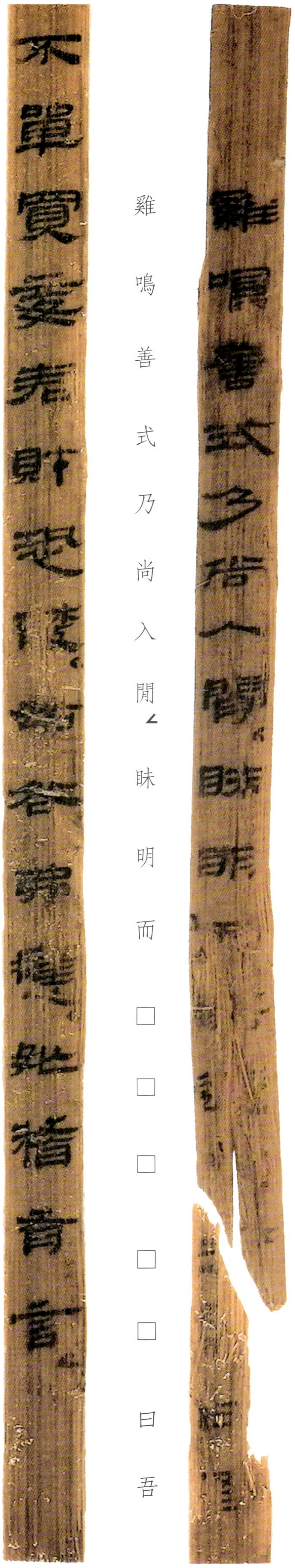

雞鳴善式乃尚入閒∠昧明而□□□□□曰吾

不單買妾君財恐散∠姑咎弗應∠妾稽有言∠

一一

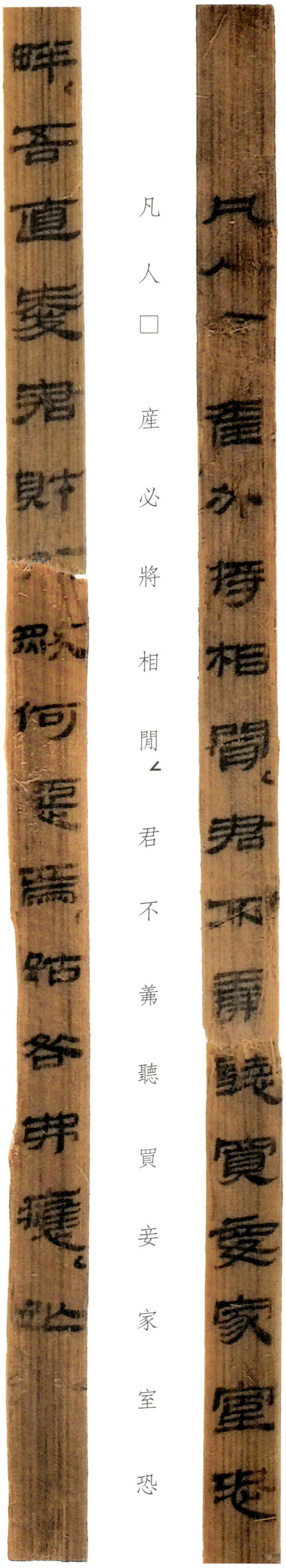

凡人□產必將相聞∠君不兼聽買妾家室恐

畔∠吾直愛君財不然何惡焉∠姑咎弗應∠妄

一二

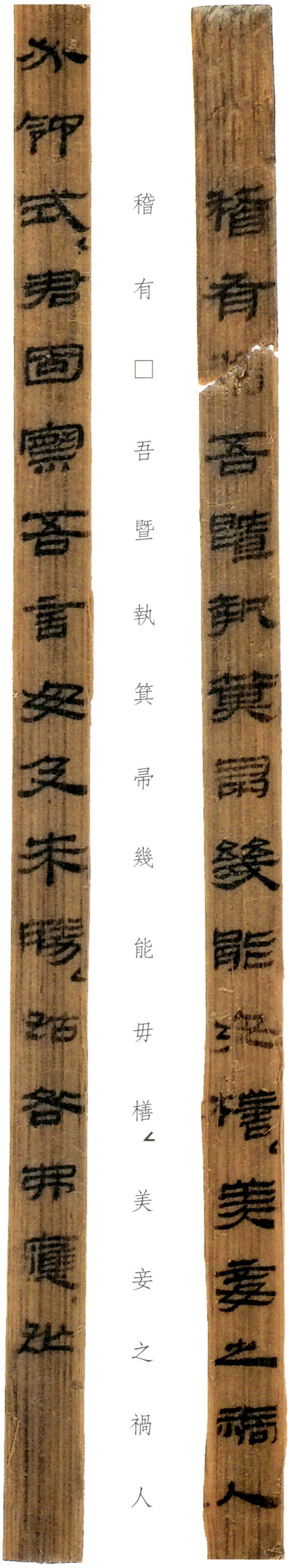

稽有□吾暨執箕帚幾能毋橲∠美妾之禍人

必舒式∠君固察吾言毋及求勝∠姑咎弗應∠妄

一三

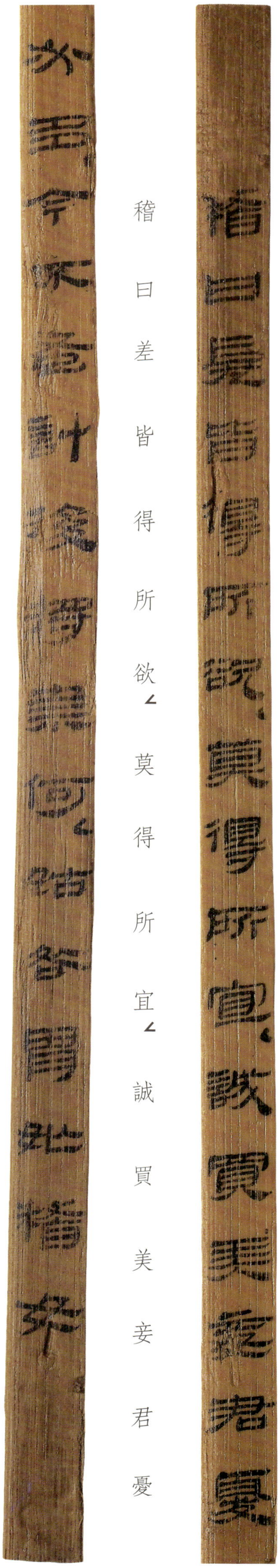

稽曰差皆得所欲∠莫得所宜∠誠買美妾君憂

必多∠今不蚤計後將奈何∠姑咎胃妄稽女

一四

貌狀甚惡口舌甚詛∠吾自爲買妾終不夬女

妄稽曰你何極之有∠以君之智∠籼夫於婦庶人

一五

有言∠謀毋失庨子∠若人言不行民稱將止∠殷紂

大亂用被亶己∠殺身亡國∠唯美之以∠美妾之禍

一六

必危君子若此不憂不爲羊父母∠姑咎胃妄稽𡑍

不自量∠𡑍貌可以懼魌有何辯傷∠𡑍自妬

一七

蕭買妾乃稱殷王∠吾子畜一妾因何遽傷∠妾稽曰

伓∠小妾不微∠陵且∠微父猷有與貴∠眦休得生∠

一八

漢母事舜∠妾亦誠惡未以取宥∠君欲買妾不愛

金布小快耳目不念生故∠小妾忠閒乃以爲姤∠

一九

請毋敢復言走歸下舍∠乙未之日其姑之陳市∠顧

望閑中適見美子靡免白皙∠長髮誘紿∠吸還

二〇

還之不能自止∠色若春榮∠身類縛素∠赤脣白齒

長頸宜顧∠□澤比麗甚善行步∠□□□

二一

出辭禾段∠手若陰逢∠足若揣卵∠豊肉小骨微

細比轉∠兆目鉤折蟻犂∠暎管∠廉不籤=教不

二二

勉兑∠言語節諭∠辭令愉宛∠好聲宜笑厭父

之有巽髮黑以澤狀若葥斷∠臂脛若蒻∠觭

二三

牙白齒∠教美佳好∠致京以子∠髮黑以澤狀若

籤緇∠問其步字名爲虞士∠其姑卒取之以

二四

爲子妾∠妄稽聞之口舌讘=走往走來手□□□∠

周春聞之喜而自幸入妾之日妄稽不台∠魿

二五

若陵鯉∠色若腐蚸虓謕哭泣音若皋牛∠□□

二六

□□若盜∠笑冐周春來與我相貌∠齒若賭骨

口類變條∠大息歌詸謬=爰恤∠星腐∠臊簫芀=

二七

蛇臭笑冐周春奉頞壹嚾∠周春不聽∠妄稽大

怒∠曰丈夫新譛∠錯我美彼∠係□之妄有焉及

二八

我今與女虖訾孰之瘺者∠妄稽因新製𨍭緒之

衣∠縠帛之常∠□純以□∠沐膏∠抹□∠流項□有

二九

璣狗桀詔∠馬趯往來之裴=黃嫂之紞∠夏纍

短常∠□白之濡純以靈光∠三目之□□游於

三〇

堂∠踵長於跗∠跔廢攝糕∠脾若枍版少肉骨多∠

腹若抱曳∠傑脅∠膺波∠髮若龜尾宿=必施∠

三一

示以都𢱧∠勇趯∠顓卬∠揆據∠鹿驚笑胃周春長

與子生∠妄稽自飭∠周春俞惡∠毛若被衰∠未

三二

昏若判桃言∠笑爲＝笑冐周春視我孰與虞士

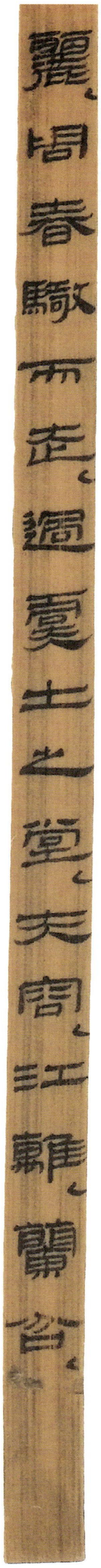

麗∠周春驚而走∠過虞士之堂∠夫容∠江離∠蘭茝∠

三三

熏妨∠嫖莫便圜桃入北房∠周春追之及之東相∠

虞士枋醜色若茈英∠郢命騫衣∠齊∠阿之常∠

三四

戠費續純裏以鄭黄∠弱鍚微羅長彘以行∠衡

若∠蘪無∠芷惠連房∠畸繡∠倚文∠雍錦∠蔡方∠宋

三五

紺∠圂青∠絺緒緹黄∠絳熏∠贊茈∠丸冰絹霜∠邯

鄲直美∠鄭庫繒帶弱翠爲當∠雙象玉鉤

三六

口有銀黄之須∠户佩∠淮珠飭以漢光∠白環佩首

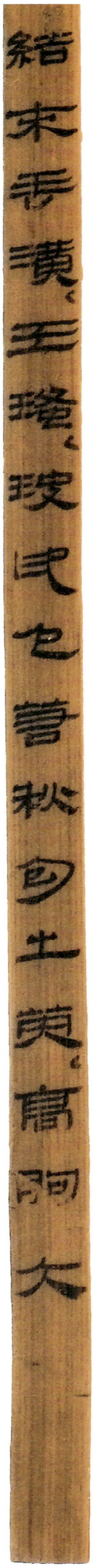

結末垂潢∠玉璏∠玦印色若秋包之英∠高朐大

三七

綦弱翠讙式∠鐵隄襲糂∠虞士宜服桃支象笞∠鑑

蔚∠粉墨∠白脂∠蘭膏∠繁澤在則周春見之

三八

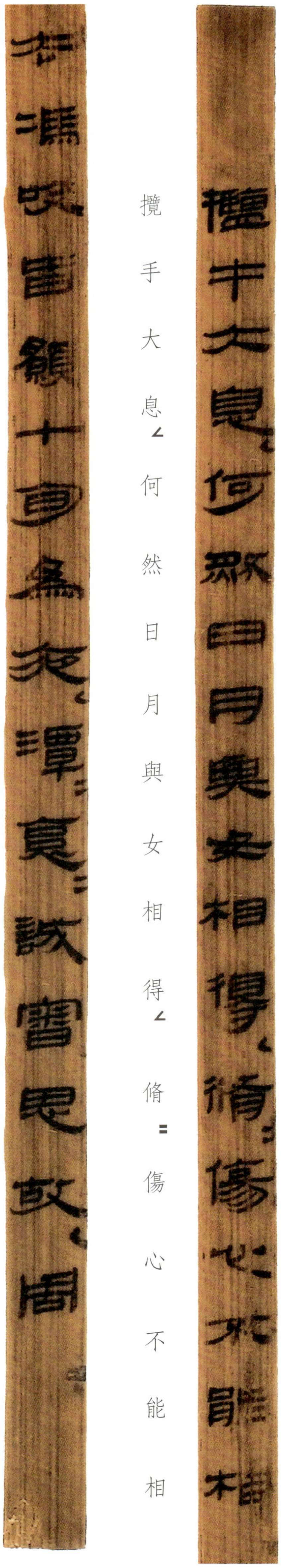

攬手大息∠何然日月與女相得∠脩=傷心不能相

去馮吸皆願七旬爲夜∠潭=哀=誠審思故∠周

三九

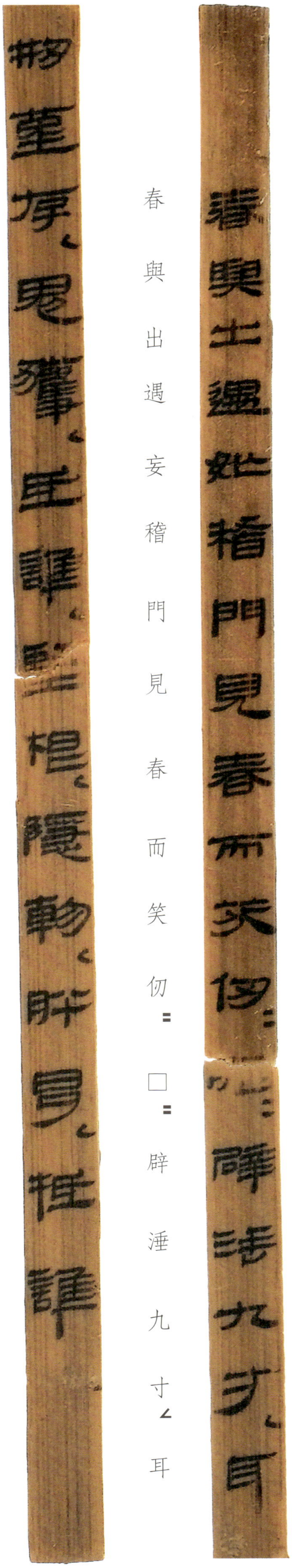

春與出遇妄稽門見春而笑仞=□=辟淒九寸∠耳

㓞堇存∠鬼獾∠氏誰∠堅根∠隱軫∠肸曷∠抵誰

四〇

瞻諸前龜後陫∠曲指∠蹻踝∠穜朏∠廢膪∠目

四一

□□以垂笑胃周春來與我相

四二

女士死中女崔∠三年不與丈夫笑∠不嫁冬身∠見

富不爲變∠見美不爲嘆∠氏胃大誠∠虞士雖

四三

不宵願以自教也∠妄乃端誠不能更始壹接周

春無所用士∠命舍周春蜀事濡子∠妄稽大

四四

怒真目∟瞯視∟搖臂兩指∟吾遬殺女善也爲我

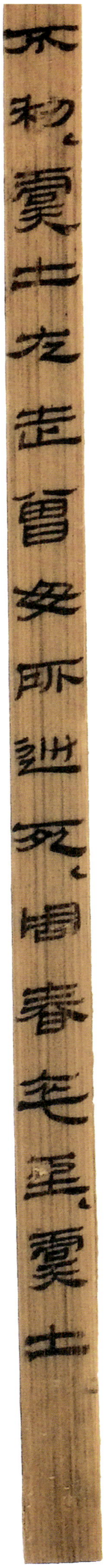

不利∟虞士左走曾毋所逃死∟周春卒至∟虞士

四五

自以爲身免∟安稽爲布席善傳之∟邑入其衣而

數揗之∟安稽胃周春吾視虞士若氏矣∟君

四六

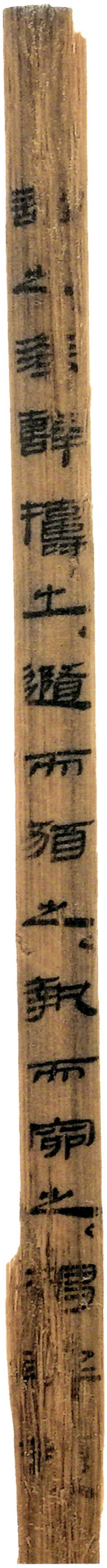

□之□擊擣之∟隨而猶之執而窌之∟楬解□

之虞士乃三旬六日焉能起∟辯告衆人拜請馮

四七

友皆憐虞士爲之怒妄稽∠曰人處妾雖百貴之

名終不與女資且女脰若詘蠲∠面以腐蠐∠

四八

鳶肩傑胅∠蕭=淮=姤聞巍楚乃誠燕齊∠女爲

長亦足矣何必求私∠妄稽不自射竊笑有

四九

亦不賓未肯聽

女∠若快女心志我幾得少處∠捕遂卒之∠增詰

五〇

焉復蘇ㄥ慮聞一里ㄥ遨若建鼓ㄥ朝噈聲=當門

塞户立若植楹ㄥ不來ㄥ不箠ㄥ鄰里聞者ㄥ幼長

五一

皆芳ㄥ春愛虞士爲之恐懼ㄥ謹築高甬重門設

巨ㄥ去水九里屋上塗傳ㄥ勇士五伓巧能近

五二

御ㄥ地室五達莫智其處ㄥ甲子之日春爲君使

出之竟外ㄥ離家甚久守者解駘ㄥ稽得虞士

五三

真目而怒齘折其齒∠左手把之∠右手拔之∠適

得其指因胸折之∠適得其耳∠究㪇而起∠擊

五四

陰∠雕躛之∠蚤列之∠妄稽忿=自身芀之疏齕∠鉗

錯∠疾齷筮之∠將伓去之∠有踵躛之∠柘脩百

五五

束∠竹笞九秉∠昏笞虞士至旦不已∠時羸其死∠

扶牆而起令設衡桐紛髮縣之∠盈釜赤叔

五六

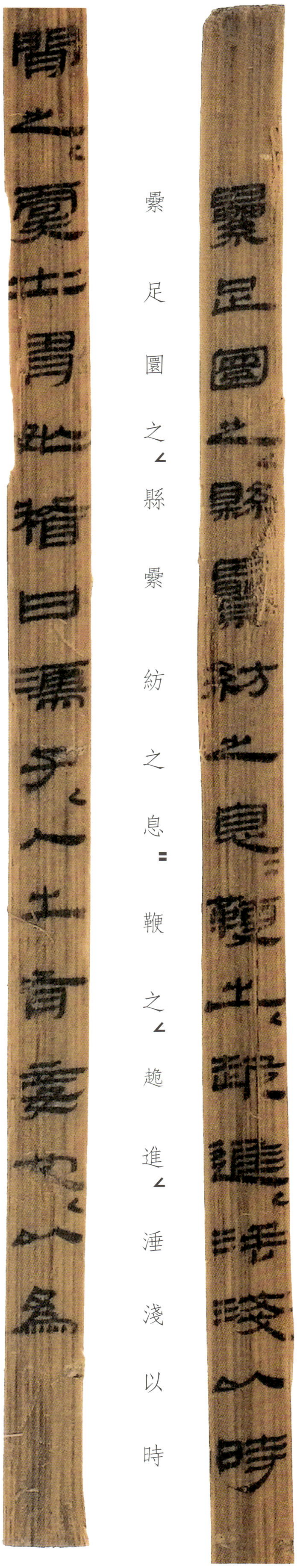

纍足圜之∠縣纍紡之息＝鞭之∠趣進∠湩淺以時

聞之∠虞士胃安稽曰濡子∠人之有妾也∠以爲

五七

榮華∠濡子之有妾適亂室家∠人有妾也比之子

生∠濡子有妾也比之禍∠吾顛印自念吾竊蜀

五八

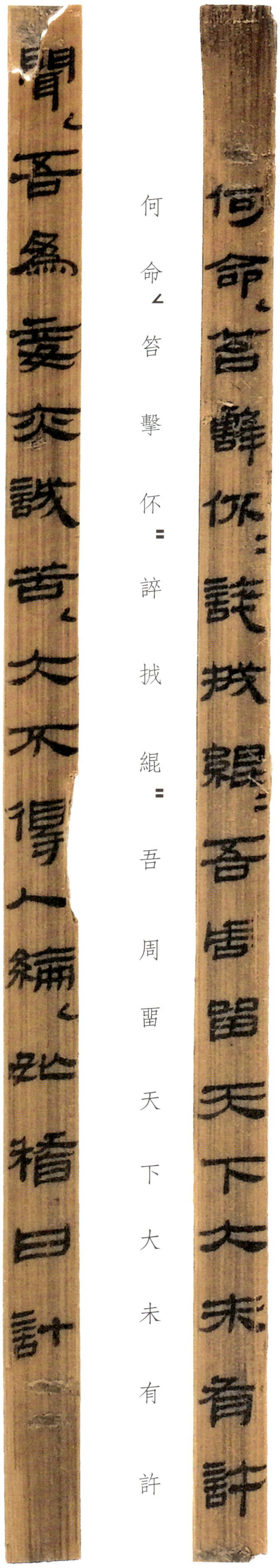

何命∠荅擊伓＝誶拔緄＝吾周留天下大未有許

聞∠吾爲妾亦誠苦∠大不得人綸∠安稽曰訛

五九

來女猶賓言虖∠女始來之日∠女固設變故∠女

未見我黑白也∠絕我曰必妬∠女婦居中閒

六〇

使家大潞∠我爲女大賜乃始笞罵∠且舂未行

也∠我固告女∠與女微於窖∠窌微於竈∠丈夫

六一

亡於此也夜入其士盈室∠晝瞑夜視∠反夜爲日∠稽

暨小也∠固弗敢節∠過盗不材者皆與交通∠外

六二

骸州鄉∠內骸里巷∠遨覊虞士毋羈獄訟∠妾直敝

之不言其請與其士約暨固有成∠我必殺周

六三

春與子合生∠妾直敝之不言其惡與其士約固

暨有度∠必殺周春請要於涂∠妾聞之中心動

六四

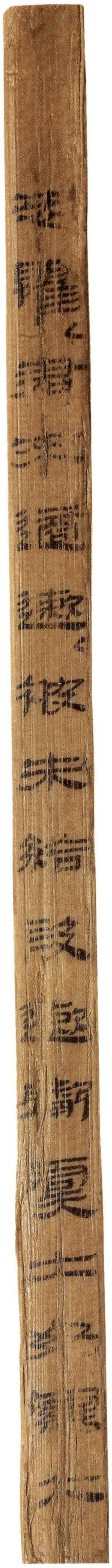

恐懼∠君來適遨∠被未給段遨覊虞士毋羈大

顧∠周春曰若∠吾察其請必得一小婦人∠亦甚

六五

昜伓∠誠有大罪則得蠲猶幸∠僕新罷行∠君與

我相規∠我得聽其言而察其辭賓客畢請

六六

自問之∠勞者未畢虞士吾瞑∠起見周春竽來

虖∠遂之下室已浴已沐纂齊白珠穿以係臂

六七

能過虖度∠不可當∠月而睇陰∠象簪封∠觭牙步

蘭下周春規户不及屨踐而追之∠虞士逃之

六八

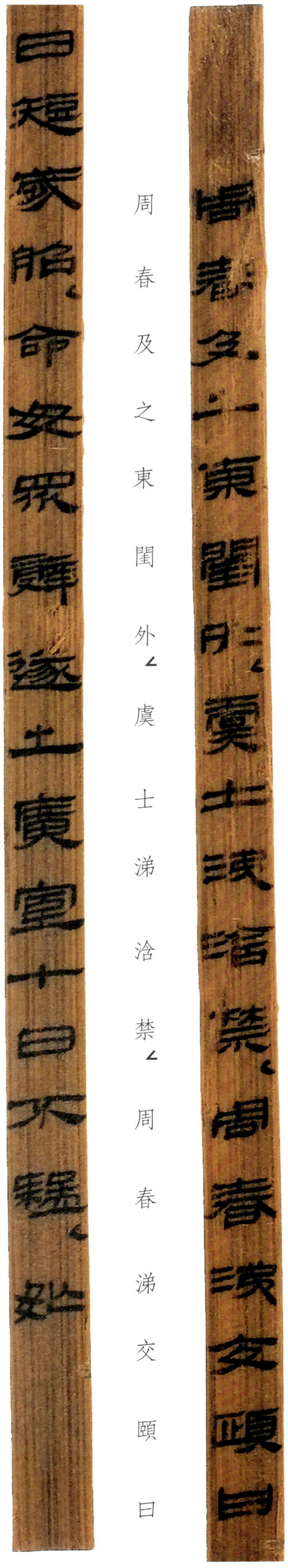

周春及之東閨外∠虞士涕洽禁∠周春涕交頤曰

日短歲船∠命毋衆辭遂之廣室七日不疑∠安

六九

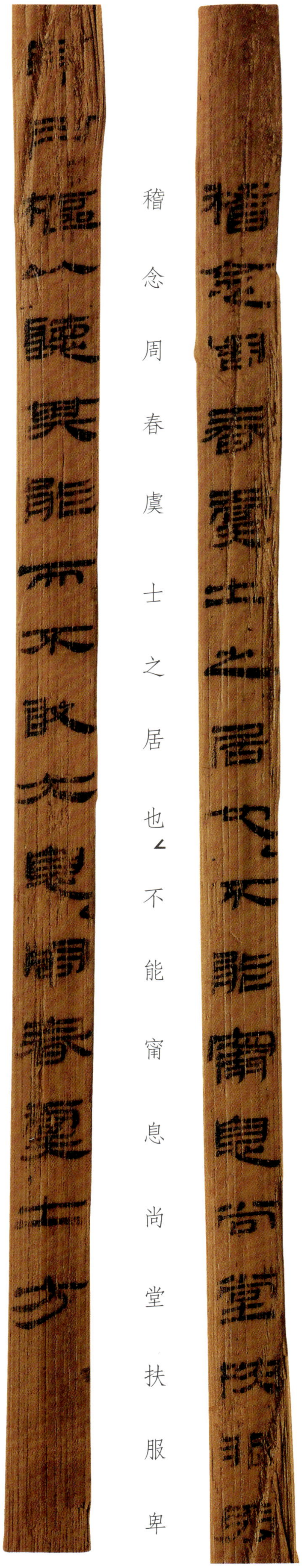

稽念周春虞士之居也∠不能甯息尚堂扶服卑

耳户樞以聽其能而不敢大息∠周春虞士方

七〇

胅下大息若雷流涕若雨春

七一

樂窮極∠妄稽大越∠幾=哭極∠怒頸觸⿰角甬∠女夫蜀

不我直∠周春虞士潚蓼皆嘿∠妄稽喜差∠左

七二

走絕力∠妄稽大病音若搖∠淫瑟緣辟∠魋纂∠瘁

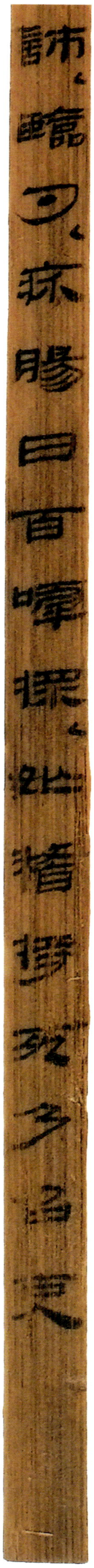

訴∠臨勺∠疥腸日百哹⿰爿彖∠妄稽將死乃召吏

七三

而遺言∠曰淮北有惡人焉∠中淮跂∠酒則入口∠淫則

入鼻∠鞠李而投之面∠李盡不棄∠瞘可攬而

七四

譖∠女固差父兄計何子∠稽乃召其少母而與言

曰我姤也∠不智天命虖∠禍生虖姤之爲我病

七五

也將常難止∠我姤也疾蹭纍瓦毀襲杯∠解擇

成索別瓶橘∠而離卑李∠晝肖不瞑∠我姤也

七六

得常難止∠少母乃以告衆人∠其父母聞之言笑聲=

舉杯而爲醻亦毋纍兩親∠妄稽乃召虞士

七七

而與之言曰念女之事我亦誠苦勞矣不忍

隱∟何不走∟不勝堇∟何不逃為告周春必不

女求∟居外三月可以左右∟與為人下∟甯為人子∟女

面目事人誰事不喜∟錯氏而弗為安辟箠笞∟

吾請奉女以車馬金財∟纍組五采盡=來取不

告無有∟虞士再拜而起∟曰濡子誠有賜小

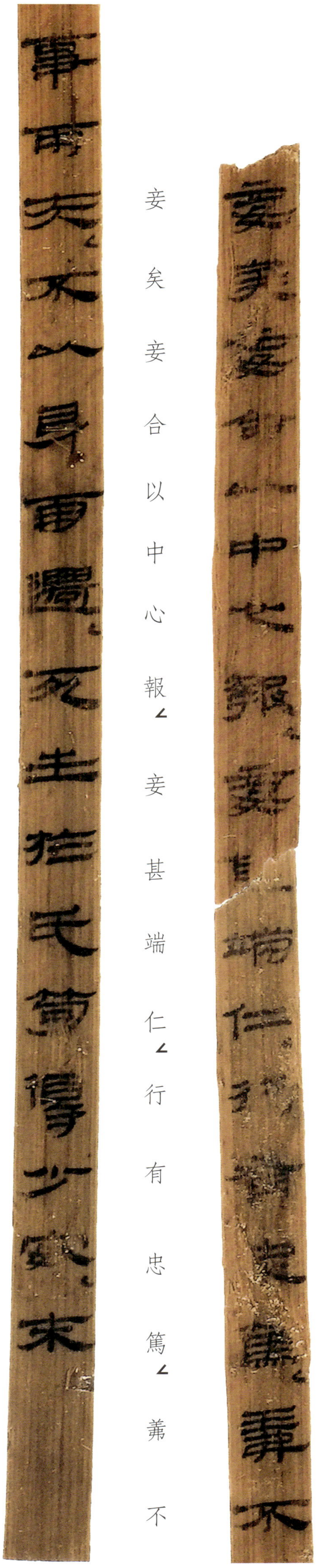

妄矣妄合以中心報∠妄甚端仁∠行有忠篤∠羛不
事兩夫∠不以身再遷∠死生於氏笱得少安∠末

八一

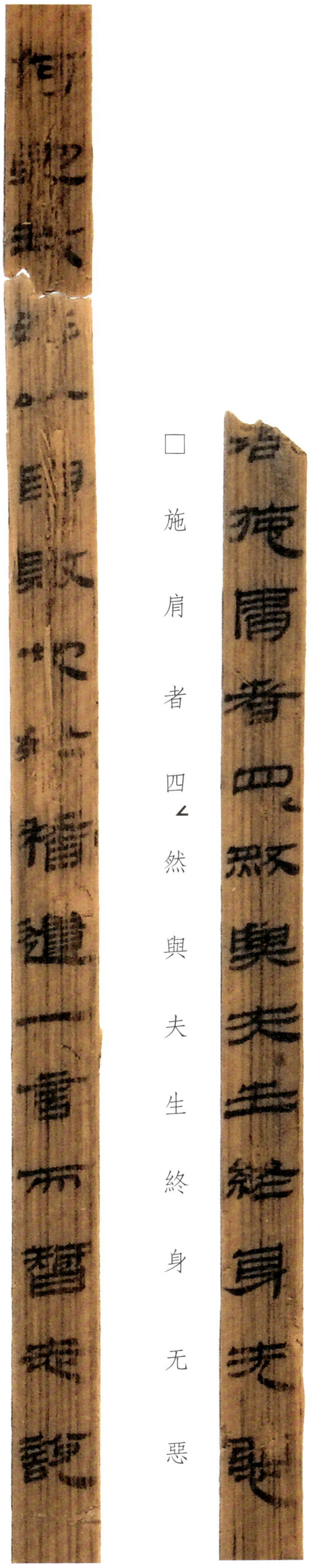

□施肩者四∠然與夫生終身无惡
何則我妬以自敗也妄稽遺一言而智志説

八二

蕲笞而笞∠蕲

八三

周春大浦∠趣召虞士遨之我舍

八四

冬不與女相雷∠女冥=不我聽∠□

八五

朝勸出棄∠莫趣遂去∠女枕春之臂宿遂其

春謀□∠

八六

而百∠吾自爲操我妾有

八七

紅外圖版

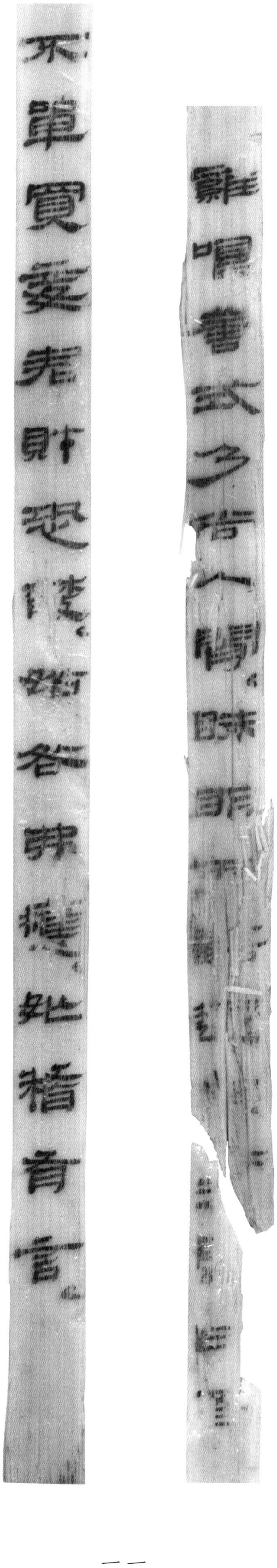

一一

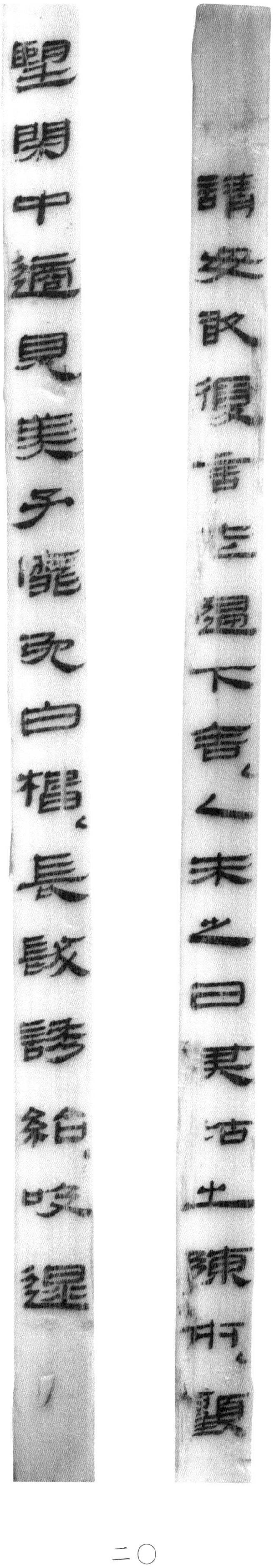

二〇

二一：1

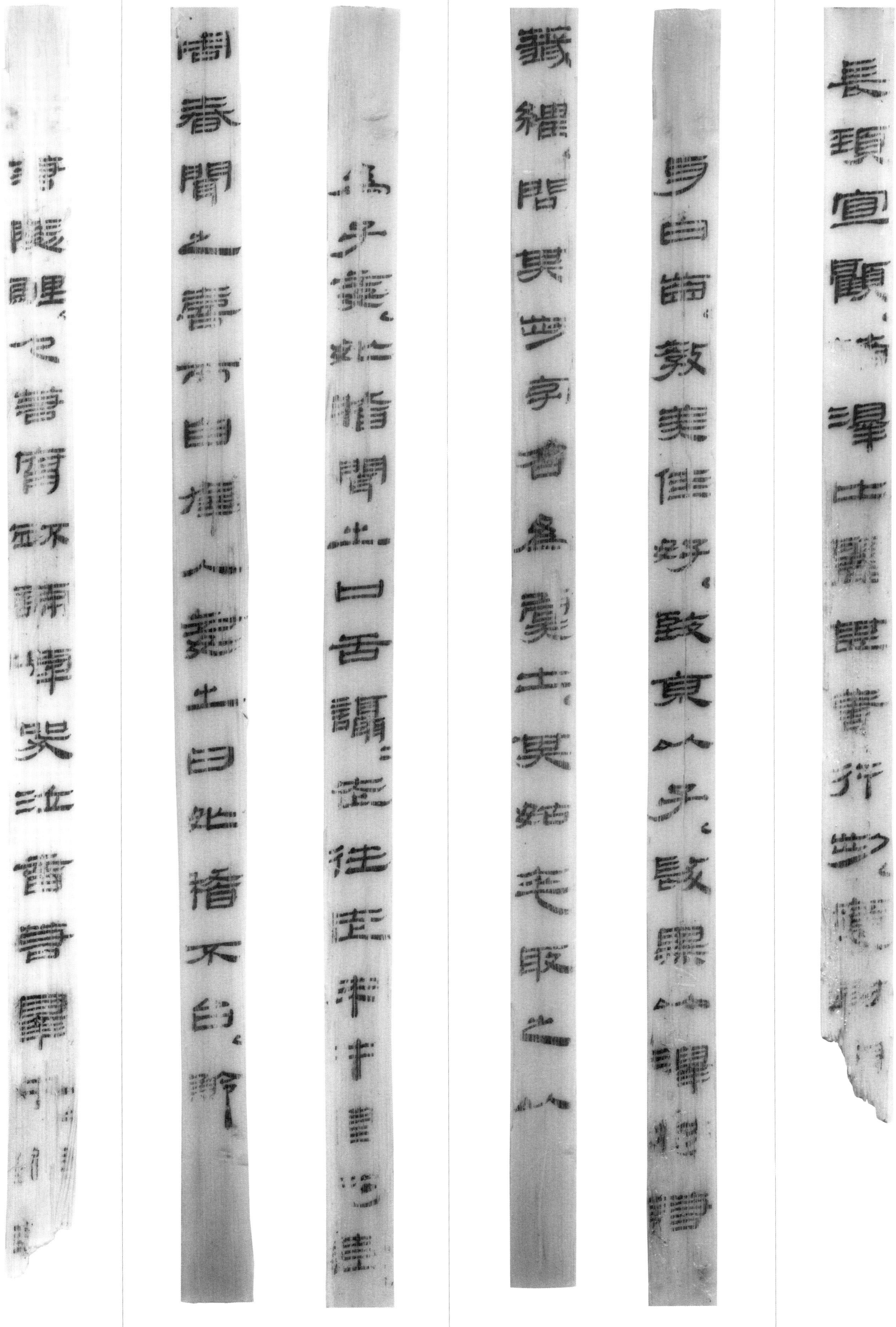

二六　二五　二四　二一：2

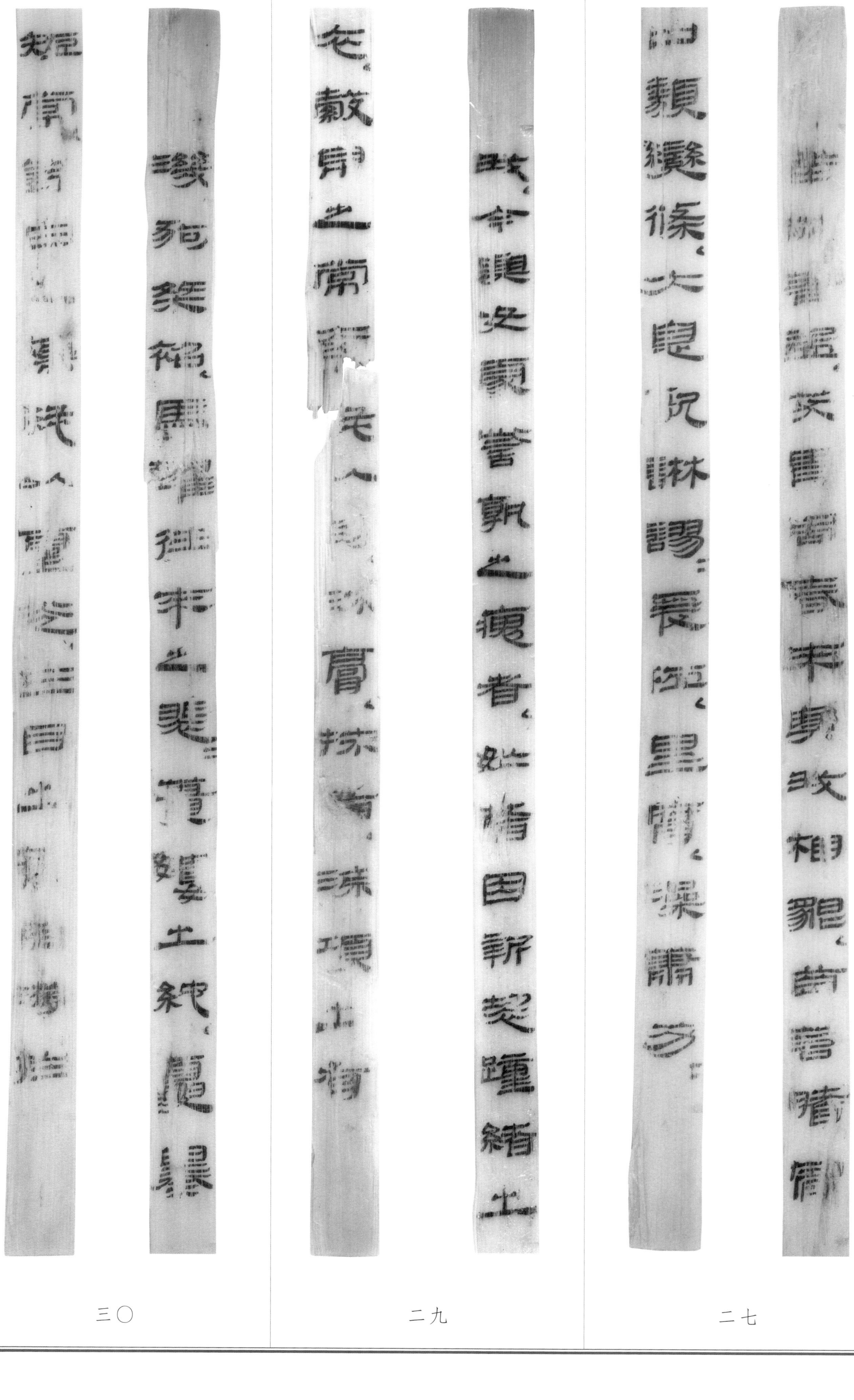

二七

二九

三〇

四一

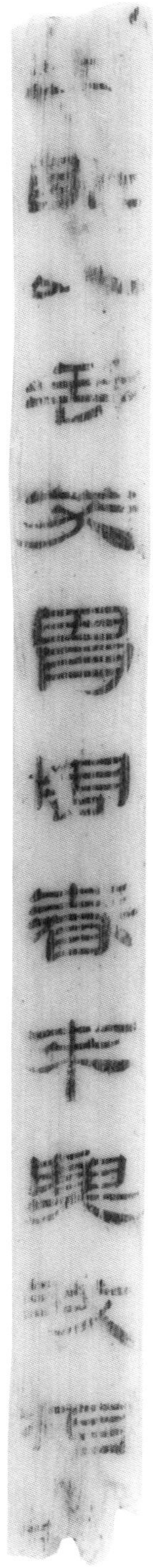

四二

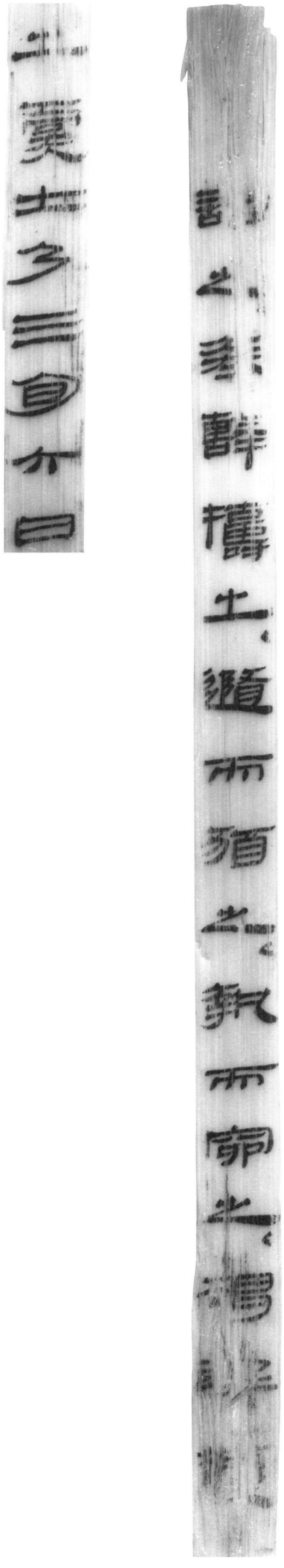

四七

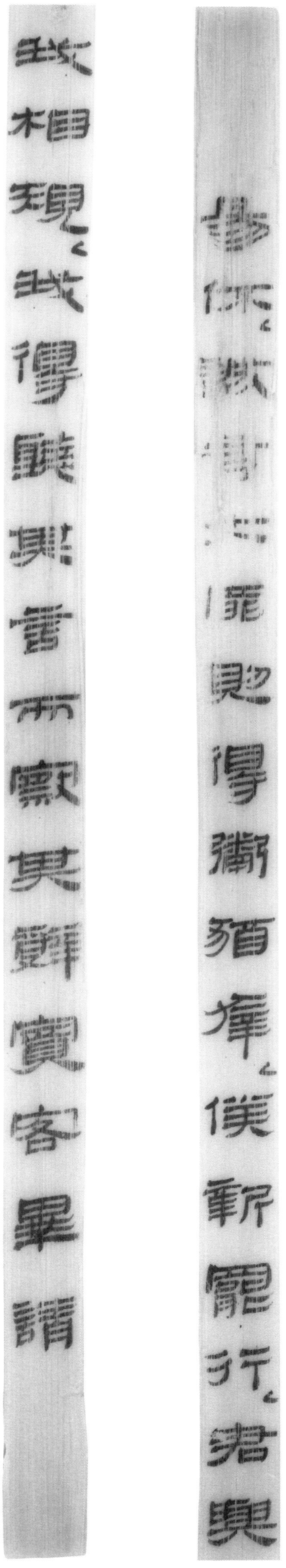

六六

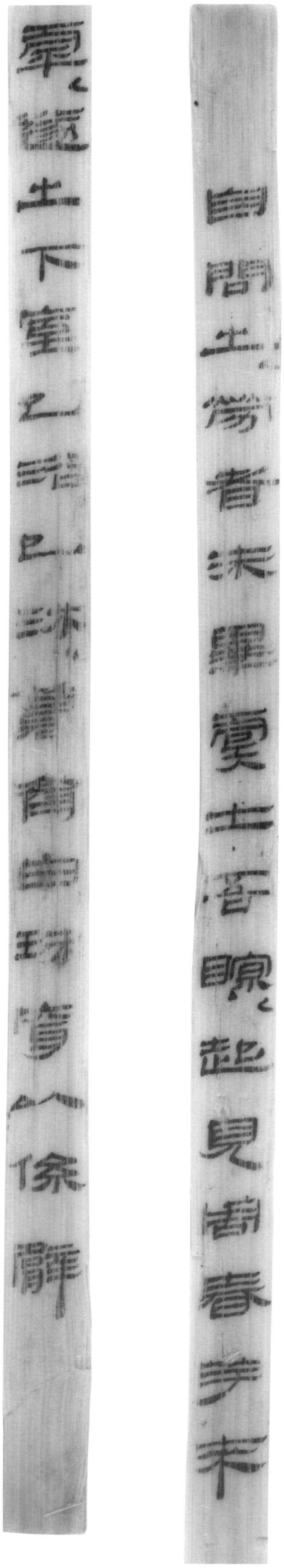

六七

七〇

七一

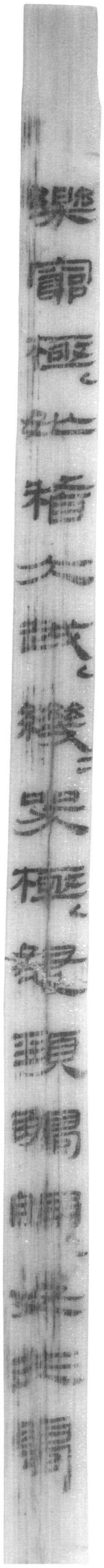

七二：1

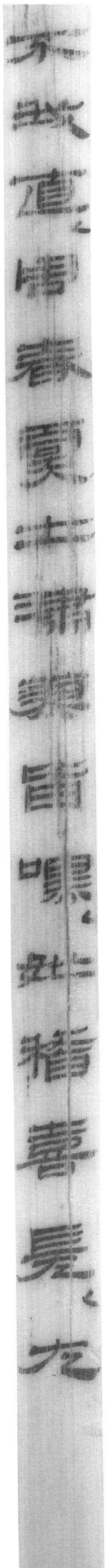

七二：2

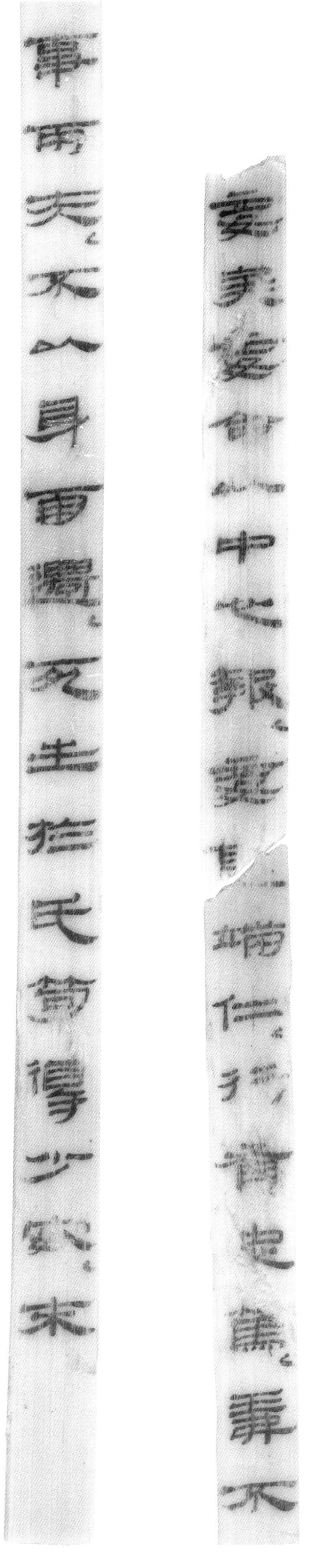

八一

簡背劃痕示意圖

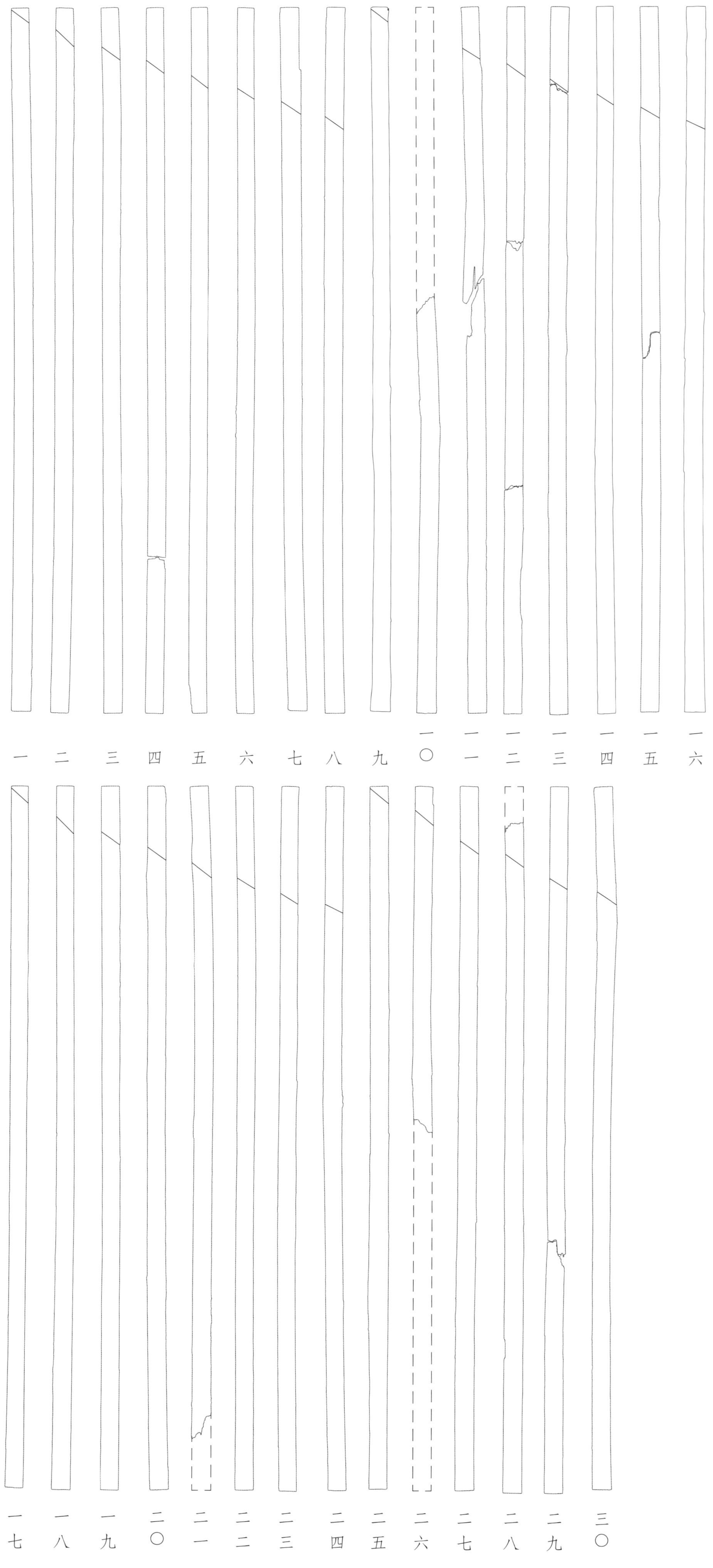
一
二
三
四
五
六
七
八
九
一〇
一一
一二
一三
一四
一五
一六
一七
一八
一九
二〇
二一
二二
二三
二四
二五
二六
二七
二八
二九
三〇

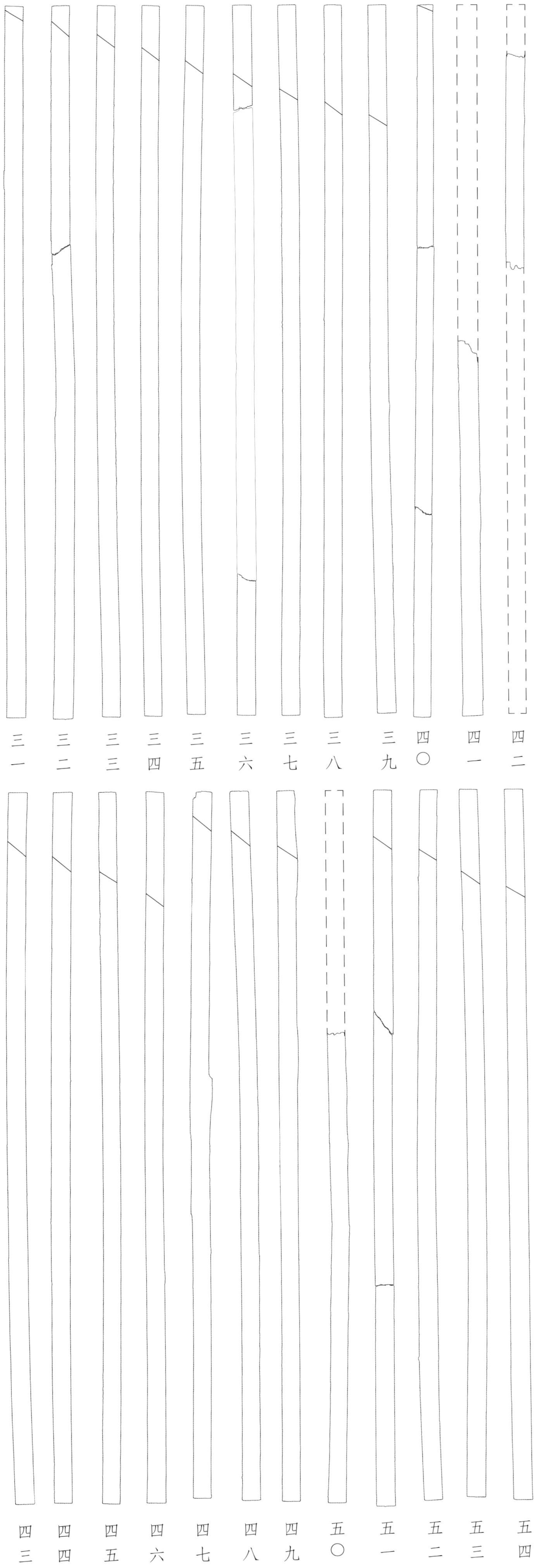
三一
三二
三三
三四
三五
三六
三七
三八
三九
四〇
四一
四二
四三
四四
四五
四六
四七
四八
四九
五〇
五一
五二
五三
五四

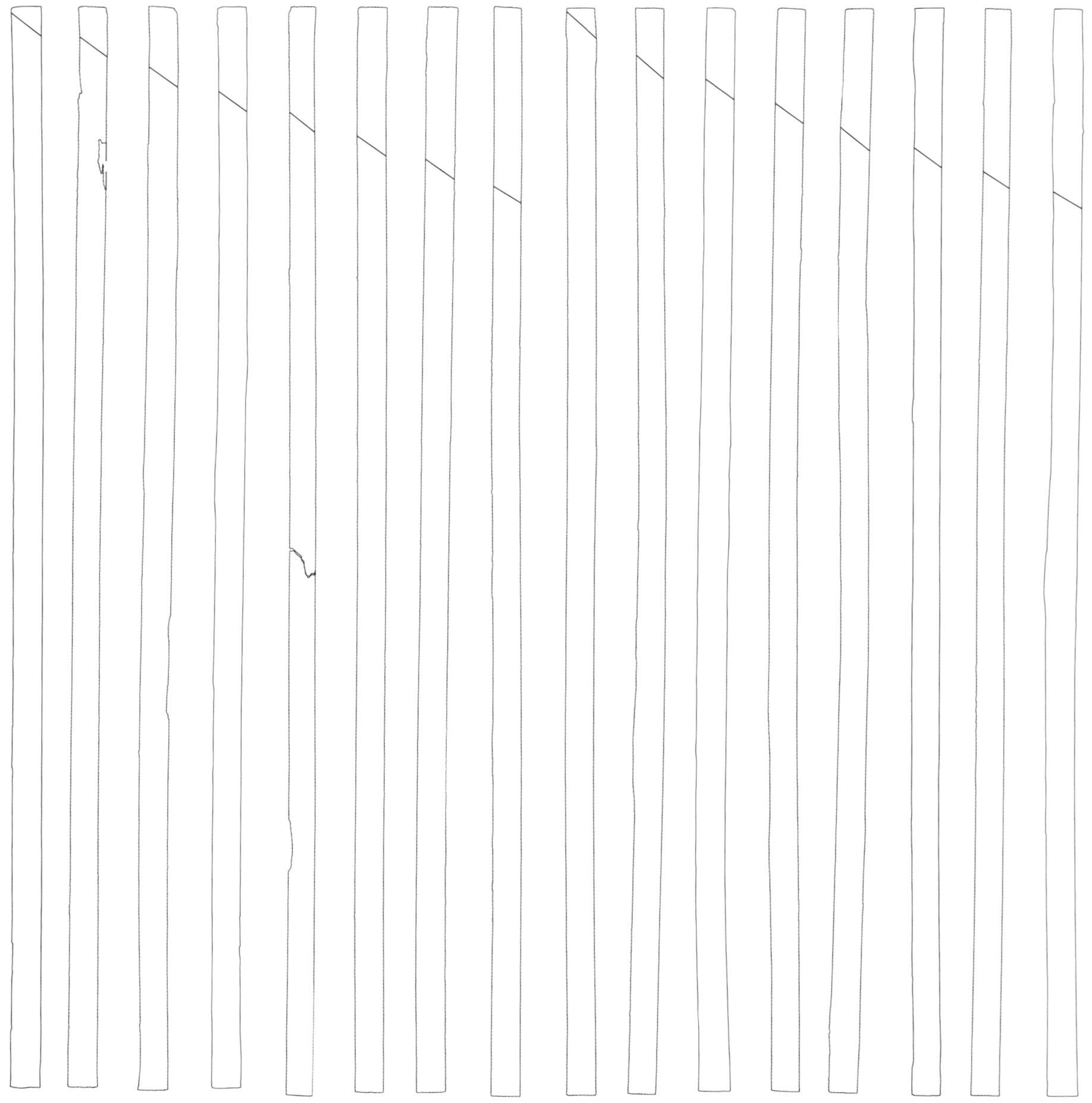

五五 五六 五七 五八 五九 六〇 六一 六二 六三 六四 六五 六六 六七 六八 六九 七〇

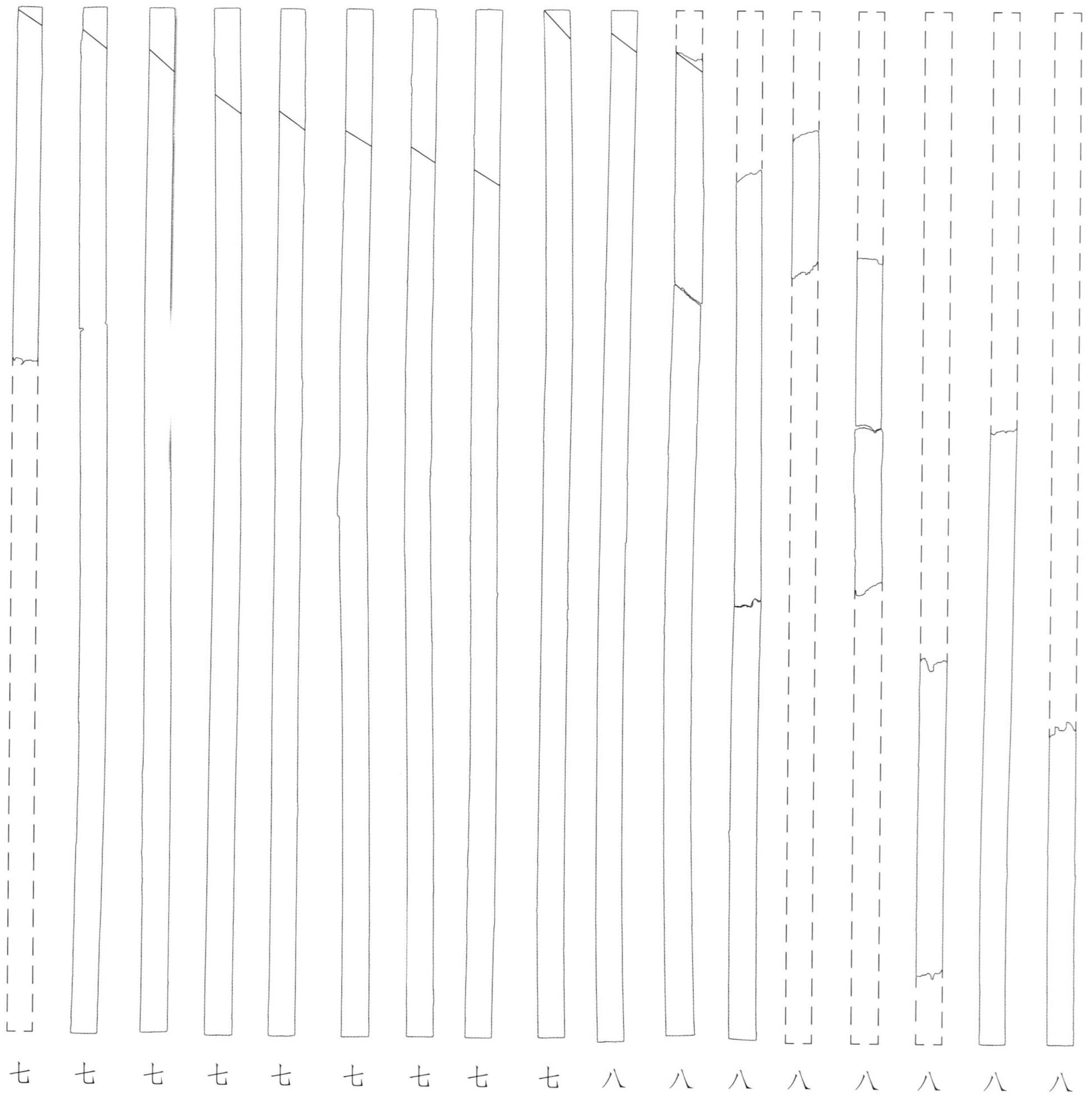

七一 七二 七三 七四 七五 七六 七七 七八 七九 八〇 八一 八二 八三 八四 八五 八六 八七

安稽 釋文 注釋

說明

「妄稽」爲竹書原有篇題，寫於第三枚簡簡背近上端處，其義疑即「無稽」，無可查考之意。漢賦中用這類名稱來命名虛擬人物，如「烏有先生」、「無是公」。該篇入藏時，簡册本來的原始排列順序已完全散亂，經過整理和分類，歸屬於該篇的竹簡，綴合後完整的簡有七十三枚，殘簡十四枚，所存文字共約二千七百字。這批竹簡的長度爲三一・九至三二・二厘米，大致相當於漢代的一尺四寸；竹簡的寬度爲〇・八至〇・九厘米。寫滿字的一枚簡，不包括簡上的重文符號和句讀符號，一般在三十二至三十六字上下。根據竹簡上的契口和編痕，可以知道簡册有上、中、下三組編繩。大部分竹簡的背後，同樣發現有傾斜的劃痕，應當是用來標記竹簡順序以防止錯亂的，可幫助我們對竹簡進行編聯。若按照簡册背後的劃痕分組，大約八至九枚簡一組，共約十二組，總計百枚左右；若按平均每簡三十四字計算，共約三千四百字，這大概就是《妄稽》原文整篇的總字數。《妄稽》殘缺文字較多，約佔總數的五分之一，這使得篇中部分情節及文字銜接很不明晰。大略而言，《妄稽》篇講述了西漢時代一位出身名族名叫周春的士人，有很好的品行和相貌，人見人愛，卻娶了一位又醜又惡的妻子，名叫妄稽。周春厭惡妄稽，向父母請求買妾，雖然遭到妄稽反對阻撓，但最終父母和周春還是買了一位叫作虞士的美妾。周春很愛這位美妾虞士，妄稽卻十分妒恨虞士並虐待她，後抓到虞士並對她進行辱罵和殘酷折磨。最終妄稽生了大病，臨死時反省自己的妒行。

這是一篇長幅叙事的漢賦，基本上四字一句，在第二句末尾押韻；有時也用韻較密，連續幾句押韻。原文不分段，爲閱讀方便，整理者根據文意和用韻情况作了分段。由于《妄稽》明顯的世俗文學與故事特徵，在它發現之初，曾被視作一篇中國最早、篇幅最長的「古小説」，隨着整理和解讀的深入，現在將其歸入漢賦中的俗賦來看待和研究是合適的。隨着敦煌藏經洞中一批以叙述故事爲特徵的賦文的發現和研究，「俗賦」作爲一種過去因文本遺存較少而不太爲人所知的文學類別，其體裁與特徵逐漸被人們認識和熟悉；一九九三年江蘇尹灣西漢墓中《神烏賦》的出土，將出土俗賦文本的時段上推二百年提前到了西漢成帝元延年間，曾被研究者稱爲「西漢俗賦第一篇」。《妄稽》的出土，將俗賦的歷史又提前至少半個世紀。

由於簡册殘缺厲害，亦無相關傳世文獻以資比照，這使得原始簡序與内容的恢復工作相當艱難。現根據文字内容、簡背劃痕、用韻情况，雖能確定一部分簡的序連，但也有部分簡的序連位置還不能完全確定而存在幾種可能，最終我們只能在這裏呈現出其中的一種可能，望大家批評指正。

本次再印，爲不動版面，簡序一仍其舊，僅對釋文和注釋作了部分修訂，參考了王寧、陳劍、蕭旭、王曉明、王挺斌、蘇建洲、蔡偉、何有祖、伊强等人在復旦大學出土文獻與古文字研究中心網站、武漢大學簡帛網上的意見，以及張傳官《北大漢簡〈妄稽〉校讀與復原札記》，高中正《年代、地域及家庭——北大漢簡〈妄稽〉新研》，劉建民、漆雕夢佳《西漢竹書〈妄稽〉補釋札記二則》，衣撫生《北大簡〈妄稽〉校讀札記》，單育辰《北大藏漢簡〈妄稽〉釋文校訂》，許雲和、鄭晴心《北京大學藏西漢竹書〈妄稽〉釋讀斠正》等文章的内容，限於體例，未在注釋中一一詳其出處，特此感謝和説明。

妄稽[一] 三背

營（滎）陽幼進[二]，名族周春。孝弟（悌）玆（慈）悔（誨）[三]，恭敬仁孫（遜）。鄉黨莫及，於國无論（倫）[四]。辭讓送揎（揖）[五]，俗茚（節）理羛（義）[六]。二行步周睘（還）[七]，進還（退）矜（矜）倚[八]。顏色容貌[九]，美好夸（姱）麗[一〇]。精絜（潔）貞廉，不肯淫議[一一]。血氣齊疾[一二]，心不怒二纍[一三]。力勁夬（決）觡[一四]，不好手扶[一五]。勇若孟賁[一六]，未嘗色校（撓）[一七]。見鄉長者，先言後笑[一八]。其父母愛之，衆三人願以爲子。邑國蓋（闔）鄉[一九]，撫於鄉里[二〇]。周春之賢，鄉黨无有。敦次忠篤[二一]，善養父母[二二]。親戚四皆説（悦），語及子私[二三]。謀鄉長者，欲爲取（娶）妻。其母曰：「句（苟）稱吾子[二四]，不憂无賢。」謀（媒）勺（妁）隨之，爲取（娶）五妄稽[二五]。

[一] 此爲《妄稽》全篇之篇題，書體與正文一致，題於第三枚簡背面近上端處。

[二] 「營陽」即「滎陽」，地名，因位於古滎水之北而得名。西漢時爲縣名，屬河南郡。地在今河南省鄭州市西。「幼進」，幼學後進，年青後輩。

[三] 「弟」後有句讀符號「∠」，在下文中一直出現。「玆悔」即「慈誨」，慈愛教誨。或「悔」通「宥」，「悔」爲曉母之部，「宥」爲匣母之部，「慈宥」謂仁慈寬宥。

[四] 「論」通「倫」，類，比。「無倫」，無與匹比。
以上春、孫（遜）、論（倫）爲文部韻。

[五] 「辭」，辭别。「揎」同「揖」，拱手而拜。此謂辭送有禮。

[六] 「俗」，平日慣俗。「茚」同「節」，適合，適度。《晏子春秋·諫下十三》：「今君之履，冰月服之，是重寒也，履重不節。」于省吾《雙劍誃諸子新證·晏子春秋》：「按，節猶適也。」「理」，言行舉止。《禮記·祭義》「理發乎外，而衆莫不承順」，鄭玄注：「理，謂言行也。」又《樂記》「理發諸外而民莫不承順」，鄭玄注：「理，容貌之進止也。」「羛」即「義」，通「宜」，合宜。

[七] 「睘」同「還」，「周還」，周旋，行禮時進退揖讓的動作。《禮記·樂記》：「升降上下，周還裼襲，禮之文也。」陸德明《釋文》：「還，音旋。」《孟子·盡心下》：「動容周旋中禮者，盛德之至也。」

[八] 「矜」同「矜」。「進退矜倚」，意爲行为進退持重有節。「矜倚」，持重。

[九] 「顏色」，面色。

[一〇] 「夸」同「姱」，「姱麗」，美麗，漂亮。

〔一一〕「淫議」，猶「淫言」，言語過度、不當。《逸周書・酆保》「淫言流説以服之」朱右曾《校釋》：「淫言，巧言。」以上羛（義）、倚、議爲歌部韻，麗爲支部韻，支歌合韻。

〔一二〕「血氣」，氣質，精神狀態。「齊疾」，迅疾。《爾雅・釋詁下》：「齊，疾也。」

〔一三〕「怒𣊓」，生氣急躁。

〔一四〕「夬」同「決」，裂開，分裂。「觡」，鉤，《方言》卷五：「鉤，宋楚陳魏之閒謂之鹿觡，或謂之鉤格，自關而西謂之鉤。」「力勁決觡」，形容力大可用手分裂開鐵鉤。《淮南子・主術訓》：「桀之力，制（折）觡伸鉤，索鐵歙金。」

〔一五〕「不好」，不喜歡。「抶」疑通「夭」，《説文・夭部》：「夭，屈也。」「手抶」蓋謂手用力使之彎曲。

〔一六〕「孟賁」，戰國勇士。《孟子・公孫丑上》疏引《帝王世紀》云孟賁可生拔牛角。

〔一七〕「校」讀爲「撓」，「校」爲匣母宵部，「撓」爲曉母宵部。「色撓」，面露膽怯之色。《戰國策・魏策四》：「（唐且）挺劍而起，秦王色撓。」王引之《經義述聞》卷三一云：「撓，弱也。面有懼色，則示人以弱，故謂之色撓。」

〔一八〕以上𣊓爲藥部韻，抶（夭）、校（撓）、笑爲宵部韻，可合韻。

〔一九〕「蓋」同「闔」，全部。「蓋鄉」猶言「全鄉」。

〔二〇〕「撫」，受愛戴。

〔二一〕「次」，處，「敦次」猶「敦處」，謹慎處世，劉向《説苑・指武》：「子不如敦處而篤行之。」或「次」，序，「敦次」即「敦序」，蓋同《尚書・皋陶謨》「惇敘九族」之「惇敘」，謂依次親厚族人。

〔二二〕以上子、里、有、母爲之部韻。

〔二三〕「私」，私親，親屬。

〔二四〕「稱」，相稱，匹配。

〔二五〕以上私、妻、稽爲脂部韻，賢爲真部韻，陰陽對轉可合韻。

妄稽爲人，甚醜以惡[一]。穜（腫）肵廣肺[二]，垂顙折骼（頞）[三]。臂肤（夭）八寸[四]，指長二尺。股不盈拼（駢）[五]，脛大五摁[六]。臓（蔑）殄（眇）六領亦（腋）[七]，食既相澤[八]。勺乳繩縈[九]，坐肆（肆）於席[一〇]。尻若冣笱[一一]，塼（膞）膭（腨）格格[一二]。目若別杏[一三]，逢（蓬）髮頗（皤）白[一四]。年始十五，七面盡鮗腊[一五]。足若縣（懸）橿（薑），脛若談（棪）株[一六]。身若胃（猬）棘[一七]，必好抱區（軀）[一八]。口臭腐鼠，必欲鉗須[一九]。周春見之，曾八弗賓（頻）視[二〇]。坐興大（太）息[二一]，出入流涕。辯（徧）告鄉黨，父母兄弟：「必與婦生，不若蚤（早）死[二二]。」其父母聞之，乃坐相九……□有未能。爲買美妾，且以代之[二三]。妄稽聞之，不卧極旦[二四]。一〇雞鳴善式[二五]，乃尚（當）入閒（諫）。昧（昧）明而□[二六]，□□□□。曰：「吾不單（憚）買妾，君財恐散。」姑咎（舅）弗應[二七]，妄稽有（又）言：一一「凡人□産，必將相閒（諫）。君不羛（宜）聽買妾，家室恐畔（叛）。吾直愛君財[二八]，不然何惡焉。」姑咎（舅）弗應，妄一二稽有（又）□：「吾曁（既）執箕帚，幾（豈）能毋䔈（善）[二九]。美妾之禍，人必矜（矜）式[三〇]。君固察吾言，毋及（急）求勝。」姑咎（舅）弗應，妄一三稽曰：「差（嗟）！皆得所欲，莫得所宜。誠買美妾，君憂必多。今不蚤（早）計，後將奈何[三一]。」姑咎（舅）胃（謂）妄稽：「女（汝）一四貌狀甚惡，口舌甚詛（粗）。吾自爲買妾，終不夬（決）女（汝）[三二]。」

妄稽曰：「伓（否）[三三]，何極之有。以君之智，粬（悉）夬（決）於婦[三四]。庶人一五有言：謀毋失廖（瘳）子[三五]。若人言不行[三六]，民稱將止[三七]。

殷紂大亂，用被（彼）亶（妲）己[三八]。殺身亡國，唯美之以[三九]。美妾之禍，一六必危君子。若此不憂，不爲羊（祥）父母[四〇]？」姑咎（舅）胃（謂）

妄稽：「壐（爾）不自量。壐（爾）貌可以懼彪（魅）[四一]，有（又）何辯傷[四二]。壐（爾）自姤一七……[四三]羛（議）買妾，乃稱殷王[四四]。吾子畜（蓄）

一妾，因何遽傷[四五]。」妄稽曰：「伓（否），小妾不微（媺）[四六]，陵且（祖）微父[四七]，猷有與賁（憤）[四八]。毗休得生[四九]，一八漠（嫫）母事舜[五〇]。

妾亦誠惡，未以取宭（窘）[五一]。君欲買妾，不愛金布。小快耳目，不念生故。小妾忠閒（諫）[五二]，乃以爲姤[五三]。一九請毋敢復言，走歸下舍[五四]。」

[一] 「以」，而，且。

[二] 「肵」，疑同「膭」，《說文·肉部》：「膭，頰肉也。」「胏」，疑同「輔」，頰骨。《說文·車部》：「輔，人頰車也。」《左傳》僖公五年「輔車相依」杜預注：「輔，頰輔。」

[三] 「顡」，額頭。「骼」，其義同「頞」，鼻莖。

[四] 「朕」同「夭」，謂短小。

[五] 「盈」，豐滿。「拼」讀爲「駢」，並排、並列。

[六] 「摡」从「惡」得聲，「惡」爲影母鐸部，疑此通「篗」（影母鐸部），《後漢書·崔駰傳》：「協準篗之貞度兮，同斷金之玄策。」李賢注：「準，繩也；篗，尺也。」

[七] 「矆」讀作「蔑」，無。《詩·大雅·板》「喪亂蔑資」毛傳：「蔑，無。」「殄」讀作「畛」，界限。「領」，頸項。《說文·頁部》：「領，項。」「亦」即「腋」，《說文·亦部》：「亦，人之臂亦也。」此句蓋謂妄稽脖項粗大與臂腋之間無明顯界限。或「矆」爲目疾，《釋名·釋疾病》：「矆，目眥傷赤曰矆。」《吕氏春秋·季春紀·盡數》「處耳則爲挶爲聾，處目則爲矆爲盲」高誘注：「矆，眵也；盲，無見。皆目疾也。」「殄」，病。《詩·大雅·瞻卬》：「人之云亡，邦國殄瘁。」王引之《經義述聞》卷七：「家大人曰：殄、瘁皆病也。」

[八] 「亦」同「奕」，《爾雅·釋詁上》：「奕，大也。」郝懿行《義疏》：「通作『亦』。」若然，則此句謂妄稽眼睛有病脖子粗大。

[九] 「既」，《說文·皀部》：「既，小食也。」此謂食畢。「澤」，湯汁沾澤。

[一〇] 「繩縈」，疑形容乳房下垂的樣子。

[一一] 「肆」同「肆」，列。

[一二] 「尻」，臀部。「冣」，收聚。《說文·冖部》：「冣，積也。」「笱」，竹笱，竹製捕魚之具，其口魚可入而不可出。「尻若冣笱」蓋謂臀部像收聚的竹笱。

[一三] 「塼」通「膊」，股骨。「膹」即「膌」，瘦。「格格」，形容無肉而尖突抵觸的樣子。

[一四] 「别」，分開，分裂。《韓詩外傳》卷九謂醜女「目如擗杏」，義與此同。

[一五] 「逄」即「蓬」，蓬亂。「頗」同「皤」，白。《說文·白部》：「皤，老人白也。」《廣雅·釋器》：「皤，白也。」

[一六] 「魿」，魚名。「腊」，乾肉。「魿腊」蓋謂妄稽皮膚乾裂粗糙。

以上惡、骼（頞）、尺、摡（篗）、澤、席、格、白、腊爲鐸部韻。

[一七] 「談」同「棪」，樹名。「株」，樹椿。

[一八] 「胃」讀作「猬」，「身若猬棘」，謂身上長毛猶如刺猬身上的刺。

[一九] 「必好」，義與下句「必欲」同。「區」，通「軀」。「抱軀」，蜷縮身軀。

〔一九〕「鉗須」，疑謂與人貼面親近。

以上株、區（軀）、須爲侯部韻。

〔二〇〕「曾」，乃，竟。「賓」即「頻」，多。

〔二一〕「坐」，坐下。「興」，站起。

〔二二〕以上視、涕、弟、死爲脂部韻。

〔二三〕以上能、之爲之部韻。

〔二四〕「極」，至，達。「旦」，日出，天明。

〔二五〕「雞鳴」，雞鳴之時，於十二時辰中在夜半之後、平旦之前，於今爲深夜一至三點。「式」疑同「飾」，打扮。

〔二六〕「昧明」，天將明之時，蓋即十二時辰中的昧旦、平旦，於今爲臨晨三至五點。句末殘字左從「言」，疑爲「語」字。

〔二七〕「姑咎」即「姑舅」，對丈夫父母的稱謂。《爾雅·釋親》：「婦稱夫之父曰舅，稱夫之母曰姑。」

〔二八〕「直」，但，只不過。「愛」，惜。

〔二九〕以上旦、間（諫）、散、言、產、畔（叛）、焉、樿（善）爲元部韻。

〔三〇〕「⿰矛牙」，即「矜」。「矜式」，以之爲則，引以爲戒。

〔三一〕以上差（嗟）、宜、多、何爲歌部韻。

〔三二〕「夬」同「決」，決斷。

以上惡爲鐸部，詛（粗）、女（汝）爲魚部，魚鐸合韻。

〔三三〕「伓」同「否」，不可，否定之詞。

〔三四〕「粬」在此可讀作「悉」，全部。

〔三五〕「⿸广多」同「⿸厂多」，其義爲「衆」。

〔三六〕「不行」，此謂不聽從。

〔三七〕「民稱」，民之稱譽。

〔三八〕「用」，以。

〔三九〕「以」，用。

〔四〇〕以上有、婦、子、止、己、以、母爲之部韻。

〔四一〕「鬽」同「魅」，鬼怪。

〔四二〕「辯傷」，爭辯與詆毀。

〔四三〕從簡背劃痕看，此處似缺簡一枚。

〔四四〕「王」，疑此讀作「旺」，多，與「殷」同義。

〔四五〕「傷」，詆毀。

以上量、傷、王爲陽部韻。

〔四六〕「微」同「媺」，好，善。

[四七]「陵」，辱。「微」，小看，輕賤。

[四八]「賁」同「憤」，怨恨。

[四九]「疵休」疑即「仳倠」，古代醜女。《淮南子·修務訓》：「雖粉白黛黑，弗能爲美者，嫫母、仳倠也。」高誘注：「嫫母、仳倠，古之醜女。」

[五〇]「漠母」即「嫫母」，古代醜女，但有賢德。《淮南子·説山訓》：「嫫母有所美，西施有所醜。」高誘注：「嫫母，古之醜女，而行貞正，故曰有所美也。」

[五一]「宭」同「窘」，「取宭」，獲辱。

以上微爲微部韻，賁（憤）、舜、宭（窘）爲文部韻，微文陰陽對轉可相押。

[五二]「生故」，生計。「閒」讀作「諫」，「忠諫」，忠心勸諫。

[五三]「乃」，卻。

[五四]「歸」，回。

以上布、故、妬、舍爲魚部韻。

乙未之日，其姑之陳市[一]。顧望閑中[二]，適見美子。靡免（曼）白晳[三]，長髮誘紿[四]。吸（馺）還二〇還之[五]，不能自止[六]。色若春榮[七]，身類縛素[八]。赤脣白齒，長頸宜顧。□澤比麗，甚善行步。□□□……二一出辭禾（和）叚（暇）[九]。手若陰逢（蓬）[一〇]，足若揣卵[一一]。豐肉小骨，微細比轉[一二]。兆（眺）目鉤折[一三]，蟻犂睞（睫）管[一四]。廉不籤籤[一五]，教不二二勉兑（兗）[一六]。言語節譣（檢）[一七]，辭令愉宛（婉）。好聲宜笑，厭（靨）父（輔）之有巽（選）[一八]。髮黑以澤[一九]，狀若葥（揃）斷[二〇]。臂脛若蒻[二一]，觭（奇）二三牙白齒[二二]。教（姣）美佳好，致（至）京（諒）以子（慈）[二三]。髮黑以澤，狀若籤（纖）緇[二四]。問其步〈齒〉字，名爲虞士[二五]。其姑卒取（娶）之，以二四爲子妾。妄稽聞之，口舌讘讘[二六]。走往走來，手□□□。周春聞之，喜而自幸[二七]。入（納）妾之日，妄稽不台（怡）[二八]。魿（鱗）二五若陵（鯪）鯉[二九]，色若腐蚧[三〇]。謕（號）謼（呼）哭泣，音若皋（嗥）牛[三一]。□□……二六□□若盜。笑胃（謂）周春：「來與我相貌。」[三二]齒若膭（豬）骨，口類變（欒）條（脩）[三三]。大（太）息歌詠[三四]，謬謬爰恤[三五]。星（腥）腐臊簫（焦）[三六]，芀芀二七蛇臭[三七]。笑胃（謂）周春，奉（捧）頰壹嗺[三八]。周春不聽，妄稽大怒。曰：「丈夫新譜（措）[三九]，錯我美彼（彼）[四〇]。係□之妾，有焉及！二八……我，今與女（汝）虖[四一]，訾孰之瘣者[四二]。」妄稽因新製踵緒之衣[四三]，縠帛之常（裳）[四四]。□純以□，沐膏抹□。流項□有，二九璣狗桀招[四五]，馬趯往來之裴裴[四六]。蕢（臾）嫂（婁）之紞[四七]，夏纂（襮）短常（裳）[四八]。□白之襦[四九]，純以靈光[五〇]。三目之□，□游於三〇堂[五一]。踵長於尌[五二]，踋（脚）廢攝糙（屣）[五三]。脾（髀）若枔版[五四]，少肉骨多。腹若抱曳，傑（牢）脅膺波[五五]。髮若龜尾，宿（縮）宿（縮）必施（拕）[五六]。三一示以都翙（形）[五七]，勇（踴）趯（躍）顛（俛）卬（仰），揆（夔）據（懅）鹿驚[五八]。笑胃（謂）周春：「長與子生[五九]。」

〔一〕「陳」，列也，「陳市」蓋即肆市、集市。又或「陳」爲地名，在今河南淮陽。

〔二〕「閑中」，漢代買賣隸妾的處所。《漢書·賈誼傳》：「今民賣僮者，爲之繡衣絲履偏諸緣，内之閑中。」顔師古注引服虔曰：「閑，賣奴婢闌。」

〔三〕「靡」，美麗，漂亮。《玉篇·非部》：「靡，好也。」《廣韻·紙韻》：「靡，又靡曼，美色也。」「靡免」即「靡曼」，免、曼二字均明母元部，音同可通。又或「靡免」即「靡面」，免、面二字亦均明母元部，音同可通。《文選》中宋玉《招魂》有「靡顔膩理」，吕延濟注：「靡，好也。」「靡面」蓋與「靡顔」義同。

〔四〕「誘」，疑同「秀」，美。《淮南子·繆稱訓》：「善生乎君子，誘然與日月爭光。」高誘注：「誘，美稱也。」「紿」，此蓋謂頭髮細密纏繞。

〔五〕「吸」同「馺」，「馺還」，連續不斷，多。《文選》陸機《文賦》：「紛威蕤以馺遝，唯毫素之所擬。」李善注：「馺遝，多貌。」「還」，旋。

〔六〕以上市、子、紿、止爲之部韻。

〔七〕「榮」，草木之花。

〔八〕「縛」，白色細絹。「素」，白色生絹。

〔九〕「禾叚」即「和暇」，説話和氣緩暇。

以上素、顧、叚（暇）爲魚部韻，步爲鐸部韻，魚鐸合韻。

〔一〇〕「逢」同「蓬」，蓬草。此蓋謂手指若蓬草一樣。

〔一一〕「揣」，懷。「足若揣卵」形容足之美。

〔一二〕「豐肉小骨，微細比轉」，形容身材體態優美。《楚辭·大招》：「豐肉微骨，體便娟只。」

〔一三〕「兆」同「眺」，「眺目」，明亮美目。《淮南子·修務訓》「目流眺」高誘注：「流眺，睛眄也，《詩》曰『美目盼兮』是也。」何寧《淮南子集釋》謂「睛眄」不可解，當作「睛眄」，「流眺」猶「流眄」，張衡《西京賦》「眳藐流眄，一顧傾城」是也。「鉤折」，彎曲如鉤。

〔一四〕「蟻犂」，黑色。「犂」同「黧」，黑色。《尚書·顧命》中有「蟻裳」，僞孔傳：「蟻，裳名，色玄。」孔穎達疏：「蟻者，蚍蜉蟲也。此蟲色黑，知蟻裳色玄，以色玄如蟻，故以蟻名之。」

〔一五〕「眣」同「睫」，《説文·目部》：「眣，目旁毛也。」「眣管」蓋謂睫毛像菅草一樣細長。

〔一六〕「廉」，廉隅方正。「籤籤」，形容有鋭刺的樣子。

〔一七〕「兑」當即「兗」，「勉兗」爲疊韻連綿字，形容勉强的樣子。

〔一八〕「譣」通「檢」，「節檢」，節制檢點。

〔一九〕「厭父」即「靨輔」，頰邊酒窩。「巽」同「選」，「有選」，猶言最善。

〔二〇〕「以」，而。「澤」，有光澤。

〔二一〕「莂」同「揃」，剪斷，剪下。《儀禮·士喪禮》：「蚤揃如他日。」鄭玄注：「斷爪揃鬢也。」「狀若揃斷」謂頭髮形狀像經過剪斷那樣整齊。

以上卵、轉、管、兑（兗）、宛（婉）、巽（選）、斷爲元部韻。

〔二二〕「蒻」，嫩藕。

〔二三〕「齮牙」即「奇牙」，美齒。《楚辭·大招》：「靨輔奇牙，宜笑嗎只。」蔣驥注：「奇牙，美齒也。」

〔二四〕「致」同「至」。「京」即「諒」，同「良」。「子」通「慈」，「子」爲精母之部，「慈」爲從母之部，二字韻同而精、從皆齒頭音，故「子」可讀爲「慈」。「以」，而。《禮記·樂記》：「致樂以治心，則易、直、子、諒之心，油然生矣。」孫希旦《集解》：「朱子云：『子、諒』，當從《韓詩外傳》作『慈、良』。」亦或「諒」字仍用本義，義爲誠信。孔穎達疏：「則和易、正直、子愛、誠信之心油油然從内而生矣。」

〔二四〕「籤」，通「纖」。「籤緇」，形容頭髮又細又黑。

〔二五〕「虞士」，疑隱含「娛士」之意，謂貌美女子能取悦男人。
以上齒、子（慈）、緇、士爲之部韻。

〔二六〕「讘讘」，多言。
以上妾、讘爲葉部韻。

〔二七〕「幸」，歡喜。

〔二八〕「台」，喜悦。《説文・口部》：「台，説也。」段玉裁注：「台、説者，今之怡、悦字。」

〔二九〕「陵」同「鯪」，「鯪鯉」，穿山甲。

〔三〇〕「色若腐蝦」，面色暗黑如腐血。

〔三一〕以上台（怡）、蝦、牛爲之部韻。

〔三二〕以上盜爲宵部韻，貌先秦爲藥部至漢代已變入宵部，盜、貌合韻。

〔三三〕「變」同「臠」，肉塊。「條」通「脩」，「條」爲定母幽部，「脩」爲心母幽部，《詩經・唐風・椒聊》「遠條且」，馬瑞辰《毛詩傳箋通釋》：「條、脩古同聲通用。」脩，乾肉。

〔三四〕「歌」，言説。「[?]」，《玉篇・言部》：「[?]，善言。」

〔三五〕「謬謬」疑同「穆穆」，安靜，默默。「爰恤」，哀傷。「爰」讀作「咺」，悲傷；「恤」，憂。

〔三六〕「星」同「腥」，腥臭。「臊」，臊臭。《説文・肉部》：「臊，豕膏臭也。」「[?]」讀作「焦」，焦臭。
以上條（脩）爲幽部韻，「焦」爲宵部韻，幽宵合韻。

〔三七〕「芀芀」，或即今謂「烈烈」，强烈，此謂氣味濃烈。

〔三八〕「嚾」，蓋同「咂」，親吻之意。

〔三九〕「諎」，通「措」，二字均莊母鐸部，音同可通。「措」有「置」意，此謂置妾。
以上怒爲魚部韻，諎（措）爲鐸部韻，魚鐸合韻。

〔四〇〕「彼」下原句讀符號疑當作重文符號，如此則下句當爲「彼（彼）係□之」。

〔四一〕從簡背劃痕看，上文似缺簡一枚。「[?]」，爭鬥。

〔四二〕「[?]」，衡量。《國語・齊語》：「桓公召而與之語，[?]相其質，足以比成事。」韋昭注：「[?]，量也；相，視也。」「[?]」疑同「媿」，羞愧，慚愧。

〔四三〕「踵緒」，蓋絲織品之名。

〔四四〕「縠」，質地輕薄纖細透亮、表面起縐的平紋絲織物。《漢書・江充傳》「充衣紗縠襌衣」，顔師古注：「輕者爲紗，縐者爲縠。」《後漢書・章帝紀》：「癸巳，詔齊相省冰紈、方空縠、吹綸絮。」李賢注：「《釋名》曰：『縠，紗也。』方空者，紗薄如空也。或曰空，孔也，即今之方目紗也。」

〔四五〕「璣狗」，珠璣狗馬，謂珍寶玩好之類。此處所指未詳。「桀」，高大。「裑」，褌子。《漢書・薛宣朱博傳》敕功曹云：「官屬多褒衣大裑，不中節度，自今掾史衣皆令去地三寸。」顔師古注：「裑音紹，謂大袴也。」此「桀裑」蓋即「大裑」。

〔四六〕「裴裴」即「斐斐」，往來之貌。

〔四七〕「蕢」讀作「臾」，拖曳。《説文・艸部》「蕢」下引《論語》：「有荷臾而過孔氏之門。」今本《論語・憲問》作「蕢」。《説文・申部》「臾」：「束縛捽抴爲臾曳。」段玉裁注：「曳字各本無，今補。束縛而牽引之謂之臾曳。」「婁」同「婁」，穿戴。《詩・唐風・山有樞》：「子有衣裳，弗曳弗婁。」毛傳：「婁亦曳也。」孔穎達疏：「曳者，衣裳在身，行必曳之；婁與曳連，則同爲一事。」「紽」，縫合之裘。《詩・召南・羔羊》：「羔羊之皮，素絲五紽。」孔穎達疏：「然則縫合羔羊皮爲裘，縫即皮之界緎，因名裘縫云緎。五緎既爲縫，則五紽、五總亦爲縫也。視之見其五，故皆云五焉。」

〔四八〕夏，大。「㬥」同「襮」，衣領。《詩·唐風·揚之水》「素衣朱襮」毛傳：「襮，領也。」

〔四九〕「襦」，短衣。

〔五〇〕「純」，鑲邊。《儀禮·士冠禮》：「屨夏用葛，玄端黑屨，青約繶純，純博寸。」鄭玄注：「純，緣也。」賈公彥疏：「云純緣也者，謂繞口緣邊也。」

〔五一〕以上常（裳）、光、堂爲陽部韻。

〔五二〕「踵」，脚後跟。「跗」，脚背。

〔五三〕「廢」，傷殘，《文選》注引《淮南子·俶真訓》：「飛鳥鎩翼，走獸廢足。」「攝䊶」即「躡屣」，拖着鞋走路。

〔五四〕「脾」同「髀」，大腿。「版」，木板。

〔五五〕「㹀」讀若「牢」，牛。牢脅即《國語·晉語》之「牛腹」，大肚子。「波」同「陂」，坡起，不平。「膺波」，謂胸向前隆起不平，疑即雞胸。

〔五六〕「宿」同「縮」，《說文·糸部》：「縮，亂也。」段玉裁注：「《釋詁》曰：『縮，亂也。』《通俗文》云：『物不申曰縮，不申則亂，故曰亂也。』」「縮縮」，頭髮長短不整紛亂的樣子。

「施」讀爲「拕」，拖曳。王引之《經義述聞》於卷二二「春秋名字解詁」之「魯公子尾字施父」云：「施讀爲拕。」《說文·手部》：「拕，曳也。」

以上屣爲支部韻，多、波、施（拕）爲歌部韻，支歌合韻。

〔五七〕都，美。《楚辭·悲回風》：「惟佳人之永都兮。」王夫之《楚辭通釋》云：「都，美也。」司馬相如《美人賦》：「司馬相如，美麗閑都。」

〔五八〕「揆」通「夔」，二字均羣母脂部，音同可通。夔，獸名。「據」通「懅」，懼怕。

〔五九〕以上㓝（形）、驚、生爲耕部韻。

妄稽自飭（飾），周春俞（愈）惡。毛若被（披）衰（蓑），未三二脣若判桃[一]，言笑爲爲[二]。笑胃（謂）周春：「視我孰與虞士麗[三]？」周春驚而走，過虞士之堂。夫（芙）容（蓉）江離[四]，蘭茖〈茗〉三三熏（薰）㚕（芳）[五]。嫖蓂（緲）便圜（嬛）[六]，桃（逃）入北房。周春追之，及之東相（廂）。虞士枋（方）甈（恥）[七]，色若茈（紫）英[八]。郢（挰）命（領）騫（褰）衣[九]，齊阿之常（裳）[一〇]。三四戠（玄）費粉繢純[一一]，裹以鄭黄[一二]。弱鍚（緆）微羅[一三]，長兪以行[一四]。衡（蘅）若蘪無（蕪）[一五]，芷惠（蕙）連房[一六]。畸（奇）繡倚（綺）文（紋）[一七]，雍錦蔡方（紡）[一八]。宋三五紺圉青[一九]，絺緒（赭）緹黄[二〇]。絳熏（纁）贊（皂）茈（緇）[二一]，丸（紈）冰絹霜[二二]。邯鄲直美[二三]，鄭庫（褲）縉（郤）帶[二四]，翡（翡）翠爲當（瑞）[二五]。雙象玉鉤，三六口有銀黄之須。户（扈）佩淮珠[二六]，飭（飾）以漢光（珖）[二七]。白環佩（佩）首[二八]，結末垂潢（璜）[二九]。玉瑵（爪）玦印[三〇]，色若秋包（苞）之英[三一]。高朐（珣）大三七綦（璂）[三二]，翡（翡）翠讙式[三三]。鐵（纖）隄（緹）襲䊶（屣）[三四]，虞士宜服。桃支（枝）象筓[三五]，鑑蔚（熨）粉墨[三六]。白脂蘭膏，繁（蘩）澤在則（側）[三七]。周春見之，三八攬手大（太）息：「何然日月，與女（汝）相得[三八]。」脩（悠）脩（悠）傷心[三九]，不能相去。馮（憑）吸皆願[四〇]，七旬爲夜。潭潭哀哀[四一]，誠審思故[四二]。

［一］「判」，剖開，分開。
［二］「爲」，疑同「唯」，「爲爲」即「唯唯」，恭順的樣子。
［三］以上爲爲歌部韻，漢代已變入支部，麗爲支部韻。
［四］「夫容」即「芙蓉」，荷花。「江離」，香草名。《楚辭・離騷》：「扈江離與辟芷兮，紉秋蘭以爲佩。」
［五］「茖」，爲「茗」之訛。「蘭茗」，蘭花。《文選》郭璞《遊仙詩》：「翡翠戲蘭茗，容色更相鮮。」李善注：「蘭茗，蘭秀也。」「熏」同「薰」，香草名，《左傳》僖公四年：「一薰一蕕，十年尚猶有臭。」「妨」通「芳」，芳草，香草，《楚辭・離騷》：「雖萎絶其亦何傷兮，哀衆芳之蕪穢。」
［六］「嫖」，輕快。《説文・女部》：「嫖，輕也。」《廣韻・宵韻》：「嫖，身輕便皃。」「莄」讀若「緲」，「莄」爲明母耕部，「緲」爲明母宵部。「嫖緲」，輕快飄忽的樣子。「圜」同「嬛」，便嬛，輕盈美妙的樣子。
［七］「醜」，同「恥」。「恥」，羞。
［八］「茈」同「紫」，紫色。「英」，花。
［九］「郢」通「捏」，《玉篇・手部》：「捏，舉也。」「命」即「令」，讀作「領」，衣領。「騫」，通「褰」。「褰」，提起。《禮記・曲禮上》：「冠毋免，勞毋袒，暑毋褰裳。」鄭玄注：「褰，袪也。」
［一〇］「齊」，齊地。「阿」，絲織品細繒之名。
［一一］「戔費」，讀爲「玄粉」，「玄粉績純」謂用黑、紅之帶鑲飾坐席之邊。「績」同「繪」，彩繪。「純」，鑲邊。
［一二］「鄭黄」，鄭地的黄色衣料。
［一三］「弱」，纖細。「錫」同「緆」，細布。《儀禮・燕禮》：「冪用綌若錫。」鄭玄注：「今文錫爲緆。」《淮南子・修務訓》：「衣阿錫，曳齊紈。」高誘注：「阿，細縠；錫，細布。」「羅」，輕軟的絲織品。
［一四］「長㒟以行」，蓋謂行步悠緩。《説文・夂部》：「後蹏廢謂之㒟。」段玉裁注：「廢，鈍置也。㒟之言滯也。」
［一五］「衡」同「蘅」，杜蘅，香草名。「若」，杜若，香草名。「蘪蕪」，香草名。司馬相如《子虛賦》：「其東則有蕙圃，衡蘭芷若，芎藭菖蒲，茳蘺蘪蕪。」
［一六］「惠」，通「蕙」。「芷蕙」，香草。「連房」，植物二子房合生一花穗，或一子房生二花穗。古以爲吉祥之兆。又疑「連」通「蘭」，二字均來母元部。「房」通「芳」，「房」爲並母陽部，「芳」爲滂母陽部。「蘭芳」，香草。
［一七］「畸」讀作「奇」，奇特、奇異。「倚」同「綺」，「文」同「紋」，「綺紋」，綺麗的花紋。
［一八］「方」讀作「紡」，一種稀薄而輕的絲織品。
［一九］「紺」，天青色。「圉」，地名，今在河南杞縣。
［二〇］「絺」，細葛布。《小爾雅・廣服》：「葛之精者曰絺。」「緒」，同「赭」，「緒」爲邪母魚部，「赭」爲章母魚部。赭，赭紅色。「緹」，红黄色的絲織物，《説文・糸部》：「緹，帛丹黄色也。」
［二一］「絳」，深紅色。「纁」，淺絳色。「贊茈」，讀爲「皂緇」，深黑色。
［二二］「丸」即「紈」，白色細絹。《漢書・地理志下》：「故其俗彌侈，織作冰紈綺繡純麗之物。」顔師古注：「冰謂布帛之細，其色鮮絜如冰者也。」此謂白絹鮮潔如同冰霜。
［二三］「直」，義同「特」，獨。郝懿行《爾雅義疏・釋詁下》「梏，直也」下云：「直者，特然獨立之貌。特與直亦音近字通。」
［二四］「鄭」，鄭地。「繒」同「鄫」，地名，在今山東。《春秋》僖公十四年「夏六月，季姬及鄫子遇于防」，杜預注：「鄫國，今琅邪鄫縣。」楊伯峻《春秋左傳注》：「鄫，《穀梁》作『繒』，鄫、繒在古書多通用。」
［二五］「當」，通「璫」。「璫」，耳飾。

以上堂、妨（芳）、房、相（廂）、英、常（裳）、黄、行、方（紡）、霜、當（璫）爲陽部韻。

〔二六〕「户」同「扈」，披帶。《楚辭·離騷》：「扈江離與辟芷兮，紉秋蘭以爲佩。」王逸注：「扈，被也。楚人名被爲扈。」「淮」，淮水。以上鉤、須、珠爲侯部韻。

〔二七〕「漢」，漢水。「光」同「珖」，《集韻·唐韻》：「珖，玉名。」

〔二八〕「首」，開始之處。

〔二九〕「結末」，結束末尾之處。「潢」，通「璜」。「璜」，玉名。

〔三〇〕「瑵」，同「爪」，「玉瑵」謂以玉飾手。「玦」，有缺口可佩戴的環形玉器。「印」疑讀作「玄」，蓋同「懸」，懸佩。

〔三一〕以上光（珖）、潢（璜）、英爲陽部韻。

〔三二〕「朐」同「玽」，「朐」爲羣母侯部，「玽」爲見母侯部。玽，玉名。《説文·玉部》：「玽，石之次玉者。」「綦」同「璂」，玉名。朱駿聲《説文通訓定聲·頤部》：「綦，叚借爲璂。」

〔三三〕「式」，疑同「飾」，二字均書母職部。

〔三四〕「隄」同「緹」，赤色絲織品。「襲」，量詞，猶言一套。

〔三五〕「象笿」，象牙裝飾的盛具。《説文·竹部》：「笿，桮笿也。」

〔三六〕「鑑」，鏡。「蔚」同「熨」，熨斗。「粉墨」，化妝用的白粉與黑墨，或白色與黑色。

〔三七〕「澤」，化妝用的脂膏。《楚辭·大招》：「粉白黛黑，施芳澤只。」蔣驥注：「澤，膏脂也。」

〔三八〕以上式、服、墨、則（側）、息、得爲職部韻。

〔三九〕「脩脩」同「悠悠」。《楚辭·大招》：「螭龍竝流，上下悠悠只。」王逸注：「悠，一作攸。古作脩脩。」

〔四〇〕「馮」同「憑」，滿也，盛也。《楚辭·離騷》：「衆皆競進以貪婪兮，憑不猒乎求索。」王逸注：「憑，滿也。楚人名滿曰憑。」「吸」，吸氣，《説文·口部》云：「内息也。」「憑吸」意謂心中氣盛憤懣。或即「憑噫」，亦謂氣鬱積憤懣。《文選》司馬相如《長門賦》「心憑噫而不舒兮」，李善注：「憑噫，氣滿貌。」

〔四一〕「潭潭」，深厚之貌。《韓詩外傳》卷一：「吾北鄙之人也，將南之楚。逢天之暑，思心潭潭。」「哀哀」，悲傷不已之貌。《詩·小雅·蓼莪》：「哀哀父母，生我劬勞。」

〔四二〕以上去、故爲魚部韻，夜爲鐸部韻，魚鐸合韻。

周三九春與出，遇妄稽門。見春而笑，仞仞□□。辟（臂）浽（垂）九寸，耳枂（形）堇（僅）存[一]。鬼（魋）獾（顴）氏（低）誰（準）[二]，堅根隱（殷）軫[三]。肸曷（鶡）抵（低）誰（準）[四]，四〇……瞻（蟾）諸（蜍），前龜後阰（疪）[五]，曲指𨇤踝[六]，橦（腫）朏廢胳[七]，目四一……□□以垂，笑胃（謂）周春：「來與我相……四二女士死中，女崔三年[八]。不與丈夫笑，不嫁冬（終）身[九]。見富不爲變，見美不爲喋（榮）[一〇]，氏（是）胃（謂）大誠[一一]。虞士雖四三不宵（肖），願以自教也[一二]。」「妾乃端（專）誠[一三]，不能更始[一四]。壹接周春[一五]，無所用士（事）[一六]。命舍周春，蜀（獨）事濡（孺）子[一七]。」妄稽大四四怒，真（瞋）目睎視[一八]，摇臂兩指：「吾遬（速）殺女（汝），善也爲我不利[一九]！」虞士左走，曾毋所逃死[二〇]。周春卒（猝）至[二一]，虞士四五……[二二]自以爲身免。妄稽爲布席善傳之[二三]，邑（挹）入其衣而數揗之[二四]。妄稽胃（謂）周春[二五]：「吾視虞士若氏（是）矣，君四六……[二六]」□之，□擊擣之[二七]，隨而猶之[二八]，執而穷之[二九]，楬解□之，虞士乃三旬六日焉能起[三〇]。辯（徧）告衆人，拜請馮（朋）四七友[三一]。

皆憐虞士，爲之怒妄稽，曰：「人處妄，雖百貴之，名終不與女（汝）資（齊）。且女（汝）脰若詘（屈）蠲[三二]，面以（似）腐蠐[三三]。四八鳶肩僷胅[三四]，
蕭（肅）蕭（肅）淮淮[三五]。姳聞巍（魏）楚，乃誠（駭）燕齊[三六]。女（汝）爲長亦足矣，何必求私[三七]。」妄稽不自射（謝），竊笑有四九……[三八]……
亦不賓，未肯聽女（汝）。若快女（汝）心志，我幾（豈）得少處。捕遂卒之，增詰五〇……[三九]焉復蘇。慮聞一里[四〇]，遫（速）若建鼓[四一]。朝噒聲聲[四二]，
當門塞户[四三]。立若植楹[四四]，不來不筮（逝）[四五]。鄰里聞者，幼長五一皆芀[四六]。

[一] 「堇」同「僅」，「僅存」，勉强存在。

[二] 「鬼獾」即「魋顔」，疑即《史記·范雎蔡澤列傳》之「魋顔」，《索隱》云：「魋顔謂顔貌魋回，若魋梧然也。」「準」同「準」，鼻。

[三] 「堅根」，義不詳，疑謂牙齒。「隱軫」，或作「殷軫」，衆盛貌。《淮南子·兵略訓》：「畜積給足，士卒殷軫。」高誘注：「殷，衆也；軫，乘輪多盛貌。」此指會聚、湊集在一起。
揚雄《蜀都賦》：「方轅齊轂，隱軫幽輵。」

[四] 「肣」疑同「翕」，「肣響」在王粲《七釋》、左思《蜀都賦》中即作「翕響」。翕，收聚、斂縮，《爾雅·釋詁上》：「翕，合也。」「曷」同「頞」，鼻梁。
以上門、存、軫、準（準）爲文部韻。

[五] 「瞻諸」，讀爲「蟾蜍」。「陫」讀爲「痱」，痱子。

[六] 「蠲」疑同「屬」，連屬。

[七] 「朏」，脚彎曲，《廣雅·釋親》：「朏，曲脚也。」「癈脂」，蓋謂聲音粗大難聽。

[八] 「崔」疑同「縗」，喪服之一。

[九] 以上年、身爲真部韻。

[一〇] 「嘌」同「榮」，棄，見《列子·周穆王》「榮汝之糧」張湛注。

[一一] 以上嘌（榮）、誠爲耕部韻。

[一二] 以上宵（肖）、教爲宵部韻。

[一三] 「端」讀作「專」，誠篤，劉歆《遂初賦》：「彼屈原之貞專兮，卒放沉於湘淵。」

[一四] 「更始」，重新开始。

[一五] 「壹」，專一。《左傳》昭公二十六年「壹行不若」杜預注：「壹，專也。」

[一六] 「士」同「事」，《説文·士部》：「士，事也。」

[一七] 以上始、士（事）、子爲之部韻。

[一八] 「真」同「瞋」，「瞋目」，怒目而視。「瞲視」，驚視。

[一九] 「爲我不利」，對我做不好的事。

[二〇] 「曾」，竟。

[二一] 以上視、指、死爲脂部韻，至、利爲質部韻，脂質陰陽對轉可以相押。

[二二] 從簡背劃痕看，此處似缺簡一枚。

[二三] 「布席」，鋪設坐席。

〔二四〕「揗」，撫摩。

〔二五〕以上免、傳爲元部韻，揗、春爲文部韻，元文合韻。

〔二六〕此處缺簡。

〔二七〕「擊」，擊打。「擣」，捶擊。

〔二八〕「猶」通「猷」，疑此假借爲「摇」，摇動。説見朱駿聲《説文通訓定聲·犬部》。

〔二九〕「窌」疑讀若「摎」，二字均見母幽部。摎，繫縛，捆綁。《説文·手部》：「摎，縛殺也。」

以上擣、猶、窌爲幽部韻。

〔三〇〕「焉」，乃。

〔三一〕以上起、友爲之部韻。

〔三二〕「脰」，頸項。「蠲」，蟲名。

〔三三〕「蠐」，蟲名，桑樹中的蠹蟲。

〔三四〕「鳶肩」，兩肩上聳，像鴟鳥棲止時的樣子。「傑胅」同前「傑脅」。

〔三五〕「蕭蕭」同「肅肅」，《爾雅·釋訓》：「肅肅，敬也。」又《詩·周南·兔罝》「肅肅兔罝」毛傳：「肅肅，敬也。」「淮淮」，疑同「唯唯」，「淮」爲匣母微部，「唯」爲餘母微部。「唯唯」，恭順貌，唯唯諾諾。

〔三六〕「誡」讀爲「駭」。《易·比》：「顯比，王用三驅，失前禽，邑人不誡。」俞樾《羣經平議·周易一》：「誡當讀爲駭……邑人不誡，言不驚駭也。」

〔三七〕「私」，偏愛，寵愛。《儀禮·燕禮》：「對曰：『寡君，君之私也。』」鄭玄注：「私謂獨有恩厚也。」

以上稽、資（齊）、蠐、齊、私爲脂部韻，淮爲微部韻，脂微合韻。

〔三八〕此處缺簡。

〔三九〕此處缺簡。

〔四〇〕「慮」，《廣雅·釋詁二》：「慮，廣也。」「里」，閭里。

〔四一〕「建鼓」，以木柱支撐豎立的鼓。

〔四二〕「嶙」，象聲詞。

〔四三〕以上女（汝）、處、蘇、鼓、户爲魚部韻。

〔四四〕「植楹」，木柱。「植」，孫詒讓《周禮正義·夏官·大司馬》「屬其植」云：「凡木之直立謂之植、楨、榦。」「楹」，《説文·木部》：「楹，柱也。」

〔四五〕「筮」同「逝」，去，離開。今本《老子》二十五章「大曰逝，逝曰遠，遠曰反」，二「逝」字在馬王堆漢墓帛書《老子》乙本中均作「筮」。

〔四六〕疑「芀」通「慄」，畏懼，害怕。慄爲質部韻，可與上「筮（逝）」爲月部韻合韻。

春愛虞士，爲之恐懼。謹築高甬（墉）〔一〕，重門設巨（拒）〔二〕。去水九里，屋上塗傅。勇士五伓（倍）〔三〕，巧能近五二……〔四〕御。地室五達，莫智（知）其處〔五〕。甲子之日，春爲君使。出之竟（境）外，離家甚久。守者解（懈）駘（怠），稽得虞士。五三真（瞋）目而怒，齘折其齒〔六〕。左手把之，右手抳之。適得其指，因朐折之〔七〕。適得其耳，究㓞而起〔八〕。擊五四陰，犨（錐）僊之〔九〕，蚤（搔）列（裂）之。妄稽忿忿，自身芀之〔一〇〕。疏齕鉗錯〔一一〕，疾齸筮（噬）

之。將伓（倍）去之[一二]，有（又）踵𨄅之[一三]。栝脩（條）百[五五]束，竹笞九秉[一四]。昏笞虞士，至旦不已。時贏其死[一五]，扶蘠（牆）而起[一六]。令設衡（横）桐，紛髮縣（懸）之[一七]。盈釜赤叔（菽）[一八]，[五六]纍足圜之[一九]。縣（懸）纍紡之[二〇]，息息鞭之[二一]。趍（跪）進涶（唾）淺（濺）[二二]，以時閒之[二三]。虞士胃（謂）妾稽曰：「濡（孺）子，人之有妾也，以爲[五七]榮華[二四]。濡（孺）子之有妾，適亂室家[二五]。人有妾也，比之子生（姓）[二六]。濡（孺）子有妾也，比之禍。吾顲（俛）卬（仰）自念，吾竊蜀（獨）[五八]何命[二七]。笞擊伓（伾）伓（伾）[二八]，誶（捽）⿰扌戉緄（混）緄（混）[二九]。吾周留（流）天下[三〇]，大未有許（所）聞。吾爲妾亦誠苦，大不得人綸（倫）[三一]。」妾稽曰：「訑[五九]來女（汝）猶賓（頻）言虖（呼）。女（汝）始來之日，女（汝）固設變故。女（汝）未見我黑白也，絶我曰必妬[三二]。女（汝）婦居中閒，[六〇]使家大潞（露）[三三]。我爲女（汝）大賜，乃始笞罵。且春未行也，我固告女（汝）[三四]。與女（汝）微（媚）於窨（奥），甯微（媚）於竈[三五]。丈夫[六一]亡於此也，夜入其士盈室。晝瞑（眠）夜視，反夜爲日。稽暨（既）小也[三六]，固弗敢節[三七]。過（禍）盜不材者[三八]，皆與交通[三九]。外[六二]骸（駭）州鄉[四〇]，内骸（駭）里巷。遫（速）𧮯虞士[四一]，毋羈獄訟[四二]。妾直敝（蔽）之[四三]，不言其請（情）。與其士約，暨（既）固有成。我必殺周[六三]……[四四]春，與子合生[四五]。妾直敝（蔽）之，不言其惡。與其士約，固暨（既）有度。必殺周春，請要於涂（塗）[四六]。妾聞之中，心動[六四]恐懼。君來適遫（速），被（彼）未給叚（暇）。遫（速）𧮯虞士，毋羈大顧[四七]。」周春曰：「若（諾），吾察其請（情）必得。一小婦人，亦甚[六五]易伓[四八]。誠有大罪，則得𧮯猶幸。僕新罷行，君與我相規（窺）。我得聽其言，而察其辭。」

[一]「甬」讀爲「墉」，牆。

[二]「重門」，層層設門。《周易·繫辭下》：「重門擊柝，以待暴客。」「巨」同「拒」，阻擋。

[三]「伓」同「倍」，「倍」又同「部」，部署。

[四]從簡背劃痕看，此處或缺簡一枚。「巧」，擅長，善於。《廣韻·巧韻》：「巧，善也。」

[五]以上懼、巨（拒）、傅、御、處爲魚部韻。

[六]「齘折其齒」，猶言咬牙切齒。「齘」，牙齒相摩切。《說文·齒部》：「齘，齒相切也。」

以上使、久、士、齒爲之部韻。

[七]「朐」，彎曲。段玉裁《說文解字注·肉部》：「朐，引申爲凡屈曲之偁。」

[八]以上耳、起爲之部韻。

[九]「犨」通「錐」，二字均章母微部，音同可通。錐，刺。「𨄅」，踢。

[一〇]「艻」疑通「扐」，捆綁。《集韻·職韻》：「扐，縛也。」亦或「艻」同「竻」，刺。

[一一]「疏齕鉗錯」，蓋謂張口咬牙切齒。「疏」，分開。「齕」同「頷」，上下頜。

[一二]「伓」同「倍」，「倍」即「背」。

[一三]以上𨄅、筮（噬）爲月部韻。

[一四]「秉」，《說文·又部》：「秉，禾束也。从又持禾。」朱駿聲《說文通訓定聲》：「从又持禾，會意。手持一禾爲秉。」

〔一五〕「贏」，《玉篇·貝部》：「贏，緩也」。

〔一六〕以上士、已、起爲之部韻。

〔一七〕「紛」，亂。

〔一八〕「盈」，裝滿。「釜」，容器。「赤菽」，赤小豆。

〔一九〕「纍」，繩索。《説文·糸部》云：「一曰大索也。」此謂用繩索捆縛。「圜」，環繞。

〔二〇〕「紡」，懸空綁着，捆縛。

〔二一〕「息息」，時時刻刻，始終不停地。

〔二二〕「跪進」，跪着奉進。「涶」同「唾」，唾沫。「淺」，濺，噴射。

〔二三〕「以時」，每過一段時間。「閒」，間隔。

以上縣（懸）、圜、鞭、閒爲元部韻。

〔二四〕「濡子」即「孺子」，對婦女的尊稱。「榮華」，榮耀，榮顯。

〔二五〕以上華、家爲魚部韻。

〔二六〕「比之」，把它比作、看作。「生」同「姓」，「子姓」，子孫。《禮記·喪大記》「卿大夫父兄子姓立于東方」，鄭玄注：「子姓，謂衆子孫也。」孫希旦《禮記集解》：「子姓，謂衆子及諸孫也。」

〔二七〕以上生（姓）、命爲耕部韻。

〔二八〕「伓」同「伾」，《説文·人部》：「伾，有力也。」《詩·魯頌·駉》「以車伾伾」毛傳：「伾伾，有力也。」

〔二九〕「誶」蓋通「捽」，揪，抓。《廣韻·没韻》：「捽，手捽也。」「抾」，搣，拔。「緄緄」同「混混」，即「滾滾」，連續不斷。揚雄《法言·問道》：「道若塗若川，車航混混，不捨晝夜。」

〔三〇〕「留」通「流」，二字均來母幽部，音同可通。「周流」，周行各地。揚雄《蜀都賦》云：「馳逐相逢，周流往來。」

〔三一〕以上緄（混）、聞、綸（倫）爲文部韻。

〔三二〕「絶」，摒棄。

〔三三〕「潞」讀作「露」，二字均來母鐸部，音同可通。「露」，敗壞、破落。《方言》卷三：「露，敗也。」《荀子·富國》：「入其境，其田疇穢，都邑露。」王念孫《讀書雜志》卷一一：「露者，敗也。謂都邑敗壞也。」又《逸周書·皇門》亦云「以自露厥家」。

〔三四〕以上虖（呼）、故、罵、女（汝）爲魚部韻，妬、潞（露）爲鐸部韻，魚鐸合韻。

〔三五〕「與」，與其。「微」讀作「媚」，「微」爲明母微部，「媚」爲明母脂部，微、媚聲母相同，韻部相近，可通。《論語·八佾》：「王孫賈問曰：『與其媚於奧，寧媚於竈，何謂也？』子曰：『不然，獲罪於天，無所禱也。』」《爾雅·釋宫》：「西南隅謂之奧。」奧爲室内尊處；竈，爨炊之處，爲卑處。

以上窖（奧）、竈爲覺部韻。

〔三六〕「小」，此謂邪惡卑鄙之人。

〔三七〕「節」，適，適度。《晏子春秋·諫下十三》：「今君之履，冰月服之，是重寒也，履重不節。」于省吾《雙劍誃諸子新證·晏子春秋》：「按，節猶適也。」「固弗敢節」猶言不憚於做不合適的事。

以上室、日、節爲質部韻。

〔三八〕「過」讀作「禍」，《墨子·魯問》：「故大國之攻小國也，是交相賊也，過必反於國。」于省吾《墨子新證》謂「過」應讀作「禍」；《睡虎地秦墓竹簡·爲吏之道》亦云：「正行脩身，過去福存。」

[三九] 「交通」，交往。

[四〇] 「骸」同「駭」，（名聲）播散。《文選》陸機《皇太子宴玄圃宣猷堂有令賦詩》：「協風傍駭，天晷仰澄。」李周翰注：「駭，散也。言和風傍散。」或「駭」亦可解爲駭怕、震驚。

[四一] 「鬻」，賣。

[四二] 「羈」，拘。

以上通、巷、訟爲東部韻。

[四三] 「敝」同「蔽」，掩蔽。

[四四] 從簡背劃痕看，此處似缺簡一枚。

[四五] 以上請（情）、成、生爲耕部韻。

[四六] 「要」，攔阻，截擊。《孟子·公孫丑下》：「（孟仲子）使數人要於路。」

[四七] 「羈」，留。「顧」，等待。

以上惡、度爲鐸部，涂（塗）、懼、叚（暇）、顧爲魚部，魚鐸合韻。

[四八] 「昜怀」，義不詳。

賓客畢請，六六自問之。勞者未畢，虞士吾（寤）瞑（眠）[一]。起見周春，「竽（吁）！來虖（乎）！」遂之下室[二]，已浴已沐[三]。篹（纂）齊白珠[四]，穿以係臂。六七能過虖（乎）度（宅）[五]，不可當月而睇[六]，陰象簪[七]，尌（駐）觭（奇）牙[八]，步蘭（闌）下[九]，周春規（窺）户[一〇]，不及（趿）屨（屨）[一一]，踐而追之，虞士逃之，六八周春及之東閨外。虞士涕洽禁（襟）[一二]，周春涕交頤[一三]。曰日短歲軺[一四]，命毋衆辭[一五]。遂之廣室[一六]，七日不疑[一七]。妄六九稽念周春虞士之居也，不能甯息。尚（上）堂扶服[一八]，卑耳户樞[一九]。以聽其能（態），而不敢大息[二〇]。周春虞士，方七〇肰下。大（太）息若雷[二一]，流涕若雨[二二]。春……七一樂窮極[二三]。妄稽大越[二四]，幾（嘰）幾（嘰）哭極[二五]。怒頸觸觕[二六]：「女（汝）夫蜀（獨）不我直！」周春虞士，潚（寂）蓼（寥）皆嘿（默）[二七]。妄稽喜差（嗟），左七二走絶力[二八]。妄稽大病，音若搕[二九]。淫瑟緣辟（臂）[三〇]，雔（椎）纍（皺）瘁（瘁）詌[三一]。臨勹疥腸[三二]，日百嘑豫[三三]。

[一] 「瞑」同「眠」，小睡。

以上請、瞑爲耕部韻，問爲文部韻，文耕合韻。

[二] 「下室」，内室、内堂。《儀禮·既夕禮》：「朔月，若薦新，則不饋於下室。」鄭玄注：「下室，如今之内堂。」

[三] 以上虖（乎）爲魚部韻，沐爲屋部韻。

[四] 「篹」同「纂」，繫縛、佩掛。《墨子·迎敵祠》：「令昏緯狗、纂馬、掔緯。」岑仲勉注：「緯、纂皆繫也。」

[五] 「度」通「宅」，居所，屋宅。度、宅二字古同聲通用，《詩·大雅·文王有聲》「宅是鎬京」，《禮記·坊記》即引作「度是鎬京」。朱駿聲《説文通訓定聲·又部》云：「度，叚借爲宅。」

〔六〕「當」，對，迎。「睇」蓋同「睼」，迎視。《集韻·齊韻》：「睼，迎視也。或从弟。」

〔七〕「陰」，隱於陰影之中。「象簪」，象牙之簪，此代指美人虞士。

〔八〕「尌」同「駐」，停步駐留。王筠《説文釋例·寸部》：「《馬部》：『駐，立止也。』《玉篇》曰：『尌，又作駐。』」「觭牙」即「奇牙」，漂亮牙齒，此亦代指美人虞士。

〔九〕「蘭」同「闌」，闌干，柵欄。《説文·門部》：「闌，門遮也。」此指堂前之欄。

〔一〇〕以上度（宅）爲鐸部，牙、下、户爲魚部，魚鐸合韻。

〔一一〕「及」通「趿」，穿鞋。

〔一二〕「浛」，浸沾。

〔一三〕「頤」，下巴。《孫子兵法·九地篇》：「令發之日，士卒坐者涕沾襟，偃卧者涙交頤。」

〔一四〕「船」，可讀爲「遙」，長。

〔一五〕「命毋衆辭」，謂命其不向衆人告辭。

〔一六〕「廣」，大屋。《説文·广部》：「廣，殿之大屋也。」

〔一七〕以上頤、辭、疑爲之部韻。

〔一八〕「扶服」，讀爲「匍匐」。

〔一九〕「户樞」，門軸。

〔二〇〕「大息」，大聲呼吸。

〔二一〕「大」同「太」，「太息」，長嘆息。

〔二二〕以上下、雨爲魚部韻。

〔二三〕「窮極」，窮盡。

〔二四〕「越」，怨恨。《大戴禮記·曾子事父母》「則是越之也」，王聘珍《大戴禮記解詁》：「越，疾也。」

〔二五〕「譏」同「嘰」，哀嘆聲。《集韻·微韻》：「嘰，唏也。」

〔二六〕「觸䎘」，蓋躅踵，謂頓足。

〔二七〕「潚蓼」即「寂寥」，寂靜無語貌。今本《老子》第二十五章云「寂兮寥兮」，馬王堆漢墓帛書《老子》甲本作「繡呵繆呵」，乙本作「蕭呵漻呵」。「潚蓼」、「寂寥」、「繡繆」、「蕭漻」蓋同。

〔二八〕「絶」，缺乏。

以上極、直、嘿（默）、力爲職部韻。

〔二九〕「搤」，掐住，扼住。疑「搤」下句讀符號當爲重文符號，句作「音若搤搤」。

〔三〇〕「淫」，《爾雅·釋詁上》：「淫，大也。」「瑟」讀若「蝨」，二字均山母質部，蝨，蝨子。孫詒讓《墨子閒詁·經説上》「户樞免瑟」引張云：「瑟、蝨同。」

〔三一〕「魋」同「椎」，脊椎。「纍」同「皺」，鼓起，突出。《集韻·覺韻》：「暴，墳起也。」「瘁」同「癃」，背彎曲之疾。「訃」，疑同「癈」，癈疾。

〔三二〕「臨」，《廣雅·釋詁一》：「臨，大也。」「臨勺」蓋謂腦勺隆大突起。「疥」，疥疾。

〔三三〕「嘑」，呼求。「滌」，《説文·水部》：「滌，酢滌也。」帶酸味的水。

以上病、腸、滌爲陽部韻。

安稽將死，乃召吏七三……[一]而遺言，曰：「淮北有惡人焉，中淮踆（蹲）[二]。洦則入口[三]，淫則入鼻[四]。鞫（鞫）李（理）而投之面[五]，李（理）
盡不棄[六]。匽（安）可攬而七四譖[七]。女（汝）固羞父兄，計何子？」稽乃召其少母[八]，而與言曰：「我妬也，不智（知）天命虖（乎）。禍生虖（乎）
妬之[九]，爲我病七五也，將常難止[一〇]。我妬也，疾蹐（墮）纍瓦毁襲杯[一一]，解擇（釋）成索别瓶橘（桔）[一二]，而離臾李[一三]，晝肖（宵）不瞑（眠）。
我妬也，七六得常難止。」少母乃以告衆人，其父母聞之，言笑聲聲，舉杯而爲醻[一四]：「亦毋纍兩親[一五]。」安稽乃召虞士，七七而與之言曰：「念女（汝）
之事我，亦誠苦勞矣。不忍隱，何不走[一六]？不勝堇（艱），何不逃[一七]？爲告周春，必不七八女（汝）求〈來〉[一八]。居外三月，可以左右[一九]。與爲人
下[二〇]，窗爲人子[二一]。女（汝）面目事人[二二]，誰事不喜[二三]。錯（措）氏（是）而弗爲[二四]，安辟（避）箠笞。七九吾請奉女（汝），以車馬金財，纂（纂）
組五采（彩）[二五]。盡盡來取[二六]，不告無有。」虞士再拜而起，曰：「濡（孺）子誠有賜小八〇妾矣[二七]，妾合以中（衷）心報[二八]，妾甚端仁，行有（又）
忠篤。姊不事兩夫，不以身再遷。死生於氏（是），笱（苟）得少安[二九]。末八一……□，施肩者四，然與夫生，終身无惡，何則我妬以自敗也。」安稽
遺一言而智（知）志，說……[三〇]八二

[一] 從簡背劃痕看，此處似缺簡一枚。

[二] 「踆」讀作「蹲」。「中淮踆」謂蹲踞淮水之中。《莊子·外物》：「紀他聞之，帥弟子而踆於窾水。」成玄英疏：「聞湯讓務光，恐其及己，與弟子蹲踞水旁。」

[三] 「洦」，《說文·水部》：「洦，淺水也。」

[四] 「淫」，《爾雅·釋詁上》：「淫，大也。」「淫」又通「深」，朱駿聲《說文通訓定聲·臨部》：「淫，叚借爲深。」《列子·黄帝》：「因復指河曲之淫隈曰：彼中有寶珠，泳可得也。」段敬順《釋文》：「淫音深。」

[五] 「鞫李」蓋即「鞫理」，鞫治審理。「面」，面頰。

[六] 以上鼻、棄爲質部韻。

[七] 「匽」即「晏」，《集韻·霰韻》：「晏，《博雅》：『視也。』或作匽。」「晏」通「宴」，《詩·邶風·新臺》「燕婉之求」，《齊詩》作「晏」，王先謙《詩三家義集疏》云：「晏亦宴假借字。」晏、宴二字均影母元部，此假借爲「安」（亦影母元部）。「譖」，詆毁、誣陷。

[八] 以上子、母爲之部韻。

[九] 以上妬、虖（乎）爲魚部韻。

[一〇] 「常」，恒。

[一一] 「疾」，快。「蹐」通「墮」，掉落。「纍」，堆積，重疊。「襲」，重，疊。《管子·輕重丁》「使其牆三重而門九襲」尹知章注：「襲亦重也。」朱駿聲《說文通訓定聲·衣部》：「襲，叚借亦爲疊。」

[一二] 「解」，解開。「成」，重，層。《廣雅·釋詁四》：「成，重也。」「別」，分離。《說文·冎部》云：「冎（别），分解也。」「橘」同「桔」，桔槔，汲井水之木。

[一三] 「離」同「罹」，遭受，遭遇。《玉篇·隹部》：「離，遇也。」「李」，疑通「使」，朱駿聲《說文通訓定聲·木部》：「李，叚借爲使。」「臾使」，賤待。

[一四] 「爲醻」，敬酒，勸酒。

[一五] 以上人、親爲真部韻。

〔一六〕「隱」，痛苦。

〔一七〕「堇」即「艱」，艱難。

以上勞、逃爲宵部韻。隱、堇（艱）爲文部韻。

〔一八〕從前後用韻來看，此「求」當爲「來」訛字。

〔一九〕「左右」，自我支配。《左傳》僖公二十六年「凡師能左右之」杜預注：「左右，謂進退在己。」

〔二〇〕「與」，與其。

〔二一〕「甯」，寧可，寧願。「人子」，子女。

〔二二〕「面目」，面貌。

〔二三〕「誰事不喜」，猶言「事誰不喜」。

〔二四〕「錯」同「措」，置。

〔二五〕「纂」同「纂」，「纂組」，泛指精美絲織物。

〔二六〕「盡盡」，全都，全部。

〔二七〕以上來、右、子、喜、笞、財、采（彩）、有、起、矣爲之部韻。

〔二八〕「合」，當。

〔二九〕以上遷、安爲元部韻。

〔三〇〕此下缺簡。

* * * * * * *

……靳笞而笞，靳……〔一〕八三

……周春大浦（怖），趣召虞士：「遬（速）之我舍，……」八四

……冬（終）不與女（汝）相畱，女（汝）冥冥不我聽，士……八五

……春謀矣，朝勸出棄，莫（暮）趣遂去。女（汝）枕春之臂。宿遂其……八六

……而百，吾自爲操，我妾有八七

〔一〕本簡由形制及文字書體看來應屬《妄稽》，其位置暫不能肯定。爲謹慎起見，暫附於《妄稽》正文之後。以下殘簡均由文字書體或內容判斷可能屬於《妄稽》。

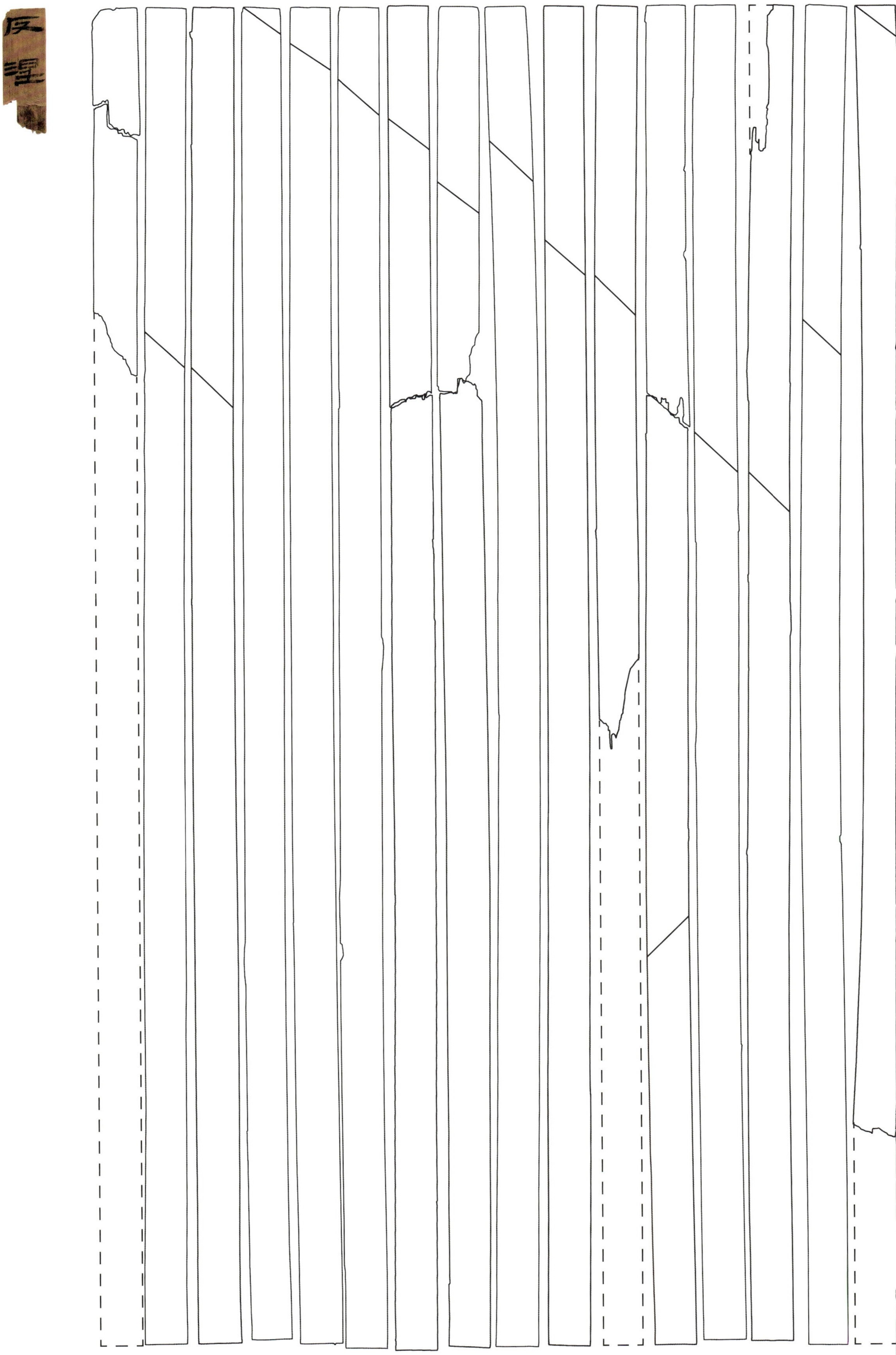

一背　一　二　三　四　五　六　七　八　九　一〇　一一　一二　一三　一四　一五　一六

一背 一 二 三 四 五 六 七 八 九 一〇 一一 一二 一三 一四 一五 一六

四一 四二 四三 四四 四五 四六 四七 四八 四九 五〇 五一

一八　一九　二〇　二一　二二　二三　二四　二五　二六　二七　二八　二九　三〇　三一　三二　三三　三四　三五　三六　三七　三八　三九　四〇

反淫

反淫　圖版

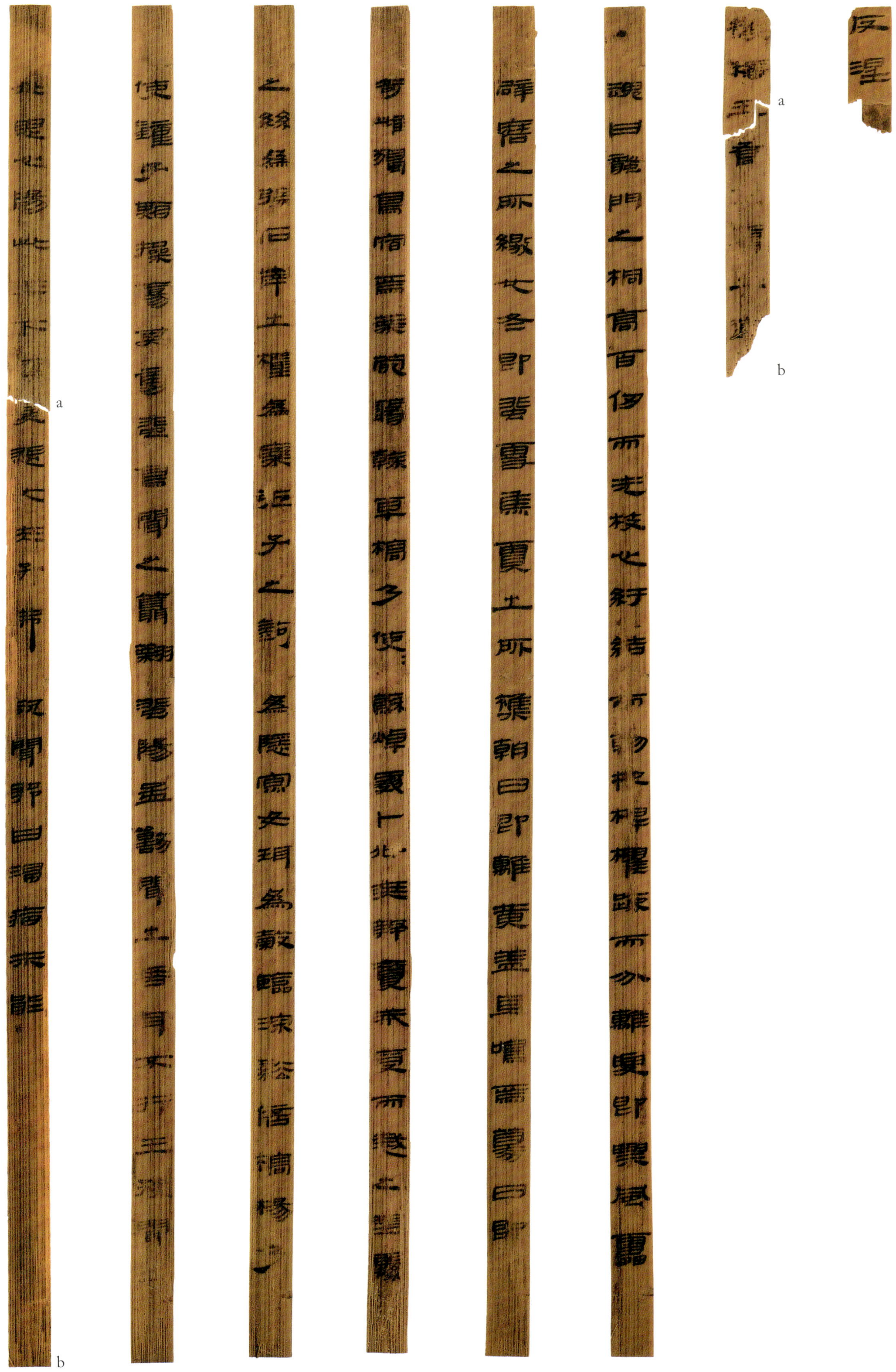

七　六　五　四　三　二　一　一背

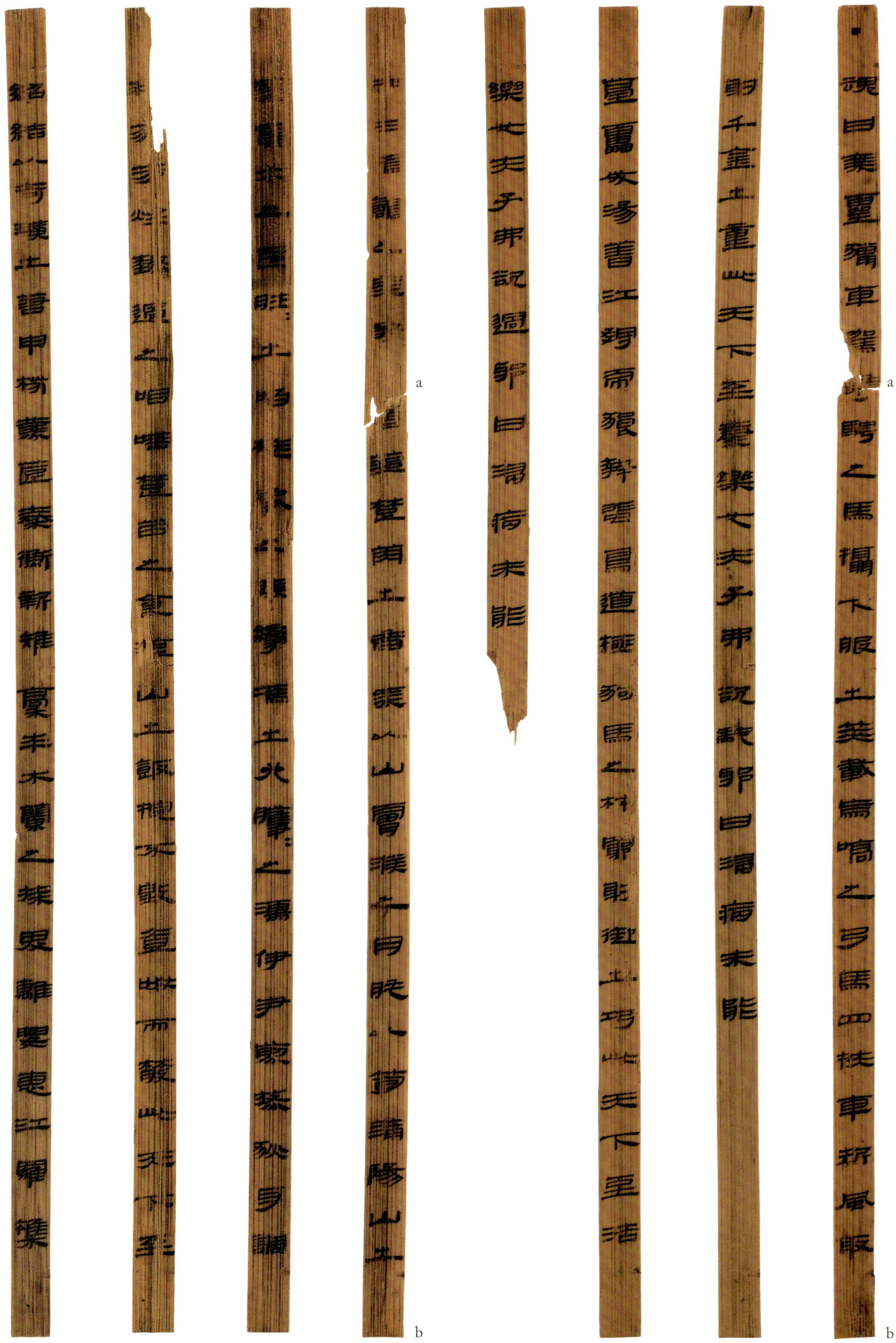

八 九 一〇 一一 一二 一三 一四 一五

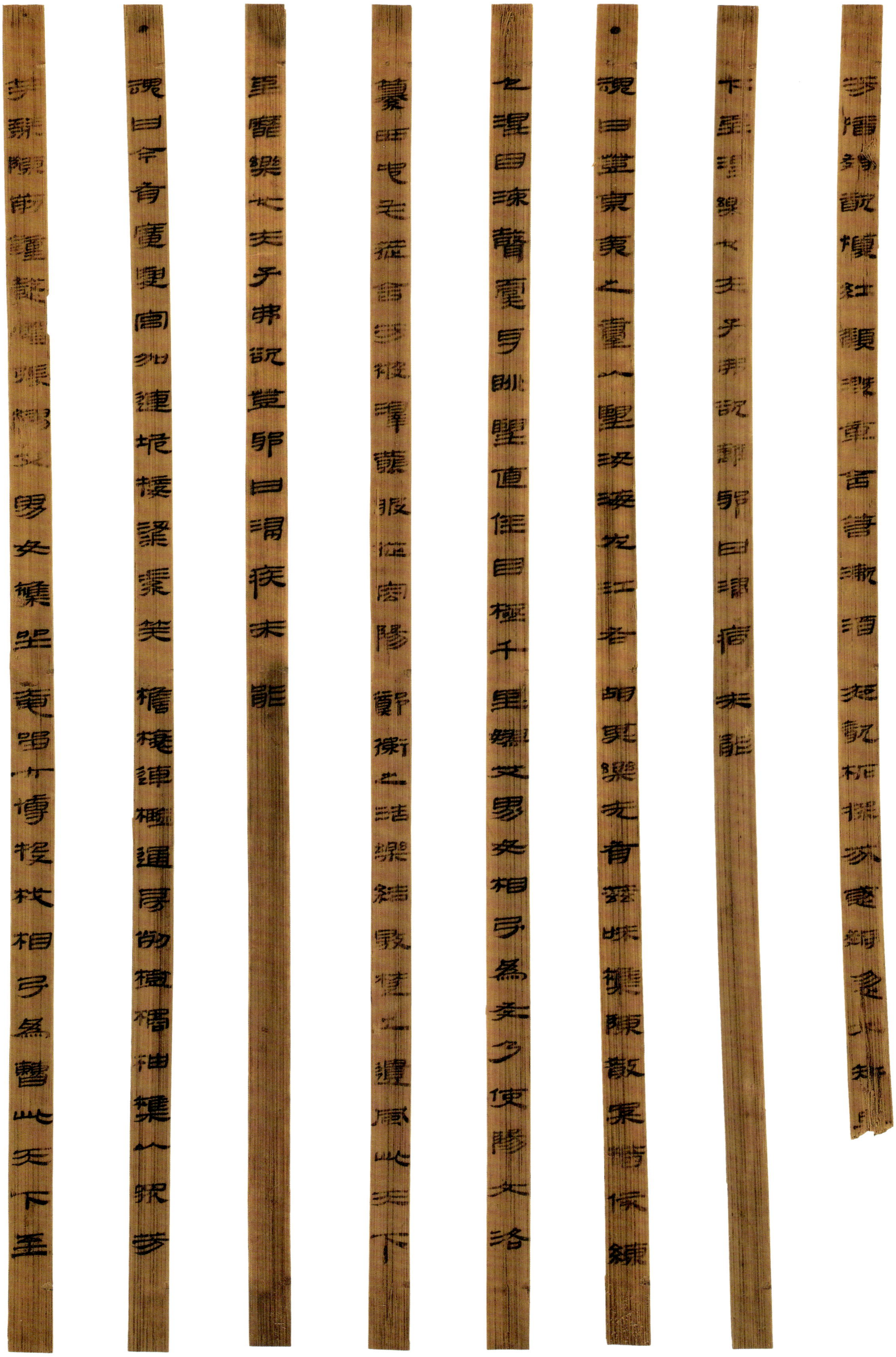

一六 一七 一八 一九 二〇 二一 二二 二三

a b c

二四 二五 二六 二七 二八 二九 三〇 三一

a

b

三九 三八 三七 三六 三五 三四 三三 三二

四〇 四一 四二 四三 四四 四五 四六 四七

四八 四九 五〇 五一

反淫

一背

願稱王高□□之道

一

•魂曰龔門之桐高百仞而无枝心紆結

而軫抱根欋疏而分離夏即票風靁

二

辟磨之所繳也冬即韭雪焦霓之所

襍朝日即離黃蓋旦鳴焉募日即

三

奇雌獨鳥宿焉葉菀蘒榦車槁乃使=

蘇焯龜卜兆𡗿摯齋戒受而裁之野繭

四

之絲爲弦石岸之欋爲麋弧子之鉤

爲隱寡女珥爲穀臨深谿倍槁楊乃

五

使鍾子期操觴其旁蜚烏聞之篙翱

蜚陽孟獸聞之垂耳不行王孫聞之

六

兆思心揚此天下至憂悲也夫子弗

欲聞邪曰浸病未能

七

·魂曰乘靈獵車駕誘騁之馬攝下服

之筴載烏嗃之弓馬四扶車折風取

八

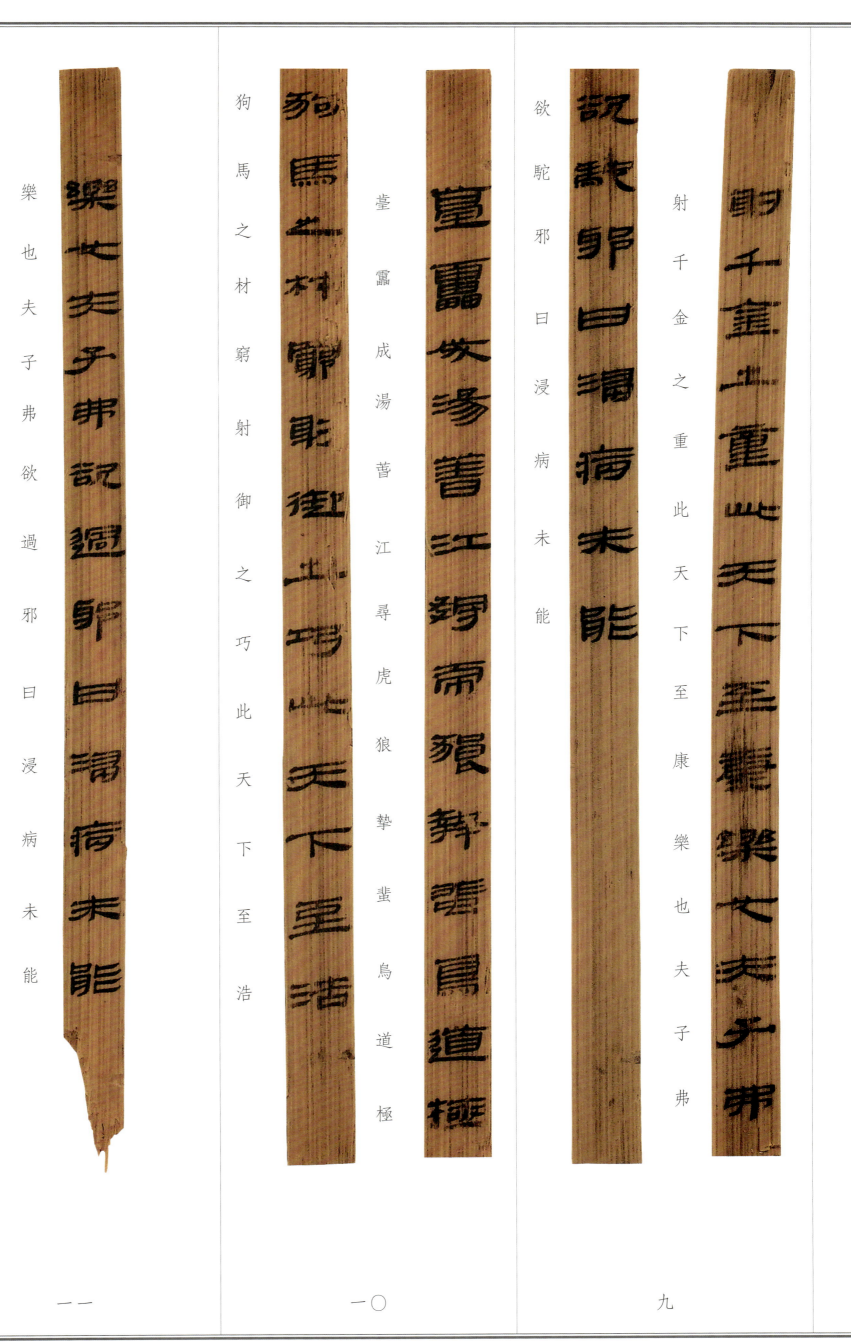

射千金之重此天下至康樂也夫子弗

欲駝邪曰浸病未能

九

臺靈成湯菩江尋虎狼摯蜚鳥道極

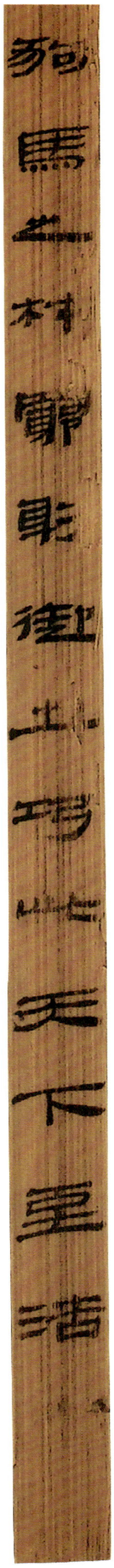

狗馬之材窮射御之巧此天下至浩

一〇

樂也夫子弗欲過邪曰浸病未能

一一

【•】魂曰鳴鵠之美□□醬菹楚英之昔

菜以山膚濮之肉[月毛]以筍蒲陽山之

一二

蔡鶩水之苽胜=之啗旋象之脎變

馮之卵臛=之濡伊尹煎熬狄牙調

一三

和芬芳炢熱過之咽唾楚苗之食旋

山之飯捖不毀壹啜而散此天下至

一四

紹結以奇璜土若申椒燕莊秦衡新雉

槀本木蘭之柴皐離要惠江羅襍

一五

芳愔尋歠憂紅顏溉章含箸漱酒

夜歠柘漿芬惑尋忽不知【旦】

一六

下至淫樂也夫子弗欲離邪曰浸病

未能

一七

•魂曰登京夷之臺以望汝海左江右

胡其樂无有兹味襍陳殽柔措侅練

一八

色淫目流聲虞耳眺望直徑目極千

里嫪艾男女相引爲友乃使陽文洛

一九

纂西它毛蓰含芳被澤燕服從容陽

鄭衛之浩樂結敫楚之遺風此天下

二〇

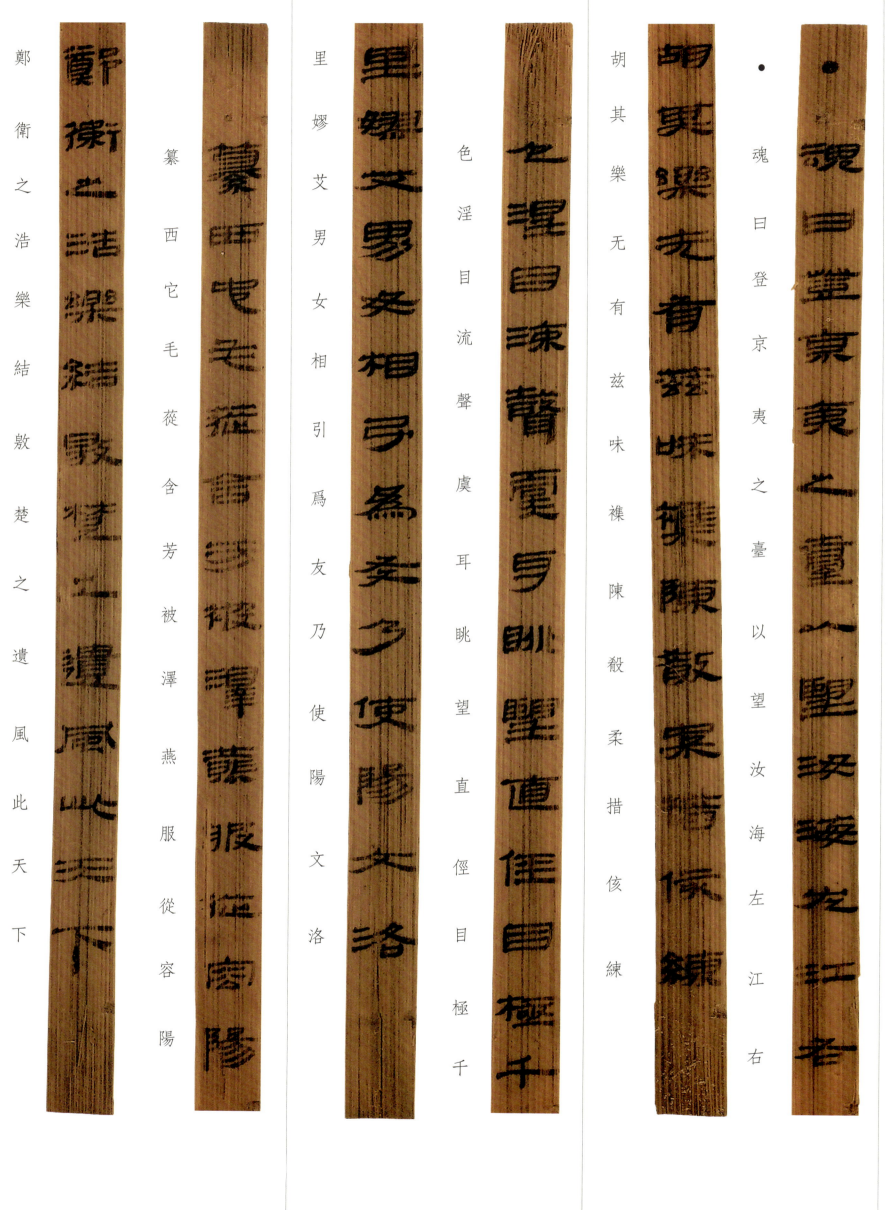

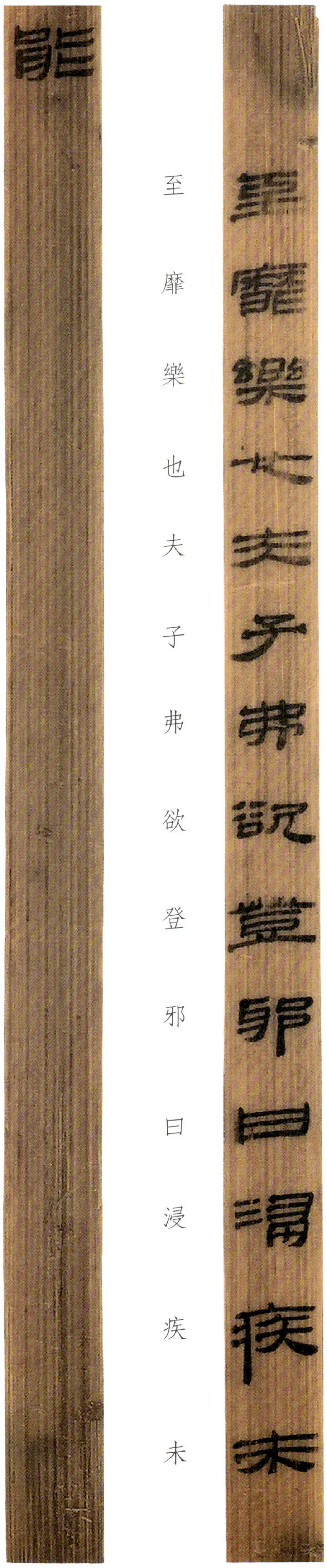

至靡樂也夫子弗欲登邪曰浸疾未

能

二一

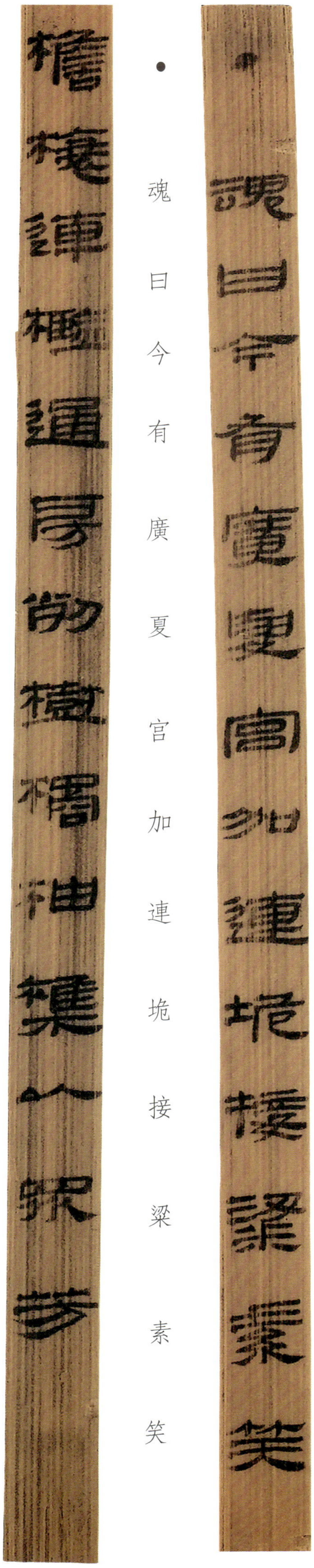

• 魂曰今有廣夏宫加連垝接粱素笑

櫓榱連檻通房列樹橘柚襍以衆芳

二二

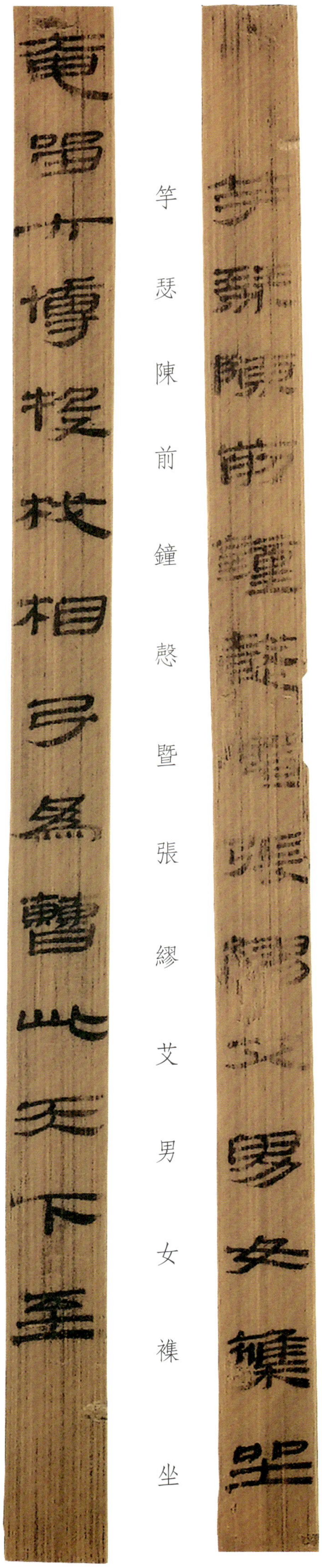

竽瑟陳前鐘敼暨張繆艾男女襍坐

奄留六博投栈相引爲曹此天下至

二三

• 魂曰挂滂浩之艾游同庭之薄臨石

岸之上陰瀁楊之下靜居閒坐觀動

二四

靜之變順風波之理挾蘆竿垂芳餌

投與浮汎以驚鰱鯉此天下至閒樂

二五

也夫子弗欲施邪曰浸病未能

二六

【•】魂曰前有昭沱後有莞蒲中有州堆

往來復路鳿鵠鵷鴇弋鷄鷫相【連】

二七

翾比翼椄遝苛閒菌鶴鳨義孔鶾鴂

鶾芬雲窈海浩洋於上於是攫芳莽

二八

爲蒹芳張豯子之弩發宛路之矰紆

奇直別雌雄合蒲苴之數察逆順之

二九

風此天下至虞樂也夫子弗欲爲邪

曰浸病未能

三〇

緩刑擾中棄知遺物順道反宗浩无

所在立於大沖吸吐靈氣食精自充

三一

勁筋强末志氣高宻真骨清血蹀虚

輕舉刑豚神化乘雲游霧歙三危

三二

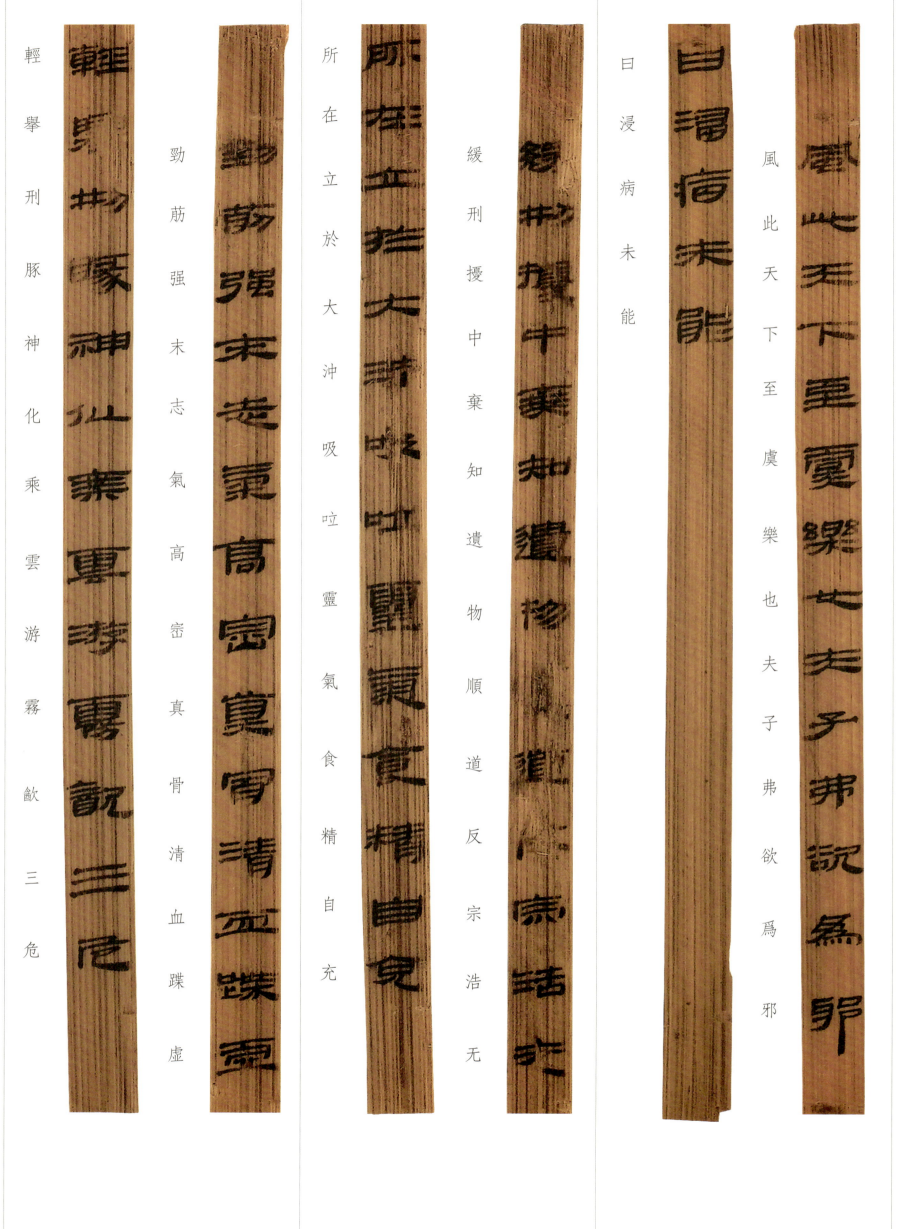

□白露哈亢鋈而充虛精氣洞於九野

至大極之虛无騎豹從虎洛閔浩洋

三三

西游昆侖東觀扶桑除蕨去纍以全

其德身无荷疾壽窮无極此天下

三四

至道也夫子弗慕及邪且也吾聞之

大灌者弗小□湛於道者弗

三五

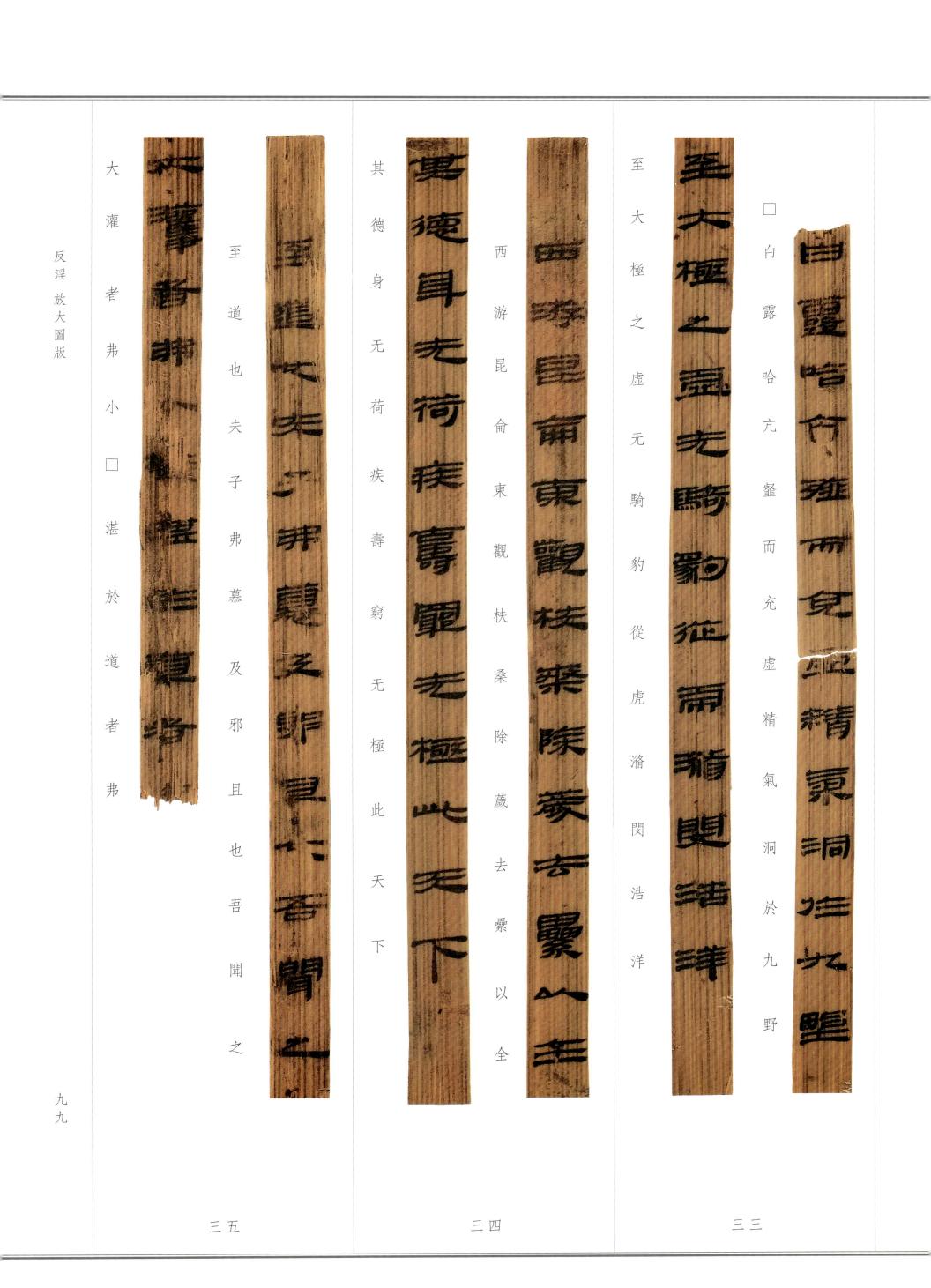

□无閒夫

三六

子何不游於埆垗處於大廓以萬物

爲一鵅死生同宅魄子曰若吾比夫

三七

子猶庌蠸之與螣蛇身方浸病力弗

能爲

三八

•魂曰高堂邃宇連徐相注鵅鐔曲校

蘋壇總霤鬭雞游庭駿馬盈廄【刎】客來□

三九

莅＝尋杖爲巧危冠【縹】服褕袂容與横流

進退以數相耦檀樹棘橥接措交横

四〇

王孫徙倚【文】陛芬芳馮友交游相與曹

戲後者作謁願慕高義此天下至伉

四一

行夫子弗欲從邪於是倍玆纍噫相屬

曰願微匄精神奮卂刑體强觀清華

四二

·魂曰於是處閒靜之宮冠弁以聽朝族

天下博徹閒夏之士若張義蘇秦孟

四三

柯敦于髡陽朱墨翟子贛孔穿屈

原唐革宋玉景瑣之偷觀五帝之遺

四四

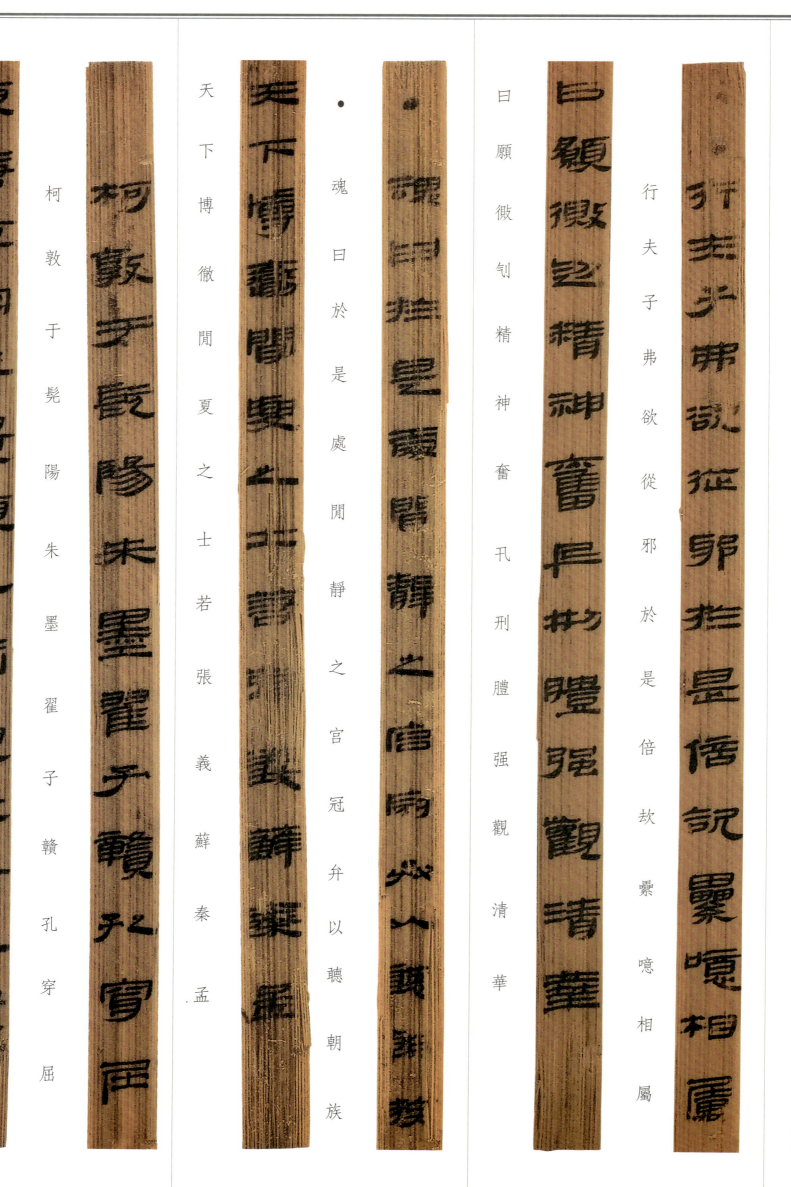

道明三王之法藉以下巧諸衰世之

成敗論天下之精微理萬物是非别

四五

同異離堅白孔老監聽弟子倫屬

而爭天下至神眇夫子弗欲□

四六

邪曰願壹聞之

四七

【•】魂曰不若處无爲之事行不言之教

虛靜恬愉如景之效乘其閣天之車

四八

駝騁八徹之道處大廓之究以靈浮

游化府蟬説濁蔵游於至清因

四九

中人於淥天魄子乃浀然㯕机衍然

汗出淥然病俞

五〇

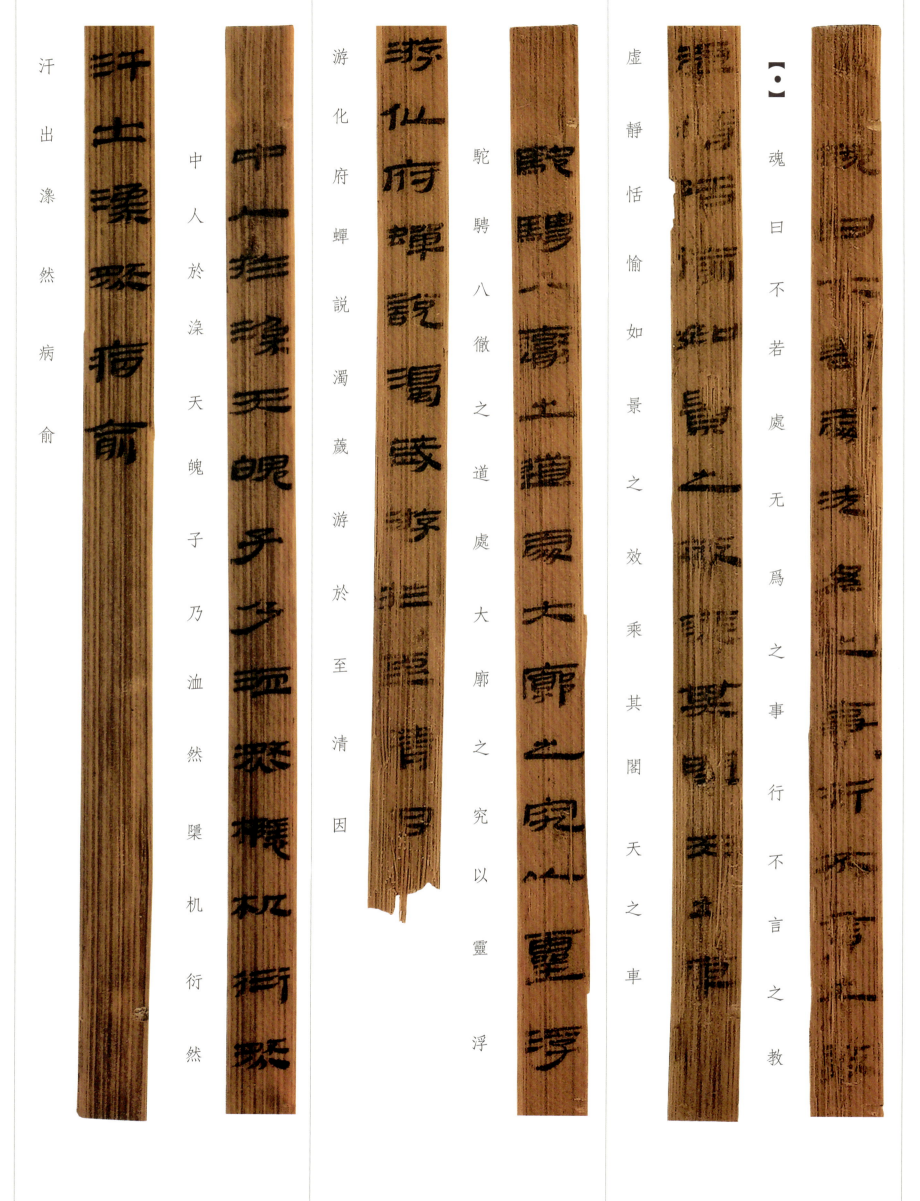

□然根遠

乃近□之聖人字曰□衆柱命恬□

五一

紅外圖版

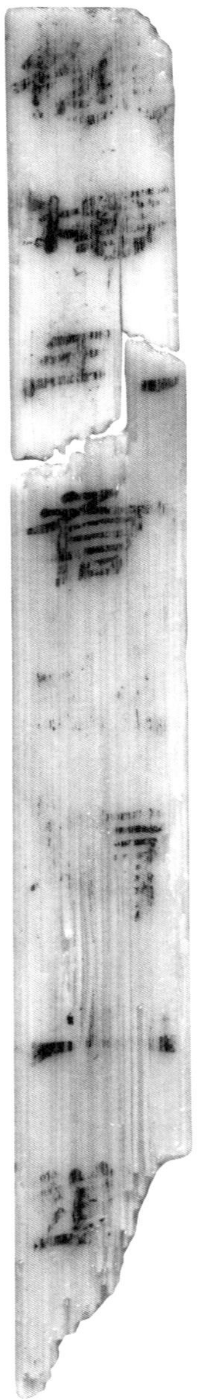

一

二

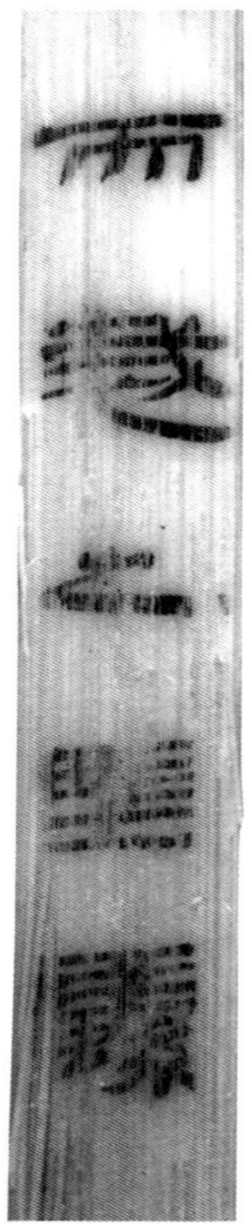

四

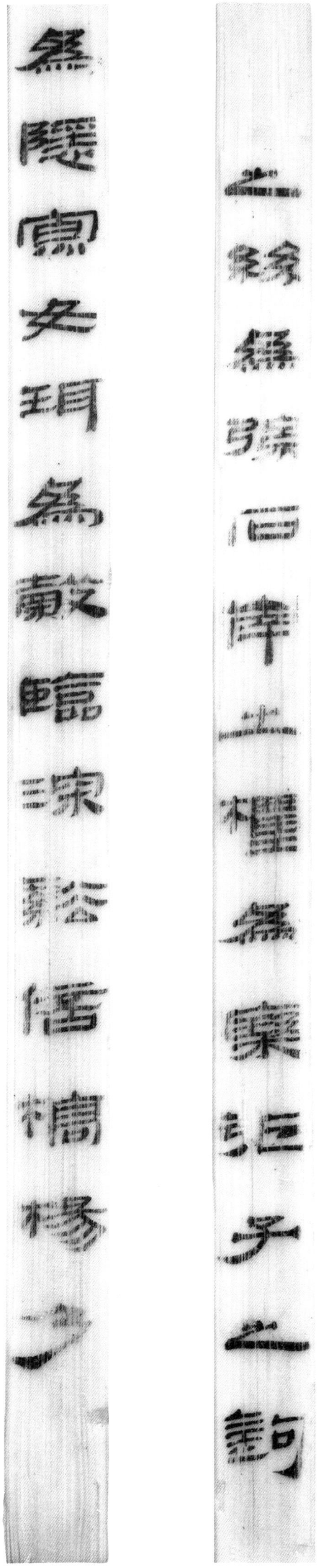

五

六：1

獨車駕□聘之馬

祝聞郭曰痏痿未能

北起心陽此塘下瓦
美挺人迮尹拜

貴出勞身束行毛□聞

一三　　一二　　八　　七　　六：2

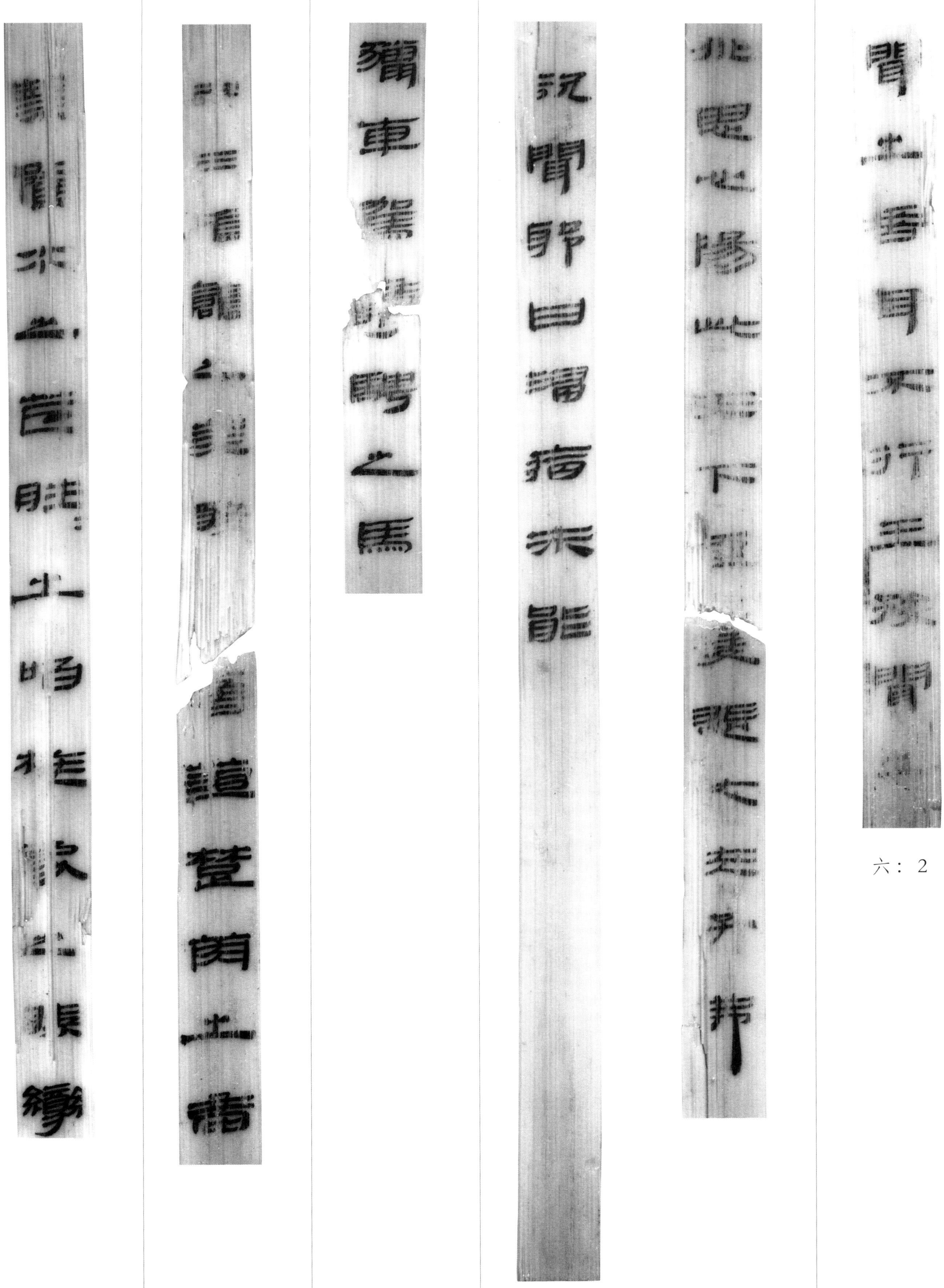

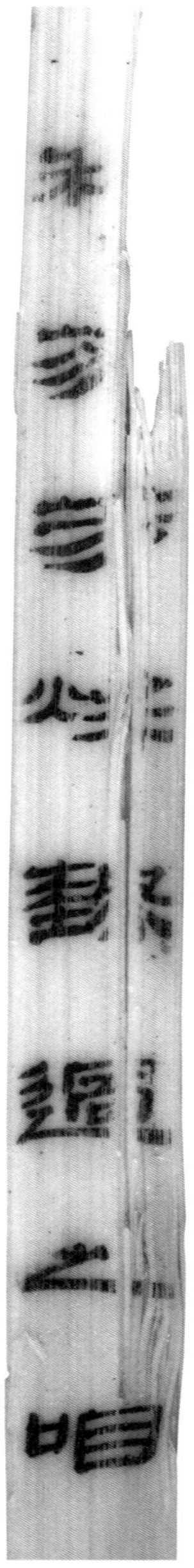

一四：1

一四：2

一六：1

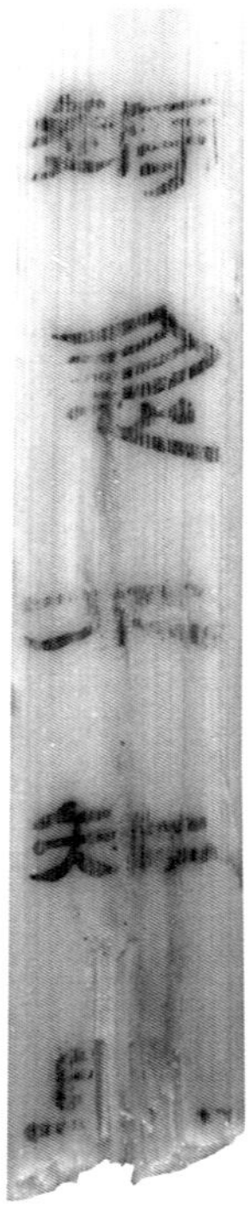

一六：2

一七

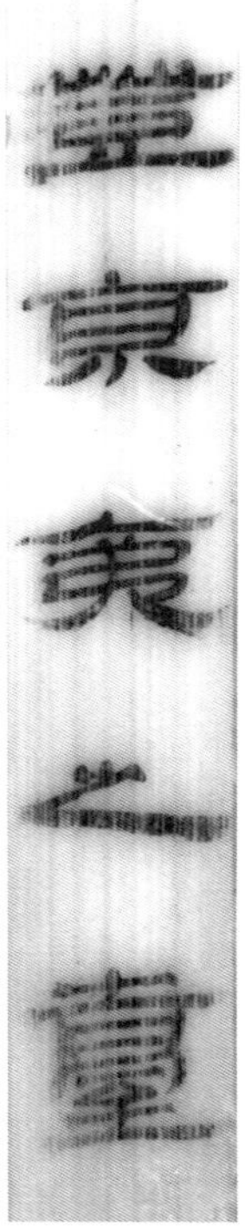

一八

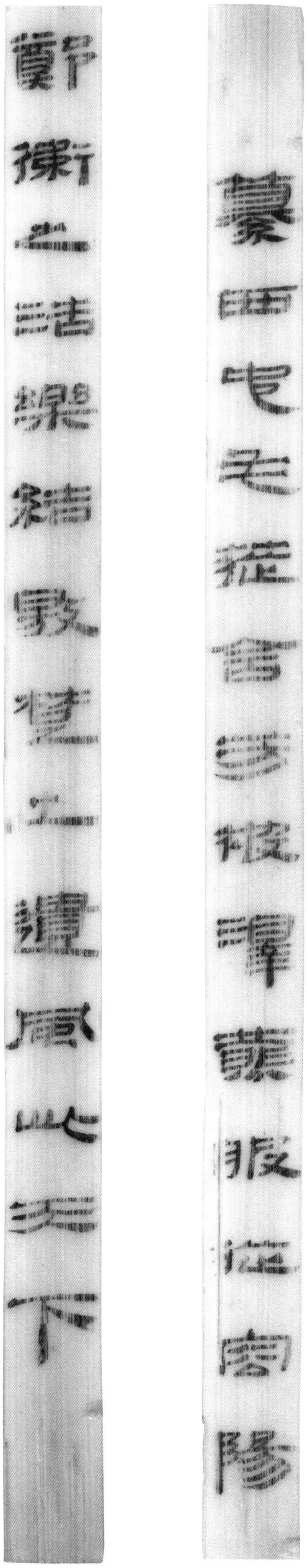

二〇

二三

二七

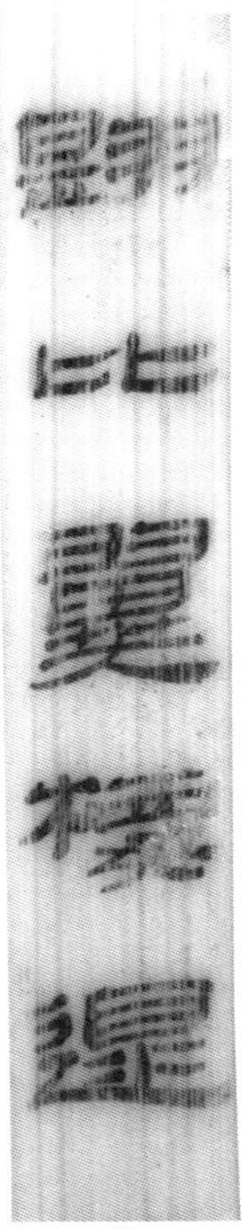

二八：1

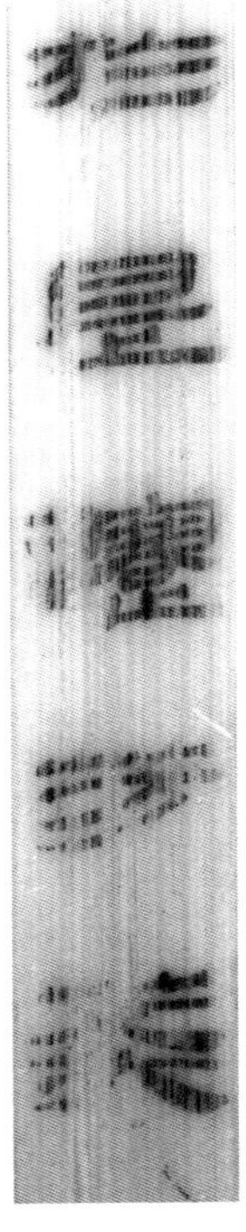

二八：2

三一：1

三一：2

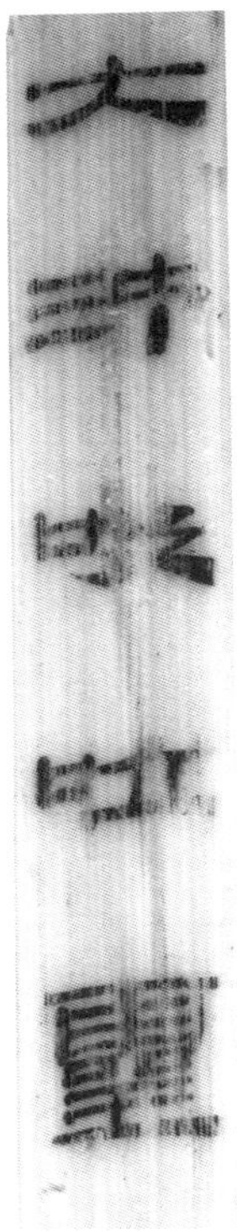

三一：3

三二：1

三二：2

三五

三九

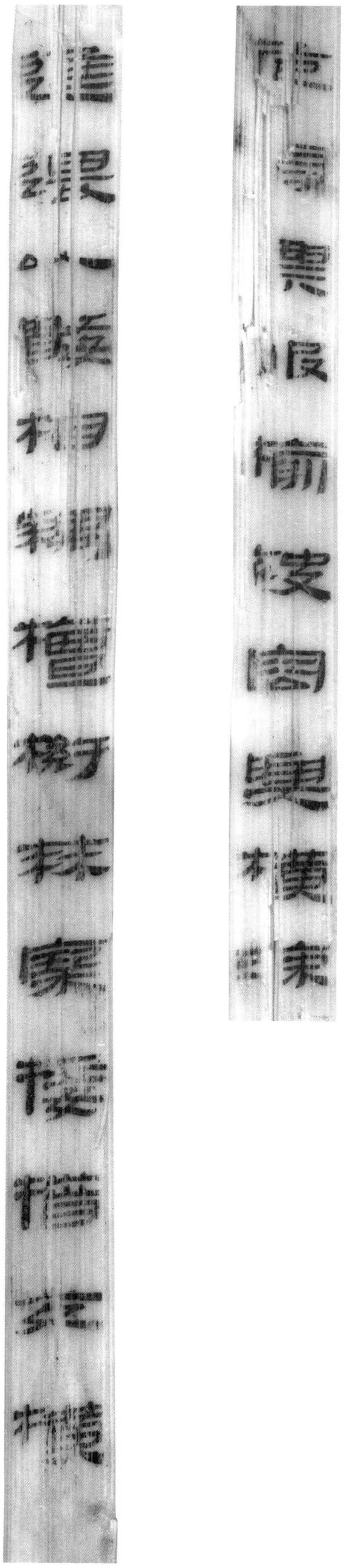

四〇

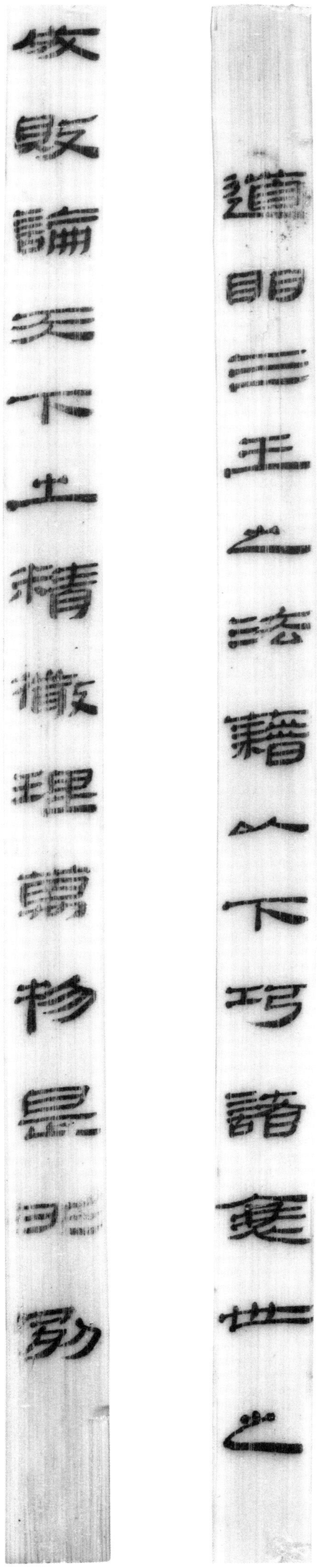

四五

四三

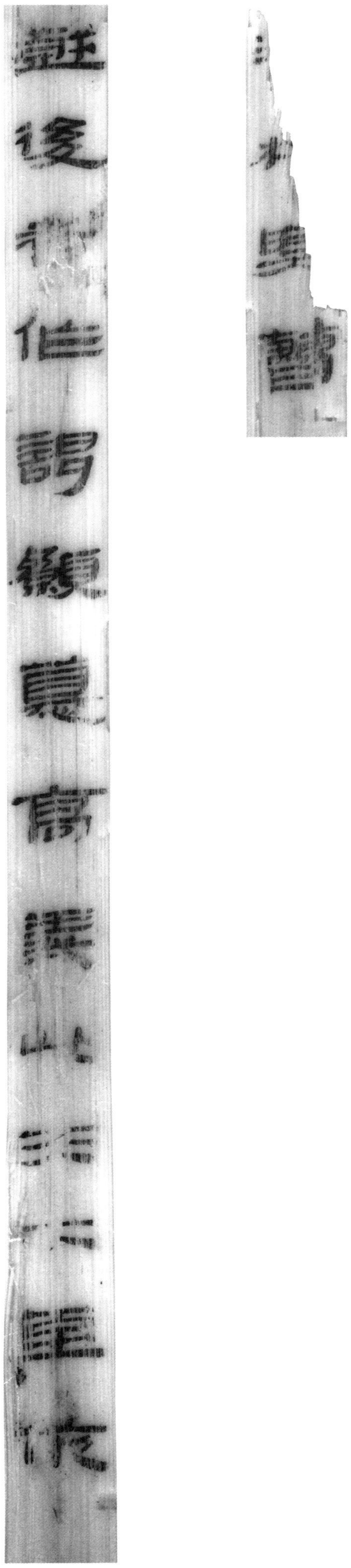

四一：3

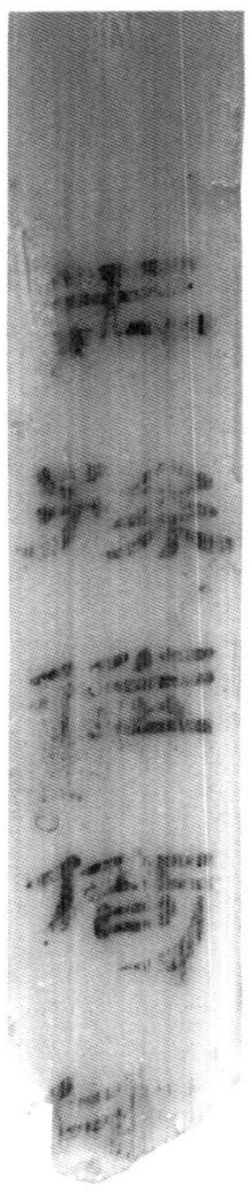

四一：1

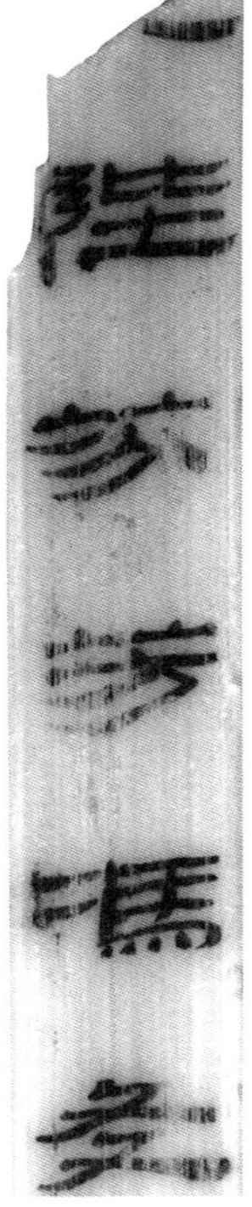

四一：2

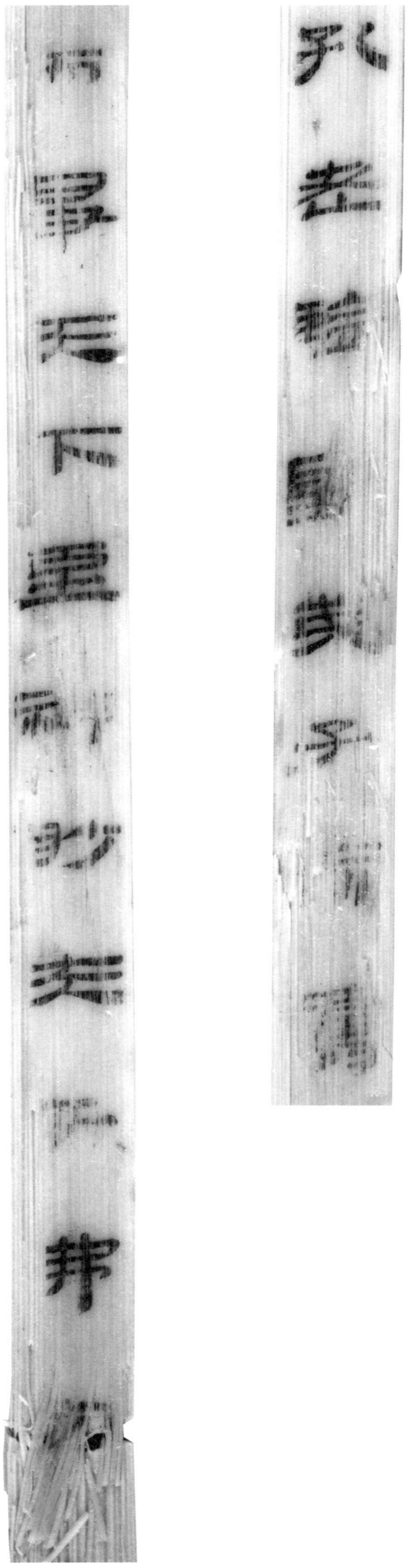

四六

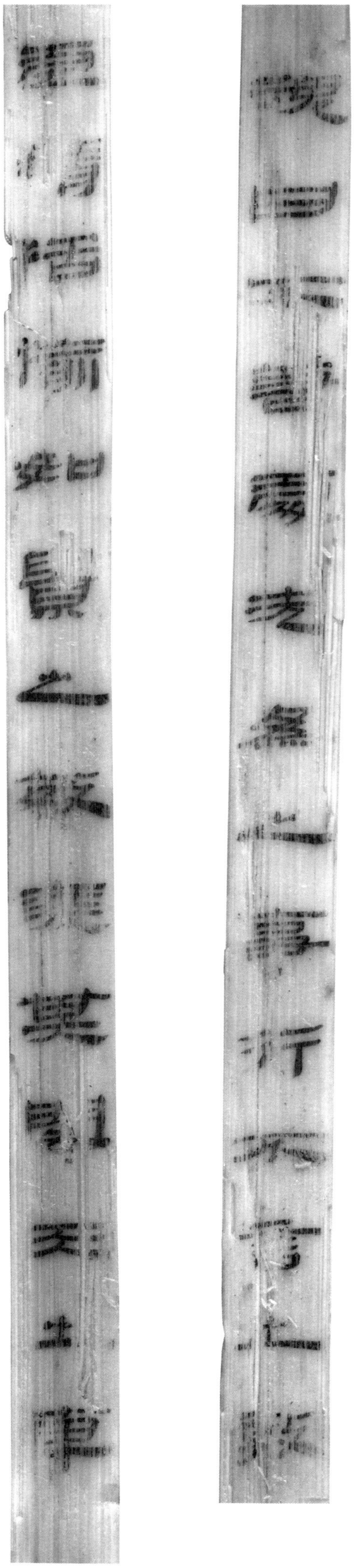

四八

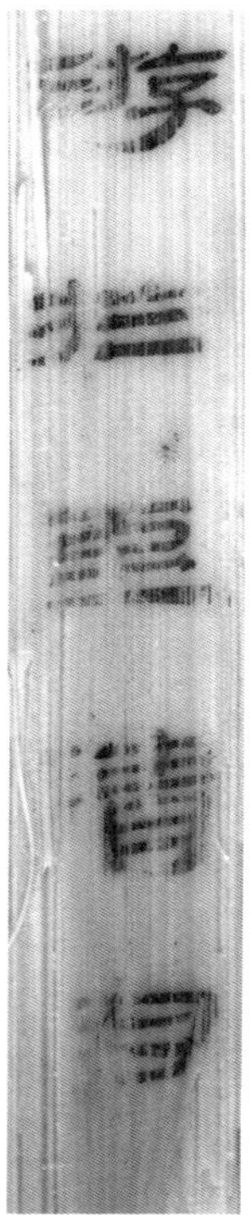

四九

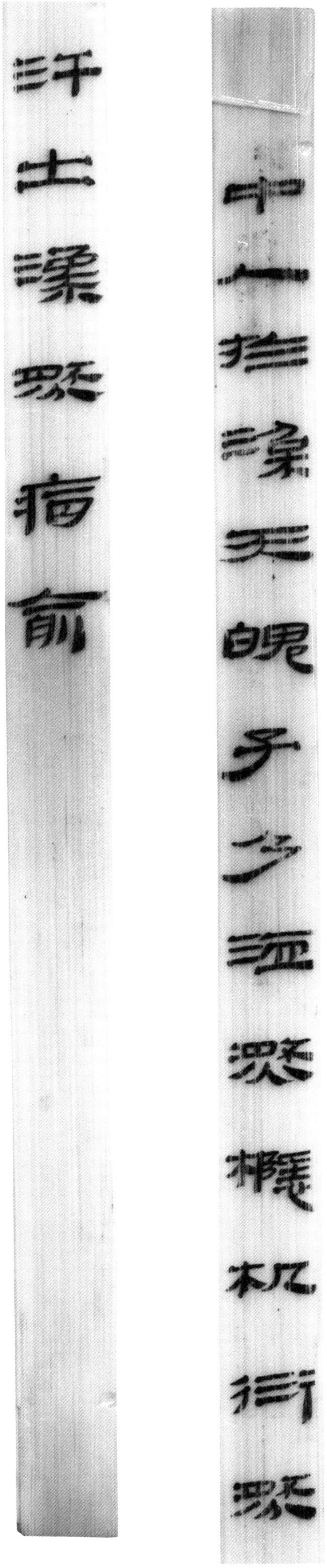

五〇

五一

簡背劃痕示意圖

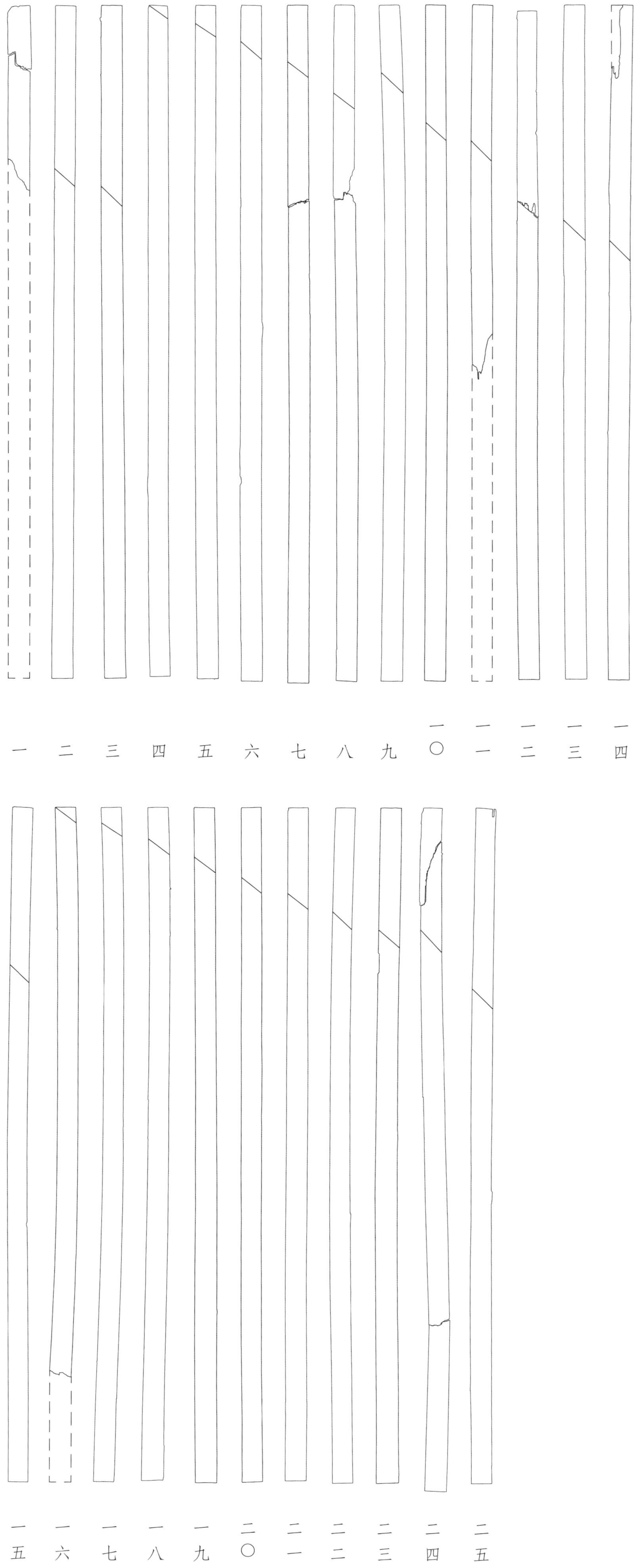

反淫簡背劃痕示意圖

二六 二七 二八 二九 三〇 三一 三二 三三 三四 三五 三六 三七 三八
三九 四〇 四一 四二 四三 四四 四五 四六 四七 四八 四九 五〇 五一

反淫　釋文 注釋

說明

《反淫》爲北大藏西漢竹書之一，經整理有簡五十九枚，其中完整簡約三十五枚，有殘斷者約二十四枚；經綴合計五十一枚。整簡長約三〇・三至三〇・四厘米，簡寬約〇・九至一厘米，完整簡字數爲六至二十九字不等，總字數約一千二百二十五字。簡文爲墨寫隸書，少數字跡漫漶難識，而大多數字跡清晰，工整端莊。簡背有劃痕，以六至八枚簡爲一組連續斜線刻劃，從文意判斷，大概爲標誌簡序而爲之，這個特徵與同批簡書相合。

本批簡書以魂與魄對話結構成篇，內容與傳世文獻漢代枚乘之賦《七發》多相合。但又多有《七發》所無者，二者雖有聯繫，但應是各自獨立的篇章。《七發》以吴客與楚太子對話成篇，共説七事，故曰「七發」，本文據現存簡文統計起碼有九事，故本文又非後世瞭解的「七」體。經查，此批簡文中有一支斷簡（2589）[一]，背面寫有「反淫」二字，我們認爲即此文題目。理由是在所有北大藏漢簡中，均已找到相應的篇題，唯獨這一批簡没有篇題。此外，就書體看，「反淫」簡文字也與此批簡相近，故以爲本文篇名。「淫」是過度，「反淫」可以理解爲反對過度地放縱欲望，這與文中的意思也基本相合。

對此批簡文的釋讀表明，這是一篇已經佚失的漢代作品，內容基本完整。文中以魄患病，魂鋪敘各種情事以爲説辭，內容與文體均與《七發》相近。現存簡文没有發現類如《七發》那樣的序言部分，直接以「魂曰」起文，前列諸事以「天下至某樂」收，以「夫子弗欲」如何發問，以「浸病未能」結束一節，統計言「魂曰」及「天下至某樂」簡共九處，「浸病未能」（包括一支「方浸病力弗能爲」及「願壹聞之」）亦九處，似魂所發舉者九事，但因爲現整理簡並不完整，還有一些殘簡難以綴合，所以還很難就此判定僅有此九事。就現存簡所敘九事看，與《七發》事類相合或相似的有聽琴、登臺遊觀、射御、校獵、滋味美食、宴歡、美人進御及至言妙道等，還有一些內容如遊仙是《七發》所没有的。與《七發》內容相合的部分，在分類上較《七發》碎細，比如《七發》中的登臺部分，含有臺上所觀、臺下所觀、遠觀、近觀、宴飲、美人進御諸節，《反淫》中則最少分爲五節，都以「魂曰」起文，單獨列爲一事。從這一點似可判斷本文較《七發》產生的時間早，而《七發》則是後來對《反淫》的分類又作了重新的歸類。據目前整理出的九事看，在《七發》裏歸爲七事。從《反淫》文辭看，與《七發》相合的內容，篇章、文辭及順序往往不同：其一是每事的篇幅短於《七發》，長者有六支簡二百六十四字（「蘢（龍）門之桐」），短的僅有三支簡六十八字（「挂滂浩之艾」）；其次，所發諸事內容雖與《七發》略同，但組織文辭及結構順

[一] 括號内爲整理統一編號。

序往往不同。

根據北大漢簡研究小組的研究報告，這批簡寫作時代主要在漢武帝後期，下限不晚于漢宣帝。《反淫》的抄寫時間没有明確的記載，我們根據其列事較《七發》碎細、分類未爲精確等特徵，初步判斷當寫於《七發》之前。這個判斷在簡文中也找到了若干證據，如簡一六中「憂」字，「心」旁寫法，漢簡中少見，但見於秦簡（參北大秦簡《教女》），亦證「反淫」之底本容或在西漢早期，故能保留秦簡寫法。基于這些證據，我們判斷《反淫》產生的時代早于《七發》，至于二者間的關係，則是進一步研究的課題。

《反淫》簡内容雖與《七發》相近，但因爲各自獨立的篇章，且現存《反淫》簡列敘九事，各事順序并不完全與《七發》相合，因此我們在排序時，除了參考《七發》以外，主要還是依據簡背劃痕、文意以及用韻，將三者結合起來綜合考慮。

反淫[一] 一背

頋稱王高（喬）□□之道……[二] 一

•魂曰：「蘴（龍）門之桐，高百仞而无枝[三]；心紆結而軫抱[四]，根欋疏而分離[五]；夏即票（飄）風靁二辟（霹）磿（靂）之所繳（激）也[六]，冬即蜚（飛）雪焦（霄）霓（霰）之所襍[七]；朝日即離黄、蓋旦鳴焉[八]，莫（暮）日即三奇雌獨鳥宿焉[九]；葉菀蕕（脩）[一〇]，榦車槁[一一]，乃使使（史）蘇焯（灼）龜卜𣃔[一二]，珡（琴）摯齎（齋）戒，受而裁之[一三]，野繭四之絲爲弦[一四]，石岸之欋爲糜（柱）[一五]，弧（孤）子之鉤爲隱[一六]，寡女珥爲穀[一七]。臨深谿，倍（背）槁楊[一八]，乃五使鍾子期操觴（暢）其旁[一九]，蜚（飛）鳥聞之，籥翻蜚（飛）陽（揚）[二〇]；孟（猛）獸聞之，垂耳不行[二一]；王孫聞之，六兆（遥）思心揚[二二]。此天下至憂悲也，夫子弗欲聞邪？」曰：「浸（寖）病未能[二三]。」七

［一］「反淫」爲本篇之篇題，書於第一簡簡背面近上端處。

［二］稱：稱述。高：即「喬」。王喬：傳説中的仙人。《文選》孫綽《遊天台山賦》：「王喬控鶴以沖天，應真飛錫以躡虚。」李善注引《列仙傳》：「王子喬者，周靈王太子晉也。」

［三］蘴：通「龍」。龍門：山名。《文選》枚乘《七發》：「龍門之桐，高百尺而無枝。」吕向注：「龍門，山名，出桐木，堪爲琴瑟。」李善注：「孔安國《尚書傳》曰：『龍門山，在河東之西界。』魯連子曰：『東方有松樅，高千仞而無枝也。』」

［四］《文選》枚乘《七發》：「中鬱結之輪菌。」吕向注：「中，木中也。鬱結輪菌，文理鬱盤委曲貌。」「心」與「中」義同。「紆」與「鬱」義同。《淮南子・本經訓》：「盤紆刻儼。」高誘注：「紆，曲屈貌。」《楚辭・九章・惜誦》：「心鬱結而紆軫。」王逸注：「紆，曲也。」洪興祖補注：「紆，縈也。」李善注引張晏《漢書注》：「輪菌，委曲也。」案：「輪菌」均爲文部字，乃疊韻聯綿字。《文選》左思《吴都賦》：「輪囷虯蟠。」李善注：「輪囷，屈曲貌。」軫抱：縈迴盤曲貌。

［五］《文選》枚乘《七發》：「根扶疏以分離。」李善注引《説文》：「扶疏，四布也。」「欋疏」與「扶疏」義同；張自烈《正字通・木部》：「欋，木根盤錯。」《淮南子・説林訓》：「木大者根欋，山高者基扶。」「疏」，字形作□，本文簡一九「流」字作□，可以參照。

［六］票：通「飄」。飄風：旋風；暴風。《詩・大雅・卷阿》：「有卷者阿，飄風自南。」毛傳：「飄風，迴風也。」又《何人斯》：「彼何人斯，其爲飄風。」毛傳：「飄風，暴起之風。」磿，即「磿」。从石厤聲，通「靂」。《爾雅・釋天》：「疾雷爲庭霓。」郭璞注：「雷之急擊者謂霹靂。」繳：與「激」皆見母藥部，古音可通。《漢書・揚雄傳上》顔師古注：「徼字或作激。」激：衝擊震蕩。《文選》陸機《贈尚書郎顧彦先詩》「迅雷中霄激」李周翰注：「激，震也。」案：《文選》枚乘《七發》：「冬則烈風漂霰飛雪之所激也；夏則雷霆霹靂之所感也。」

所寫夏冬之物與此互錯。

〔七〕 焦：精母宵部；霄，心母宵部；古音可通。《説文》：「霄，雨霓爲霄。从雨，肖聲。齊語也。」霓：同「霰」。《詩經·小雅·頍弁》：「如彼雨雪，先集維霰。」毛傳：「霰，暴雪也。」陸德明《經典釋文》：「霰，消雪也。」《爾雅·釋天》：「雨霓爲霄雪。」郭璞注：「霓，冰雪雜下者謂之霄雪。」邢昺疏：「霄即消也。」褋：聚集。揚雄《方言》卷三：「褋，集也。」

〔八〕 離黄、蓋旦：並鳥名。《文選》枚乘《七發》：「朝則鸝黄、鳱鴠鳴焉。」李善注：「《爾雅》曰：『鶬鶊，黎黄。』《高唐賦》曰：『王雎鸝黄。』《禮記》曰：『仲冬曷旦不鳴。』鄭玄曰：『曷旦，鳥也。』郭璞《方言注》曰：『鳥似雞，冬無毛，晝夜鳴。』」

〔九〕 奇雌：孤鳥。《文選》枚乘《七發》：「暮則羈雌迷鳥宿焉。」吕延濟注：「羈雌，孤鳥也。」

〔一〇〕 菀：萎死貌。《文選》潘岳《笙賦》：「棗下纂纂，朱實離離。菀其死矣，化爲枯枝。」李周翰注：「菀，萎也。」案：「菀」或作「宛」。《詩經·唐風·山有樞》：「宛其死矣，他人是愉。」毛傳：「宛，死貌。」蓨：字从艸鯈聲，本文簡三九有「鯈鐔曲校」語，「鯈」即「脩」之或體；故「蓨」即「蓨」。《集韻·尤韻》：「蓨，乾也。」《詩經·王風·中谷有蓷》：「中谷有蓷，暵其脩矣。」毛傳：「脩，且乾也。」陸德明《經典釋文》：「脩，本或作『蓨』。」

〔一一〕 車槁：即「枯槁」。《老子》七十六章：「萬物草木之生也柔脆，其死也枯槁。」其中「枯槁」在馬王堆漢墓帛書《老子》甲本作「棹薧」，《老子》乙本作「棹槁」。案：「枯」溪母魚部，「車」有見母魚部一讀，故可通假。「葉菀蓨，榦車槁」意謂當桐葉萎落、樹幹枯乾之時（取以爲琴）；此與《七發》描述之「於是背秋涉冬，使琴摯斫斬以爲琴」語意同。

〔一二〕 使蘇：原文「使」字下有重文號「=」，概取上「使」字中之「史」；史蘇，爲古之善卜者，「史」猶太史，古時掌占卜。案：《左傳·僖公十五年》：「晉獻公筮嫁伯姬於秦，遇《歸妹》之《睽》。史蘇占之，曰：『不吉。』」杜預注：「史蘇，晉卜筮之史。」焯，同「灼」。《廣雅·釋詁二》：「焯，爇也。」王念孫疏證：「焯與灼亦聲近義同。」灼龜：古以火燒灼龜甲，視其裂紋以測吉凶。《史記·龜策列傳》：「灼龜觀兆，變化無窮。」𠧞：《説文·卜部》：「𠧞，灼龜坼也。从卜兆，象形。兆，古文𠧞省。」卜𠧞：占卜。《尚書·洪範》：「擇建立卜筮人，乃命卜筮，曰雨，曰霽，曰蒙，曰驛，曰克，曰貞，曰悔。」僞孔傳：「兆相交錯，五者卜筮之常法。」

〔一三〕 琴摯：即師摯，古代著名琴師。《文選》枚乘《七發》：「使琴摯斫斬以爲琴。」李善注引鄭玄曰：「師摯，魯太師也。以其工琴，謂之琴摯。」裁之：即《七發》之「斫斬以爲琴」。

〔一四〕 《文選》枚乘《七發》：「野繭之絲以爲絃。」李善注：「野繭，野蠶之繭也。」

〔一五〕 欔，由文義知爲木名，然字有殘損，暫定爲「欔」。案：字右下「里」字或爲聲符，來母之部；故字可與「梓」（精母之部）通；或此即「梓」之異體。《詩經·鄘風·定之方中》：「椅桐梓漆，爰伐琴瑟。」《淮南子·修務訓》：「山桐之琴，澗梓之腹，雖鳴廉隅，修營唐牙。」張大命輯《太古正音琴經》：「天下之材柔良莫如桐，堅剛莫如梓。以桐之虚，合梓之實，剛柔相配，天地之道，陰陽之義也。」麋：此字右部似有缺損，上部或从「宀」；字蓋以「殳」爲聲符（禪母侯部），與「柱」（定母侯部）古音可通。《淮南子·齊俗訓》：「今握一君之法籍，以非傳代之俗，譬由膠柱而調琴也。」

〔一六〕 弧：通「孤」。孤子：幼失父母者。隱：古琴上的飾品。《文選》枚乘《七發》：「孤子之鈎以爲隱。」李善注引賈逵注《國語》曰：「鈎，帶鈎也。」又引桓子《新論》曰：「琴隱長四十五分。隱以前長八分。」

〔一七〕 《文選》枚乘《七發》：「九寡之珥以爲約。」李善注引《列女傳》曰：「魯之母師，九子之寡母也。不幸早喪夫，獨與九子居。」此句「寡女」據善注應爲「寡母」。彀：《文選》李善本作「約」，五臣本作「弜」。李善注：「《字書》曰：『約，亦的字也。』的：琴徽也。」琴徽是一弦外側面板所嵌十三個圓點標志，以金、銀、玉、石等製成。徽之點位實爲弦之泛音振動節點；在按音彈奏時作爲按音音準之參考。案：《爾雅·釋詁上》郝懿行義疏：「彀、穀古音同。」《莊子·德充符》郭象注：「弓矢所及爲彀中。」「的」亦有射質義，《禮記·射義》鄭玄注：「的，謂所射之識也。」「的」有琴徽義，故「彀」亦可有琴徽義。《文選》張銑注：「鈎、珥皆寶也。隱、弜皆琴上飾，取孤子寡婦之寶而用之，欲其聲多悲聲。」

〔一八〕 倍：通「背」，背向。槁：枯也。案：《文選》枚乘《七發》作「向虚壑兮背槁槐，依絶區兮臨迴溪。」《文選》李周翰注：「槁，枯也。」

〔一九〕 鍾子期：春秋楚國人，善識音，爲伯牙知音。相傳鍾子期死，伯牙破琴絶弦，終身不復鼓琴。觴：書母陽部；暢：透母陽部；古音可通。《文選》枚乘《七發》：「師堂操暢，伯子牙爲之歌。」李善注：「師堂，樂師也。《韓詩外傳》曰：『孔子學鼓琴於師堂子京。』」操暢：張琴。《文選》五臣注本作「操張」，吕向注：「張，張琴也。」一説指操琴得堯暢達之意，《文選》李善注：「《琴道》曰：『堯暢達則兼善，天下無不通暢，故謂之暢。』」

［二〇］篝䎘：當爲聯綿字。篝，从竹聶聲，古音當泥母葉部；䎘，从羽葉聲，古音當餘母葉部。「篝䎘」義蓋同「躡蹀」，往來小步貌。《文選》張衡《南都賦》：「脩袖繚繞而滿庭，羅襪躡蹀而容與。」李善注：「躡蹀，小步貌。」吕向注：「躡蹀，小取步而行。」蜚陽：即飛揚。案：「篝䎘蜚陽」描寫鳥飛沈緩盤旋之貌。《文選》枚乘《七發》：「飛鳥聞之，翕翼而不能去。」吕延濟注：「皆感琴而然。翕，斂也。」「翕翼」亦躡蹀之貌。

［二一］《文選》枚乘《七發》：「野獸聞之，垂耳而不能行。」

［二二］兆：通「遥」。遥：《方言》卷六：「遥、廣，遠也。梁楚曰遥。」《楚辭・遠遊》：「步徙倚而遥思兮，怊惝怳而乖懷。」王逸注：「仿偟東西，意愁憒也。」《楚辭・抽思》：「愁歎苦神，靈遥思兮。」王逸注：「愁歎苦神者，思舊鄉而神勞也。靈遥思者，神遠思也。」揚：悲傷。《詩經・魯頌・泮水》：「不吴不揚。」毛傳：「揚，傷也。」案：「揚」亦可解作振蕩。

［二三］浸病：卧病。浸：通「寖」。「寖」或作「寑」；《説文・宀部》：「寑，卧也。」《漢書・王商史丹傅喜傳》：「今以寑病，一旦遺歸，衆庶失望。」寑，又作「寢」。《孔子家語・終記》：「（孔子）遂寢病七日而終，時年七十二矣。」《後漢書・宋均傳》：「均嘗寢病，百姓耆老爲禱請，旦夕問起居。其爲民愛若此。」

本節用韻：枝（支部）、離（歌部），支歌合韻。槁、㳅，宵部。戒（職部）、裁（之部），陰入通押。麋（侯部）、穀（屋部），陰入通押。楊、旁、陽、行、揚，陽部。

・魂曰：「乘靈（軨）獵車[一]，駕誘騁之馬[二]，攝下（夏）服之筴[三]，載烏嗃（號）之弓[四]，馬四扶，車折風，取八射千金之重[五]。此天下至康樂也[六]，夫子弗欲駝（馳）邪[七]？」曰：「浸（寖）病未能。」[八]九

［一］靈：通「軨」。軨獵車，一種輕便小車。《漢書・宣帝紀》：「太僕以軨獵車奉迎曾孫，就齊宗正府。」顔師古注：「文穎曰：『軨獵，小車，前有曲輿不衣也，近世謂之軨獵車也。』孟康曰：『今之載獵車也。前有曲軨，特高大，獵時立其中格射禽獸。』李奇曰：『蘭輿輕車也。』師古曰：『文、李二説皆是。時未備天子車駕，故且取其輕便耳，非藉高大也。孟説失之。』」

［二］誘騁：謂爭先馳騁。《楚辭》宋玉《招魂》：「步及驟處兮，誘騁先，抑騖若通兮，引車右還。」王逸注：「誘，導也。騁，馳也。言……己獨馳騁，爲君之先導也。」

［三］攝，持。《文選》司馬相如《喻巴蜀檄》：「皆攝弓而馳。」吕延濟注：「攝，持也。」下：通「夏」。夏服：良箭名。《文選》司馬相如《子虚賦》：「左烏號之雕弓，右夏服之勁箭。」李善注引東漢服虔曰：「服，盛箭器也。夏后氏之良弓，名繁弱；其矢亦良，即繁弱箭服，故曰夏服也。」一説指古之善射者夏羿的箭囊。見《史記・司馬相如列傳》司馬貞索隱。

［四］烏嗃：即「烏號」。《漢書・司馬相如傳》：「建干將之雄戟，左烏號之彫弓。」應劭注：「楚有柘桑，烏棲其上，支下著地，不得飛，欲墮，號呼，故曰烏號。」張揖注：「黄帝乘龍上天，小臣不得上，挽持龍顛，顛拔，墮黄帝弓；臣下抱弓而號，故名弓烏號。」顔師古曰：「烏號，應、張二説，皆有據也。」

［五］《文選》枚乘《七發》：「於是使射千鎰之重，爭千里之逐。」張銑注：「射，猶賭也。」

［六］康樂：《史記・樂書》：「是故志微焦衰之音作，而民思憂；嘽緩慢易繁文簡節之音作，而民康樂。」張守節正義：「康，和。樂，安也。」

［七］駝：通「馳」。《楚辭・離騷》：「乘騏驥以駝騁兮。」朱熹集注：「駝，一作馳。」《文選》宋玉《神女賦》「五色並馳」李善注：「馳，施也。」

［八］本節用韻：車、馬，魚部。弓（蒸部）、風（冬部）、重（東部），蒸冬東合韻。

「……臺（臺）靁（壘）成[一]，湯（蕩）萅（春）江。尋虎狼，摯蜚（飛）鳥[二]，道極狗馬之材，窮射御之巧。此天下至浩一〇樂也，夫子弗欲過邪[三]？」曰：「浸（寖）病未能[四]。」一一

〔一〕臺：即「臺」。馬王堆帛書作「[illegible]」（《老子》乙二〇一上），可參照。《説文・至部》：「臺，觀四方而高者也。」《左傳・哀公元年》「次有臺榭陂池焉」杜預注：「積土爲高曰臺。」《左傳・文公十二年》「請深壘固軍以待之」孔穎達疏：「軍營所處，築土自衛謂之爲壘。」

〔二〕尋：通「撏」，此即獵取義。揚雄《方言》卷一：「撏、攓、摭、挻，取也。衛、魯、揚、徐、荆、衡之郊曰撏。」摯，《文選》張衡《西京賦》：「青骹摯於韝下，韓盧噬於緤末。」李善注：「摯，擊也。」

〔三〕過：探訪，至也。此指加入。《吕氏春秋・異實》：「伍員過於吴。」高誘注：「過，猶至也。」

〔四〕本節用韻：鳥、巧，幽部。

【•】魂曰：「鳿鶬之美[一]，□□醬菹[二]；楚英之昔（腊）[三]，菜以山膚[四]；濮之肉，毛（芼）以笱蒲[五]；陽山之一二蔡（穄）[六]，鶩水之苽（菰）[七]；胜胜（猩猩）之咍[八]，旄象之脎[九]；變（鸞）馮（鳳）之卵[一〇]，臒臒（貛貛）之濡（臑）[一一]。伊尹煎熬[一二]，狄（易）牙調一三和[一三]，芬芳炥（燠）熱[一四]，過之咽唾[一五]。楚苗之食[一六]，旋（玄）山之飯[一七]；捖【之】不毀[一八]，壹啜而散[一九]。此天下至[二〇]一四……」

〔一〕《漢書・司馬相如傳》：「鳿鷛鵠鴇，駕鵞屬玉。」張揖曰：「鳿，大鳥也。」顔師古注：「鳿，古鴻字。」鶬：鳥名。《楚辭》宋玉《招魂》：「鵠酸臇鳧，煎鴻鶬些。」《北堂書鈔》卷一四二《酒食部》一：「大宛之犧，三江之魚……雲鶬水鵠……豹胎熊蹯。」

〔二〕菹：腌菜。《楚辭・離騷》：「后辛之菹醢兮。」王逸注：「藏菜曰菹。」《説文・㽙部》「鬻」字段玉裁注：「凡肉謂之醢，菜謂之菹，皆主謂生物實於豆者。」《文選》枚乘《七發》：「熊蹯之臑，芍藥之醬。」

〔三〕楚英之昔：蓋指楚英所産之乾肉。《史記・夏本紀》：「封臯陶之後於英、六，或在許。」《史記・陳杞世家》：「臯陶之後，或封英、六，楚穆王滅之。」案：「楚英」或即楚之英地之謂。《説文・日部》：「昔，乾肉也。」後作「腊」。

〔四〕菜以山膚：《説文・艸部》：「菜，艸之可食者。」此處「菜」指加入蔬菜。《文選》枚乘《七發》：「犓牛之腴，菜以笱蒲；肥狗之和，冒以山膚。」李善注：「山膚，未詳。」方以智《通雅・飲食》：「或曰，山膚，石耳之類。」

〔五〕毛：枚乘《七發》作「冒」。李善注以「冒與芼古字通」，引鄭玄《禮記注》曰：「芼，菜也，謂以菜調和之也。」《集韻・皓韻》：「芼，以菜和羹。」《詩・大雅・韓奕》：「其蔌維何？維笱及蒲。」毛傳：「蒲，蒲蒻。」蒲蒻，水生植物，莖可製席，嫩苗可食。鄭箋：「笱，竹萌也。」

〔六〕蔡：清母月部，通「穄」（精母月部）。穄：糜子，不黏的黄米。《吕氏春秋・本味》：「飯之美者，玄山之禾，不周之粟，陽山之穄，南海之秬。」高誘注：「山南曰陽，崑崙之南，故曰陽山。穄，關西謂之糜，冀州謂之鑿。」

〔七〕鶩水之苽：鶩水出産的茭白。苽：同「菰」。《説文・艸部》：「苽，雕胡，一名蔣。」案：雕胡即《七發》之「安胡」。《淮南子・原道訓》：「浸潭苽蔣。」高誘注：「苽者，蔣實也，其米曰彫胡。」鶩：通「婺」。婺水：古有二義，一指錢塘江支流之金華江（見《辭海》「婺」字條）；二指江西婺源縣西南之婺江，下游爲樂安江，入鄱陽湖（見《辭源》「婺水」條、《中國古今地名大辭典》「婺水」條）；此二水均在古會稽郡。《北堂書鈔》卷一四二《酒食部》引張衡《七辨》云：「會稽之菰，冀野之粱。」「會稽之菰」又見《藝文類聚》卷五七雜文部三。徐堅《初學記》卷二六《器物部》引徐幹《七喻》曰：「南土之秔，東湖之菰。」「東湖之菰」又見隋杜公瞻撰《編珠》卷三補遺。案：「東湖」即今紹興東湖。「鶩水」、「會稽」、「東湖」所指實同。

〔八〕胜胜：即猩猩。「胜」與「猩」上古皆心母耕部，可通。《吕氏春秋・本味》：「肉之美者，猩猩之脣。」高誘注：「猩猩，獸名也，人面狗軀而長尾。」咍：《説文・口部》：「食也。从口，臽聲。讀與含同。」此蓋以「咍」代指脣，猶以「奔」代指馬。

〔九〕旄象之䐓：《吕氏春秋·本味》稱「旄象之約」，高誘注：「旄，旄牛也，在西方。象，象獸也，在南方。約，節也，以旄牛之尾、象獸之齒以飾物也。一曰：約，美也，旄象之肉美貴異味也。」高誘已對「約」字之義提出兩種解釋；以語境分析，「約，節也」之説難以成立；後世學者更聚訟紛紜，莫衷一是。案：「䐓」字作「□」，右漫漶；參照武威簡「柔」作「□」、「□」，范式碑「柔」作「□」，因釋作「䐓」。《説文·肉部》：「䐓，嘉善肉也。」《玉篇·肉部》：「䐓，肥美也。」

〔一〇〕彎：幫母元部；鸞，來母元部，古音可通。馮：並母蒸部；鳳，並母冬部，古音可通。鸞、鳳皆古代傳説之鳳類神鳥。《説文·卵部》：「卵，凡物無乳者卵生。」《文選》張衡《西京賦》：「擭胎拾卵。」李周翰注：「卵，鳥子也。」

〔一一〕膢膢：即鸛鸛。《吕氏春秋·本味》：「鸛鸛之炙。」高誘注：「鸛鸛，鳥名，其形未聞。鸛，一作獲。」《山海經·南山經》：「青丘之山……有鳥焉，其狀如鳩，其音若呵，名曰灌灌，佩之不惑。」郝懿行箋疏：「灌灌，郭云或作『濩濩』。……今案：鸛與灌、獲與濩，俱字形相近，即此鳥明矣。」濡：與「臑」均日母侯部，可通。臑：熟爛。《楚辭》宋玉《招魂》：「肥牛之腱，臑若芳些。」王逸注：「臑若，熟爛也。言取肥牛之腱，爛熟之，則肥濡膜美也。」

〔一二〕伊尹：《文選》枚乘《七發》：「於是使伊尹煎熬，易牙調和。」李善注引《吕氏春秋》曰：「伊尹説湯以至味。」煎熬：指烹煮食物。《説文·火部》：「煎，熬也。」「熬，乾煎也。」揚雄《方言》：「熬、聚、煎、僬、鞏，火乾也。凡有汁而乾謂之煎。」又：「熬，火乾也。凡以火而乾五穀之類，自山而東齊楚以往謂之熬。」

〔一三〕狄牙：也作「易牙」，春秋時人，善烹調。王充《論衡·自紀》：「斷決知辜，不必皋陶。調和葵韭，不俟狄牙。」《孟子·告子上》：「至於味，天下期於易牙。」調和：烹調，調味。《管子·小稱》：「夫易牙以調和事公，公曰：『惟烝嬰兒之未嘗。』於是烝其首子而獻之公。」

〔一四〕芬芳：指食物之香氣。《荀子·榮辱》：「口辨鹹酸甘苦，鼻辨芬芳腥臊。」炦：□，字形漫漶；以語境言之，「芬芳□熱」描述烹調好的食物之味道芬芳熱氣蒸騰，故過之者咽唾；今訂「□」爲「炦」之殘字。「炦」从求得聲，羣母幽部，通「燠」（影母覺部），《説文·火部》：「燠，熱在中也。」揚雄《法言·問明》：「或曰：炎之以火，沃之以湯，燠亦燠矣！」

〔一五〕過之咽唾：指人經過聞到香氣而吞咽唾液。

〔一六〕《文選》枚乘《七發》：「楚苗之食，安胡之飯。」李善注：「楚苗山出禾，可以爲食。《淮南子》曰：『苗山之鋌。』高誘曰：『苗山，楚山也。』」

〔一七〕旋山之飯：《吕氏春秋·本味》：「飯之美者，玄山之禾，不周之粟。」《説文·禾部》：「秏，稻屬。伊尹曰：『飯之美者，玄山之禾，南海之秏。』」《藝文類聚》卷五七引東漢崔駰《七依》曰：「乃導玄山之粱，不周之稻。」案：旋山，即玄山，古山名，未詳。

〔一八〕「捖」下當補「之」；《玉篇·手部》：「捖，摶圓也。」《文選》枚乘《七發》作：「摶之不解，一啜而散。」《説文·手部》：「摶，目手圜之也。」

〔一九〕《説文·口部》：「啜，嘗也。」《七發》李周翰注：「摶之不解，言黏也。啜，嘗也。一嘗而散，言滑也。」

〔二〇〕本節用韻：菹、膚、蒲、菰，魚部。䐓，幽部；濡，侯部，幽侯合韻。和、唾，歌部。飯、散，元部。

「……紹，結以奇（琦）璜〔一〕，土（杜）若申椒〔二〕，燕茝（藞）秦衡（蘅）〔三〕，新（辛）雉（夷）槀本〔四〕，木蘭之桀（梻）〔五〕，卑（薜）離（茘）要（幽）惠（蕙）〔六〕，江羅（離）襍一五芳〔七〕；愔尋歊憂〔八〕，紅顔溉（既）章〔九〕；含箬漱酒〔一〇〕，夜歈（飲）柘漿〔一一〕；芬惑（郁）尋（感）忽〔一二〕，不知【旦】……一六【天】下至淫樂也，夫子弗欲離（麗）邪〔一三〕？」曰：「浸（寑）病未能〔一四〕。」一七

〔一〕《説文·糸部》：「一曰：紹，緊糾也。」段玉裁注：「緊者，纏絲急也。糾者，三合繩也。」《樂府詩集》卷一六《有所思》：「何用問遺君？雙珠瑇瑁簪，用玉紹繚之。」奇：通「琦」，玉名。璜：半璧。《楚辭》宋玉《招魂》：「纂組綺縞，結琦璜些。」

〔二〕土若：即杜若。申椒：香木名。即大椒。《楚辭·離騷》：「雜申椒與菌桂兮，豈維紉夫蕙茝！」王逸注：「申，重也。椒，香木也。」

〔三〕茝：字形爲从艸匠聲，與「藞」同屬從母陽部，蓋即「藞」之異體。藞：薔薇。《説文·艸部》：「藞，藞靡，虋冬也。」秦衡：即秦蘅，香草名。宋玉《風賦》：「獵蕙草，離秦蘅，

概新夷，被荑楊。」李善注：「秦，香草也。衡，杜衡也。又云：秦木名。范子計然曰：『秦衡出於隴西天水。』」案：「秦」與「燕」對文，當以地名解之爲是。

〔四〕新雉：即新夷；「雉」澄母脂部，「夷」喻四脂部，古音可通。《文選》揚雄《甘泉賦》：「平原唐其壇曼兮，列新雉於林薄。」李善注：「服虔曰：『新雉，香草也。』雉、夷聲相近。」新夷：即辛夷，香木名。《楚辭·九歌·湘夫人》：「桂棟兮蘭橑，辛夷楣兮葯房。」洪興祖補注：「《本草》云：辛夷，樹大連合抱，高數仞。此花初發如筆，北人呼爲木筆。其花最早，南人呼爲迎春。」宋玉《風賦》李善注：「《楚詞》曰：『露甲新夷飛林薄。』顏師古曰：『新夷，一名留夷，即《上林賦》雜以留夷也。』」槀本：香草名。《荀子·大略》：「君子之檃栝不可不謹也，慎之！蘭茝槀本，漸於密醴，一佩易之。」《史記·司馬相如列傳》：「揭車衡蘭，槀本射干。」裴駰集解引晉郭璞曰：「揭車，一名乞輿；槀本，槀茇；射干，十月生。皆香草。」

〔五〕木蘭：香木名。司馬相如《子虛賦》：「其北則有陰林巨樹，楩柟豫章，桂椒木蘭，檗離朱楊。」牀：字作「[illegible]」，从木壯聲。《說文·木部》：「牀，安身之几坐也。从木爿聲。」段玉裁注：「今書牁、牂、牞、牆、壯、戕、狀、將字，皆曰爿聲。」

〔六〕卑離：即薜荔；「卑」幫母支部，「薜」並母錫部，古音可通；朱駿聲《說文通訓定聲》：「荔，叚借爲離。」《玉篇·草部》：「薜荔，香草也。」要惠：即幽蕙；「要」影母宵部，「幽」影母幽部，案：上古幽宵兩部交涉較多，可通；《文選》謝靈運《擬魏太子鄴中集詩》「攀條摘蕙草」，舊校「五臣作惠」。幽蕙：蕙草，香草名。《抱朴子外篇·博喻》：「是以英偉不羣，而幽蕙之芬駭；峻概獨立，而衆禽之響振。」李白《獨不見》：「春蕙忽秋草。」王琦注引《爾雅翼》：「蕙大抵似蘭，花亦春開，蘭先而蕙繼之，皆柔荑，其端作花，蘭一荑一花，蕙一荑五六花，香次於蘭。」「杜若」亦稱「幽若」，《文選》曹植《七啟》：「薰以幽若，流芳肆布。」李善注：「若，杜若也。若稱幽若，猶蘭曰幽蘭也。」東漢張衡《思玄賦》：「纗幽蘭之秋華兮，又綴之以江蘺。」以「幽」飾「蘭」。

〔七〕江羅：即「江離」，又作「江蘺」，香草名，又名「蘼蕪」。《楚辭·離騷》：「扈江離與辟芷兮，紉秋蘭以爲佩。」王逸注：「江離、芷，皆香草名也。」晉張華《博物志》卷七：「芎藭，苗曰江蘺，根曰芎藭。」

〔八〕愔尋：二字古皆侵部，當爲疊韻聯綿字。猷：字當从欠酋聲，與「憂」皆古幽部，故「猷憂」亦當爲疊韻聯綿字。「愔尋」二字聲母前爲影母後爲邪母；「猷憂」二字聲母前爲從母後爲影母；二者在語音構造上頗同，既均爲齒音和影母的組合。上古幽部可以和侵部相通，故「愔尋猷憂」可視爲疊韻聯綿字連用，其語義與「懮受」（幽部）、「夭紹」（宵部）、「窈窕」（幽部、宵部）等聯綿字相同，指體態輕盈多姿貌。

〔九〕紅顏：指美女或女子之美豔容貌。《漢書·外戚傳》：「既激感而心逐兮，包紅顏而弗明。」此「紅顏」指李夫人言，顏師古注：「包紅顏者，言在墳墓之中不可見也。」《曹子建集·靜思賦》：「夫何美女之爛妖，紅顏曄而流光。」溉：通「既」，已經。章：顯明。

〔一〇〕箬：竹大葉。「含箬」乃以竹葉之清香潔口氣。潄酒：含酒於口中以潔口。朱駿聲《說文通訓定聲》：「龕，……一說借爲含，猶云酌含也。酌即《禮經》酳潄酒以潔口，少少飲也。」

〔一一〕《漢書·禮樂志》：「百末旨酒布蘭生，泰尊柘漿析朝酲。」顏師古注引東漢應劭曰：「柘漿，取甘柘汁以爲飲也。……言柘漿可以解朝酲也。」

〔一二〕芬惑：即芬郁；「惑」匣母職部，「郁」影母職部，古音可通。芬郁：香氣濃郁。《文選》枚乘《七發》：「衆芳芬郁，亂於五風。」尋忽：即感忽；「尋」邪母侵部，「感」見母侵部，古音可通。感忽：恍忽。《荀子·解蔽》：「凡人之有鬼也，必以其感忽之間、疑玄之時正之。」楊倞注：「感忽，猶慌惚也。」江總《江令君集·咏蟬》：「忖聲如易得，尋忽卻難知。」

〔一三〕離：王念孫《廣雅疏證·釋言》：「離與麗古同聲而通用。」麗：施行。《荀子·宥坐》：「官致良工，因麗節文。」王念孫《讀書雜志》按：「麗者，施也。」

〔一四〕本節用韻：璜、衡、牀、芳、章、漿，陽部。

·魂曰：「登京（景）夷之臺，以望汝海。左江右胡（湖），其樂无有〔一〕。玆（滋）味襍陳，殽柔（羞）措偯〔二〕。練一八色淫目，流聲虞（娛）耳〔三〕。眺望直徑，目極千里〔四〕，嫪（嫽）艾男女，相引爲友〔五〕。乃使陽文、洛一九纂，西它（施）、毛莅（嬙）〔六〕，含芳被澤，燕服從容〔七〕，陽（揚）鄭衛之浩樂，結敫（激）楚之遺風〔八〕。此天下二〇至靡樂也，夫子弗欲登邪〔九〕？」曰：「浸（寑）疾未能〔一〇〕。」二

［一］京夷之臺：《文選》枚乘《七發》作「景夷之臺」，李善注：「景夷，臺名也。」汝海：李善注引郭璞《山海經》注：「汝水出魯陽山東北，入淮海。」並曰：「汝稱海，大言之也。」胡：通「湖」。李善注又引《戰國策》：「魯君曰：『楚王登京臺，南望獵山，左江右湖，其樂之，忘死無有，天下無有。』」

［二］《文選》枚乘《七發》：「滋味雜陳，肴糅錯該。」張銑注：「錯，雜也。」李善注引王逸《楚詞注》曰：「該，備也。」茲味：即「滋味」，美味。《吕氏春秋・適音》：「口之情欲滋味。」高誘注：「欲美味也。」殽柔：《七發》作「肴糅」，指各色菜肴。措：交錯，夾雜。《史記・燕召公世家》：「燕外迫蠻貉，内措齊晉。」唐司馬貞索隱：「措，交雜也。又作錯。」侅：偏也。《莊子・盜跖》：「侅溺於馮氣。」陸德明《經典釋文》：「侅，偏也。」《釋名・釋天》：「亥，亦言物成皆堅核也。」畢沅疏證：「該、侅、荄音義皆同。」

［三］練色：美色。《文選》枚乘《七發》：「練色娱目，流聲悦耳。」李善注引《埤蒼》曰：「練，擇也。」淫：使沈溺，使流連。流聲：浮艷淫放的音樂。《禮記・樂記》：「使其聲足樂而不流。」鄭玄注：「流，猶淫放也。」《荀子・彊國》：「其聲樂不流汙。」楊倞注：「流，邪淫也。」案：《七發》李善注引《爾雅》：「流，擇也。」虞：通「娱」，快樂，使快樂。

［四］《廣韻・耕韻》：「侹，直也。」直侹，指視野開闊全無阻遮。極：盡也。

［五］嫪：通「嫽」，貌美。揚雄《方言》卷二：「嫽，好也。青徐海岱之閒曰釥，或謂之嫽。」《古文苑》宋玉《舞賦》：「貌嫽妙以妖冶。」章樵注：「嫽，好也。」字亦作「僚」。艾：美好。《孟子・萬章上》：「知好色，則慕少艾。」趙岐注：「艾，美好也。」引：導引。

［六］陽文：《文選》枚乘《七發》：「使先施、徵舒、陽文、段干、吴娃、閭娵、傅予之徒。」李善注：「皆美女也。」引《淮南子》「不待脂粉，西施、陽文也」許慎注：「陽文，楚之好人也。」洛纂：即《七發》之「閭娵」，李善注引《荀子》：「閭娵、子奢，莫之媒。」案：洛，來母鐸部；閭，來母魚部，魚鐸對轉，二字可通。纂：王力《同源字典》以「纂」、「最」爲同源字（精母，月元對轉），二者俱有「聚」義。「纂」之聚義恐與「纍」相關，《説文・糸部》：「纍，約也。从糸，具聲。」「纍」（見母屋部）與「娵」（精母侯部）古音可通（侯屋對轉）。它：通「施」。案：「施」从「也」聲，古文字「它」、「也」同字。西它：即西施。蓯：古音精母東部，通「嬙」（從母陽部）。孔廣森《詩聲類》：「陽之與東，若魚之與侯，自漢魏之間魚侯溷合爲一，東陽遂亦溷合爲一。」毛蓯：即毛嬙；《莊子・齊物論》：「毛嬙、麗姬，人之所美也。」《文選》宋玉《神女賦》：「毛嬙鄣袂，不足程式；西施掩面，比之無色。」李善注：「嬙，音牆。」

［七］含芳：喻美質。葛洪《抱朴子外篇・交際》：「亦（何）損於夜光之質，垂天之大，含芳之卉，不朽之蘭乎？」潘岳《楊仲武誄》：「春蘭擢莖，方茂其華。荆寶挺璞，將剖于和。含芳委耀，毀璧摧柯。」李善注：「言德業之美，類於蘭玉；始含芳而積耀，遽毁璧而摧柯，言早夭也。」被澤：蒙受寵惠。桓寬《鹽鐵論・授時》：「蒙恩被澤，而至今猶以貧困。」燕服：日常閒居之服。《詩經・周南・葛覃》：「薄汙我私，薄澣我衣。」毛傳：「私，燕服也。婦人有副褘盛飾以朝事舅姑，接見于宗廟，進見于君子；其餘則私也。」從容：悠閑舒緩貌。司馬相如《長門賦》：「下蘭臺而周覽兮，步從容於深宫。」

［八］陽：通「揚」。《楚辭・九歌・東皇太一》：「陳竽瑟兮浩倡。」王逸注：「浩，大也。」浩樂：美妙之音樂。結：《文選》張協《七命》：「激楚迴，流風結。」李周翰注：「結，謂聲繁也。」敫：通「激」；二字俱見母藥部。《文選》枚乘《七發》：「於是乃發激楚之結風，揚鄭衛之皓樂。」李善注引文穎《上林賦》注曰：「激，衝激，急風也。結風，迴風，亦急風也。楚地風氣既漂疾，然歌樂者猶復依激結之急風爲節，其樂促迅哀切也。」又李善注：「皓樂，善倡也。」《淮南子・原道訓》：「目觀掉羽、武象之樂，耳聽滔朗奇麗激抮之音，揚鄭、衛之浩樂，結激楚之遺風。」高誘注：「激，揚。抮，轉。皆曲名也。鄭聲，鄭會晉平公，説新聲，使師延爲桑間濮上之樂。濮在衛地，故鄭衛之浩樂也，結激清楚之聲。必爲鄭衛之浩樂及結激清楚以娱樂也。遺風，猶餘聲也。」劉向《新序・雜事》：「寡人今日聽鄭衛之聲，嘔吟感傷，揚激楚之遺風。」

［九］靡：《文選》枚乘《七發》：「此亦天下之靡麗皓侈廣博之樂也。」吕向注：「靡，美也。」登：通「得」；二字俱端母；登，蒸部；得，職部，陽入對轉。《公羊傳・隱公五年》：「登來之者何？美大之辭也。」陸德明《經典釋文》：「登，音得。」

［一〇］本節用韻：海、有、侅、耳、里、友，之部。蓯、容（東部），風（冬部），東冬合韻。

• 魂曰：「今有廣夏（廈）宫加（架）[一]，連垝接梁（梁）[二]；素笑（題）檐榱[三]，連檻通房[四]；列樹橘柚，褋以衆芳。竽瑟陳前[五]，鐘磬（磬）

暨（既）張[六]，繆（僚）艾男女[七]，褋坐奄留[八]，六博投栈[九]，相引爲曹[一〇]。此天下至二三……[一一]」

［一］　夏：《文選》劉峻《辯命論》李善注引《楚辭》王逸注：「夏，大屋也。」後來寫作「廈」。宮加：即宮架，或作「宮駕」。指大廈用材木層層疊架。《淮南子・本經訓》：「乃至夏屋宮駕，縣聯房植，橑檐榱題，雕琢刻鏤。」

［二］　垝：指最高之處。《韓非子・十過》：「集於郎門之垝。」王先慎集解引舊注：「垝，棟端也。」字亦作「危」，《禮記・喪大記》：「中屋履危。」鄭玄注：「危，棟上也。」《史記・魏世家》：「痤因上屋騎危。」裴駰集解：「危，棟上也。」梁：通「梁」。指角梁。

［三］　笑，字从竹天聲。「素笑」即「素題」，指端額不加采飾的梁柱。案：「天」（透母真部）與「題」（定母支部）音近義通，皆有人之顛頂義，爲同源字（參見王力《同源字典》三二五頁）。《淮南子・精神訓》：「今高臺層榭，人之所麗也，而堯樸桷不斲，素題不枅。」高誘注：「素題者，不加采飾。不枅者，不施欂櫨，俱交架也。」《說文・木部》：「檐，㮰也。」段玉裁注：「檐之言隒也，在屋邊也。《明堂位》『重檐』注云：『重檐，重承壁材也。』」榱，《說文・木部》云：「椽也。秦名屋椽也；周謂之椽，齊魯謂之桷。」椽子是放在房檁上架瓦的木條。

［四］　檻：欄杆。連檻通房：指衆多房屋相互連接貫通。《淮南子・齊俗訓》：「廣廈闊屋，連闥通房，人之所安也，鳥入之而憂。」《趙飛燕外傳》（明《顧氏文房小說》本）：「後殿又爲温室、凝缸室、浴蘭室，曲房連檻，飾黄金白玉，以璧爲表裏，千變萬狀。」

［五］　陳：陳列。《楚辭・九歌・東皇太一》：「揚枹兮拊鼓，疏緩節兮安歌，陳竽瑟兮浩倡。」王逸注：「陳，列也。」

［六］　慤：从殸心聲。《說文・石部》：「磬，石樂也。从石，㞋象縣虡之形。殳，所吕擊之也。……殸，籒文省。」案：磬、殸，溪母耕部；心，心母侵部；耕侵旁轉（章炳麟《成均圖》以冬侵兩部與蒸部（即耕部）爲近旁轉）。暨：羣母物部，既，見母微部；微物對轉。又《集韻・質韻》：「暨，已也。」張：陳設。《吕氏春秋・先己》：「琴瑟不張。」高誘注：「張，施。」

［七］　繆艾：美好貌。繆：通「僚」。《說文・人部》：「僚，好皃。」《詩經・陳風・月出》：「佼人僚兮。」毛傳：「僚，好皃。」案：《廣韻・篠韻》：「僚，朗鳥切。」《集韻・篠韻》：「繆，朗鳥切。」二字中古音有上聲篠韻來母一讀，故可通。

［八］　褋坐：混雜而坐。《說文》：「褋，五彩相會。」邵瑛《群經正字》：「今經典作『雜』。」《禮記・曲禮上》：「男女不雜坐，不同椸枷。」又《楚辭・招魂》：「士女雜坐，亂而不分些。」王逸注：「言醉飽酣樂，合樽促席，男女雜坐，比肩齊膝，恣意調戲，亂而不分別也。」奄留：指没有時間限制地久留。《詩經・周頌・臣工》：「命我衆人，庤乃錢鎛，奄觀銍艾。」鄭箋：「奄，久。」陸德明《經典釋文》：「奄，鄭音淹。」

［九］　六博：古代博戲。以十二枚棋子，黑白各六，二人對博，故名。《說文・竹部》：「簙，局戲也。六箸十二棊也。」段玉裁注：「古戲，今不得其實。箸，韓非所謂博箭。」投栈：即投壺，「栈」字从戈得聲，見母歌部；「壺」匣母魚部，古音可通。古代宴會時遊戲，賓主依次投矢於壺，以投中多少決勝負。參閱《大戴禮記・投壺》。《後漢書・祭遵傳》：「遵爲將軍，取士皆用儒術，對酒設樂，必雅歌投壺。」

［一〇］　相引爲曹：指彼此招邀成夥，相與博戲。曹：儕輩，此猶夥伴。《史記・滑稽列傳》：「（齊威王）置酒後宮，召（淳于）髡賜之酒，問曰：『先生能飲幾何而醉？』對曰：『……若乃州閭之會，男女雜坐，行酒稽留，六博投壺，相引爲曹，握手無罰，目眙不禁，前有墮珥，後有遺簪，髡竊樂此，飲可八斗而醉二參。』」

［一一］　本節用韻：梁、房、芳、張，陽部。留、曹，幽部。

•魂曰：「挂滂浩之艾[一]，游同（洞）庭之薄（浦）[二]；臨石岸之上[三]，陰（蔭）潦（樛）楊之下[四]；靜居閒坐，觀勯（動）二四靜之變[五]，順風波之理[六]，挾蘆竿，垂芳餌[七]，投與浮汎[八]，以驁鰱鯉[九]。此天下至閒樂二五也，夫子弗欲施邪[一〇]？」曰：「浸（寖）病未能[一一]。」二六

［一］　《楚辭・大招》：「姱脩滂浩，麗以佳只。」王逸注：「滂浩，廣大也。」《楚辭・離騷》：「户服艾以盈要兮，謂幽蘭其不可佩。」王逸注：「艾，白蒿也。盈，滿也。……言楚國户服白蒿，

滿其要帶，以爲芬芳。」

［一二］ 薄（並母鐸部）：通「浦」（幫母魚部）；水邊。

［一三］ 《説文·戸部》：「岸，水厓洒而高者。」段玉裁注：「洒釋爲陗者，洒即『陖』之假借，二字古音同。《𨸏部》曰：『陗者，陵也。』凡斗立不可上曰陗。《詩·新臺》有『洒』，傳曰：『洒，高峻也。』……許言『水厓』者……別於山邊之厓也。」王引之《經義述聞·爾雅中》引王念孫曰：「既峭而又高者則謂之岸。」

［一四］ 陰：蔭庇。後來寫作「蔭」。潒，字疑从「㕣」聲（羣母幽部），通「樛」（見母幽部）。「樛」同「朻」，《説文·木部》：「朻，高木也。」《文選》班固《幽通賦》：「葛緜緜於樛木兮。」張銑注：「樛木，高木也。」《文選》孫綽《遊天台山賦》：「攬樛木之長蘿。」李周翰注：「樛木，長木也。」故「潒楊」即長楊。

［一五］ 《集韻·董韻》：「動，或作勭。」《銀雀山漢墓竹簡·王兵》：「勭如雷神（电），起如蜚（飛）鳥，往如風雨，莫當其前，莫害其後。」《莊子·漁父》：「子審仁義之間，察同異之際，觀動靜之變，適受與之度。」

［一六］ 理：紋理。

［一七］ 挾：持也。《藝文類聚》卷六一、《初學記》卷二四引傅毅《洛都賦》「垂芳餌於清流，出漩瀨之潛鱗」。

［一八］ 《莊子·外物》：「任公子爲大鉤巨緇，五十犗以爲餌，蹲乎會稽，投竿東海，旦旦而釣，期年不得魚。」

［一九］ 《淮南子·覽冥訓》：「而詹何之鶩魚於大淵之中。」高誘注：「言其善釣，令魚馳鶩來趨鉤餌，故曰鶩魚。」

［二〇］ 閒樂：閒靜快樂。施：行也。

［二一］ 本節用韻：薄（浦）、下，魚部。理、餌、鯉，之部。

【•】魂曰：「前有昭（沼）沱（池）［一］，後有莞蒲［二］；中有州堆［三］，往來復路［四］。鳿（鴻）鵠鶬鴿［五］，弋（鳶）鶏鷫（鸘）相（鶶）［六］，【連】二七翹（翅）比翼［七］，椄（接）逕（沓）苛（柯）閒［八］，菌鶴鷦義（鵝）［九］，孔鶾鳱（鵲）鶾（雗）［一〇］，芬（紛）雲（紜）窈（幽）海（晦）［一一］，浩洋於上［一二］。於是攓芳莽［一三］，二八爲蒹（擥）芳［一四］；張谿子之弩［一五］，發宛路之矰［一六］；紆（觀）奇直［一七］，別雌雄；合蒲苴之數［一八］，察逆順之二九風。此天下至虞（娛）樂也［一九］，夫子弗欲爲邪？」曰：「浸（寑）病未能［二〇］。」三〇

［一］ 昭沱：即「沼池」，池塘。《廣雅·釋地》：「陂，池也。」王念孫疏證：「《説文》：『陂，沱也。』『沱』與『池』同。」《淮南子·原道訓》：「射沼濱之高鳥。」高誘注：「沼，沱也。」《漢書·揚雄傳》：「昔在二帝三王，宮館、臺榭、沼池、苑囿、林麓、藪澤財足以奉郊廟、御賓客、充庖廚而已。」

［二］ 莞蒲：皆水草名。《説文·艸部》：「莞，艸也，可以作席。」「蒲，水艸也，或以作席。」《穆天子傳》卷二：「爰有萑葦莞蒲。」郭璞注：「莞，葱蒲。或曰：莞蒲，齊名耳。」

［三］ 州堆：指水中可居之高地。《説文·川部》：「州，水中可居者曰州，水周遶其旁。从重川。昔堯遭洪水，民居水中高土，故曰九州。」《漢書·司馬相如傳》：「觸穹石，激堆埼。」顏師古注：「堆，高阜也。」

［四］ 復路：即復道。《漢書·高帝紀》：「上居南宮，從復道上見諸將往往耦語，以問張良。」顏師古注引如淳曰：「復音複，上下有道，故謂之復。」

［五］ 鴿：《字彙補·鳥部》：「鴿，同鶵。」鶵，同「雛」。《説文·隹部》：「雛，雞子也。从隹，芻聲。鶵，籀文雛，从鳥。」鶬鴿：鸞鳳類神鳥。《莊子·秋水》：「夫鵷鶵，發於南海而飛於北海，非梧桐不止，非練實不食，非醴泉不飲。」

［六］ 弋：當作「鳶」。《大戴禮記·夏小正》：「鳴弋。弋也者，禽也。」王聘珍解詁：「弋，謂鷙鳥也，鷹隼之屬。」孔廣森補注引金氏曰：「弋，當作『鳶』。」又《爾雅·釋鳥》：「鳶，

鳥醜，其飛也翔。」郝懿行義疏：「鳶，古字本作『弋』。」相（心母陽部）：通「爽」（山母陽部）。肅相：即「肅爽」，鳥名。《左傳·定公三年》：「唐成公如楚，有兩肅爽馬，子常欲之。」孔穎達疏引馬融曰：「肅爽，鴈也，其羽如練，高首而脩頸，馬似之，天下稀有。」庾信《三月三日華林園馬射賦》：「唐成公之肅爽。」倪璠注引馬融亦釋「鴈也」。亦作「鸘鷞」。《楚辭·大招》：「鴻鵠代遊，曼鸘鷞只。」王逸注：「鸘鷞，俊鳥也。」《淮南子·原道訓》：「口味煎熬芬芳，馳騁夷道，釣射鸘鷞之謂樂乎？」高誘注：「鸘鷞，鳥名也，長脛緑身，其形似鴈。一曰鳳皇之別名也。」

〔七〕連：原字漫漶，依稀可辨从「辵」，由文義釋爲「連」。比翼：劉勰《文心雕龍·麗辭》：「張華詩稱：『游鴈比翼翔，歸鴻知接翮。』」

〔八〕棱還：相當於「雜遝」，指鳥羣密集貌。遝：通「沓」，形容紛繁重疊。《漢書·劉向傳》：「及至周文，開基西郊，雜遝衆尚，罔不肅和。」顔師古注：「雜遝，聚積之貌。」苛：通「柯」。《廣雅·釋木》：「柯，莖也。」王念孫《疏證》：「柯，榦也。古聲柯與榦同。箭莖謂之幹，亦謂之笴，樹莖謂之幹，亦謂之柯，聲義並同也。」《玉篇·木部》：「柯，枝也。」又《文選》潘岳《射雉賦》「陳柯槭以改舊」吕向注：「柯，樹枝也。」「苛閒」猶枝幹之間。謝靈運《山居賦》：「日月投光於柯間，風露披清於嵲岫。」

〔九〕菌鶴：鳥名。《逸周書·王會》：「請令以珠璣、玳瑁、象齒、文犀、翠羽、菌鶴、短狗爲獻。」孔晁注：「菌鶴，可用爲旌翳。」案：菌鶴，或即玄鶴，《史記·司馬相如列傳》「雙鶬下，玄鶴加」，張守節正義引《相鶴經》云：「鶴壽二百六十歲則色純黑。」鴸：《廣雅·釋鳥》：「鴸，禽也。」傳世文獻「鴸」字單用者鮮見，《抱朴子内篇·明本》：「睹大明之麗天，乃知鴸金之可陋。」王明《抱朴子内篇校釋》云：「鴸金，疑謂鴸明鳥羽上之金光。」案：《集韻·宵韻》：「鴸，鴸鵬，神鳥，似鳳。」鴸單用似可指鴸鵬。義：通「鸃」，《説文·鳥部》：「鸃，鵔鸃也。从鳥，義聲。」《史記·司馬相如列傳》：「揜翡翠，射鵕鸃。」裴駰集解引《漢書音義》曰：「鵕鸃，鳥似鳳也。」司馬貞索隱引郭璞曰：「似鳳有光彩。」

〔一〇〕孔鶾：孔雀和天雞。《史記·司馬相如列傳》：「其上則有赤猨蠗蝚，鵷雛孔鸞，騰遠射干。」裴駰集解引郭璞曰：「鵷雛，鳳屬也。孔，孔雀；鸞，鸞鳥也。」《爾雅·釋鳥》：「鶾，天雞。」郭璞注：「鶾雞，赤羽。」或即「孔鸞」；鶾，匣母元部；鸞，來母元部，二字可通。鳽：从鳥井聲，疑即「鶄」字異體，二字均精母耕部；鶄：《廣韻·青韻》：「鶄，鵁鶄，鳥也，出南海。」《文選》左思《吴都賦》：「鶄鶴鶖鶬，鸛鷗鷁鸕，汜濫乎其上。」鵧：从鳥榦聲，當爲「鶾（鳱）」之異體，山鵲。《説文·隹部》：「鶾，鶾鷽也。」

〔一一〕芬：通「紛」。雲：通「紜」。紛紜，亦作紛云。《漢書·司馬相如傳下》：「威武紛云，湛恩汪濊。」顔師古注：「紛云，盛貌。」窈海：即「幽晦」；窈、幽，二字皆影母幽部；海、晦，二字皆曉母之部。《荀子·賦》：「幽晦登昭，日月下藏。」楊倞注：「言幽闇之人登昭明之位。」此處「幽晦」由昏暗貌指鳥羣遮天蔽日之貌。

〔一二〕浩洋：喻（鳥羣）如洪漭水流之浩蕩。

〔一三〕攓：取。揚雄《方言》卷一：「挦、攓、摭、挻，取也。南楚曰攓。」《莊子·至樂》：「列子行食於道，從見百歲髑髏，攓蓬而指之。」芳莽：《文選》張衡《西京賦》「縱獵徒，赴長莽」薛綜注：「莽，草也。」

〔一四〕蒹：通「擥」，二字皆來母談部；《説文·手部》：「擥，撮持也。」「擥芳」猶屈原《離騷》「既替余以蕙纕兮，又申之以擥茝」之「擥茝」。案：《楚辭·離騷》：「朝搴阰之木蘭兮，夕攬洲之宿莽。」

〔一五〕張谿子之弩：《淮南子·俶真訓》：「烏號之弓，谿子之弩，不能無弦而射。」高誘注：「谿子爲弩所出國名也。或曰：谿，蠻夷也，以柘桑爲弩，因曰谿子之弩也。一曰：谿子陽，鄭國善爲弩匠，因以爲名也。」

〔一六〕發宛路之矰：《説文·弓部》：「發，䠶發也。」宛路：竹名，即箘簬，細長而直，可爲箭桿。矰：帶絲繩的短箭。《吕氏春秋·直諫》：「荆文王得茹黄之狗，宛路之矰。」

〔一七〕紆：與「觀」皆爲見母元部，古音可通。奇直：即「奇正」；此指地勢、獵者與狩獵對象等因素的常規與變化。《説文》：「直，正見也。」《淮南子·兵略訓》：「奇正之相應，若水火金木之代爲雌雄也。」《文心雕龍·知音》：「是以將閱文情，先標六觀，一觀位體，二觀置辭，三觀通變，四觀奇正，五觀事義，六觀宫商。斯術既形，則優劣見矣。」

〔一八〕蒲苴：古代善弋射者。《文選》王褒《四子講德論》：「但懸曼矰，蒲苴不能以射。」李善注引《列子》曰：「蒲苴子弋，弱弓纖繳，乘風而振之，連雙鶬於青雲。」案：《漢書·藝文志》録蒲苴子《弋法》四篇。

〔一九〕虞：與「娱」同，樂也。《吕氏春秋·慎人》：「故許由虞乎潁陽，而共伯得乎共首。」高誘注：「虞，樂也。」

〔二〇〕本節用韻：蒲（魚部）、路（鐸部），魚鐸合韻。上、莽、芳，陽部。矰、雄（蒸部）、風（冬部），蒸冬合韻。

「……緩刑（形）擾中[一]，棄知（智）遺物[二]，順道反宗[三]，浩无所在，立於大（太）沖[四]，吸𠯗（納）靈氣[五]，食精自充[六]。三一勁荕（筋）强末[七]，志氣高窑（崇）[八]，真骨清血[九]，蹀虚輕舉[一〇]，刑（形）豚（遯）神化[一一]，乘雲游霧，歙（飲）三危，三二□白露[一二]，哈（欱）亢（沆）鋻（瀣）而充虚[一三]，精氣洞於九野[一四]，至大極之虚无，騎豹從虎[一五]；滫（俢）閔（旻）浩洋[一六]。三三西游昆侖，東觀枎（扶）桑[一七]；除薉（穢）去纍（累），以全其德[一八]；身无荷（苛）疾，壽窮无極[一九]。此天下三四至道也，夫子弗慕及邪[二〇]？且也吾聞之：大灌（觀）者弗小□[二一]，湛於道者弗[二二]……三五□无閒[二三]。夫三六子何不游於埍（逍）垗（遥）[二四]，處於大廓[二五]，以萬物爲一[二六]，鯈（俢）死生同宅[二七]？」魄子曰：「若吾比夫三七子，猶庐（斥）蠸（蠖）之與騰蛇[二八]，身方浸（寢）病[二九]，力弗能爲[三〇]。」三八

[一] 緩：和緩。《素問・四氣調神大論》：「被髮緩形。」張志聰集注：「緩，和緩也。」《呂氏春秋・任地》：「使地肥而土緩。」高誘注：「緩，柔也。」刑：通「形」。擾，柔順，順服。王念孫《廣雅疏證》：「《漢書・高祖紀》：『劉累學擾龍。』應劭云：『擾，音柔。』擾、柔聲義並同，故古亦通用。」

[二] 棄：簡作「[illegible]」，參照《馬王堆漢墓帛書・老子乙》二三三下「棄」作「[illegible]」。棄知：即棄智，拋棄聰明智巧。《莊子・胠篋》：「故絶聖棄知，大盜乃止。」遺物：謂超脱於世物之外。《文選》賈誼《鵩鳥賦》：「至人遺物兮，獨與道俱。」李善注：「《鶡冠子》曰：聖人捐物。」《淮南子・齊俗訓》：「惟聖人能遺物而反己。」

[三] 順道：遵從道理。《韓詩外傳》卷七：「正直者順道而行，順理而言。」《淮南子・兵略訓》：「順道而動，天下爲嚮；因民而慮，天下爲鬭。」反宗：返本。《淮南子・説山訓》：「牆之壞，愈其立也；冰之泮，愈其凝也，以其反宗。」高誘注：「宗，本也。」

[四] 大沖：即「太沖」，謂極虚靜之境。《莊子・應帝王》：「吾鄉示之以太沖莫勝，是殆見吾衡氣機也。」《淮南子・詮言訓》：「聰明雖用，必反諸神，謂之太沖。」高誘注：「沖，調也。」

[五] 𠯗：從口立聲（來母緝部），通「納」（泥母緝部）。靈氣：指仙靈之氣。郭璞《山海經圖贊・神陸吾》：「開明是對，司帝之門，吐納靈氣，熊熊魂魂。」

[六] 食精：即以天地之精氣爲食。《淮南子・泰族訓》：「吸陰陽之和，食天地之精。」充：充實，滿足。《文選》曹植《贈徐幹》：「薇藿弗充虚。」李善注引《周禮》鄭玄注：「充，足也。」《呂氏春秋・重己》：「其爲飲食酏醴也，足以適味充虚而已矣。」

[七] 荕：同「筋」。勁筋：使筋骨强健。《淮南子・詮言訓》：「善游者，不學刺舟而便用之；勁筋者，不學騎馬而便居之。」末：肢體。《左傳・昭公元年》：「陰淫寒疾，陽淫熱疾，風淫末疾，雨淫腹疾，晦淫惑疾，明淫心疾。」杜預注：「末，四支也。」《史記・樂書》：「粗厲猛起奮末廣賁之音作，而民剛毅。」張守節正義：「末，支體也。」

[八] 志氣：意志和精神。《莊子・盜跖》：「目欲視色，耳欲聽聲，口欲察味，志氣欲盈。」窑：同「崇」，高。《漢書・郊祀志》：「以山下户凡三百封窑高。」顔師古注：「窑，古崇字。」

[九] 鍾嶸《詩品》卷一：「真骨凌霜，高風跨俗。」王嘉《拾遺記》卷四記甘需曰：「臣遊昆臺之山，見有垂白之叟……血清骨勁，膚實腸輕。」

[一〇] 蹀：踏。輕舉：飛升，隱遁。《楚辭・遠遊》：「悲時俗之迫阨兮，願輕舉而遠遊。」王逸注：「高翔避世，求道真也。」《淮南子・精神訓》：「若此人者，抱素守精，蟬蜕蛇解，游於太清，輕舉獨往，忽然入冥。」

[一一] 豚：字作「[illegible]」，參《馬王堆漢墓帛書・遺策》「豕」作「[illegible]」，《望山楚簡》「豚」作「[illegible]」。揚雄《太玄・夢》：「豚其埻。」司馬光集注：「王、小宋本豚作遯，蓋古字通用。」刑豚：即「形遯」，形體退隱不見。《山海經・西山經》郭璞注：「后稷生而靈知，及其終化形遯。」神化：變化爲神。《後漢書・馬援傳》：「後其弟子李廣等宣言汜神化不死，以誑惑百姓。」案：以上一段文字可參看《淮南子・泰族訓》：「王喬、赤松去塵埃之間，離羣慝之紛，吸陰陽之和，食天地之精，呼而出故，吸而入新，踈虚輕舉，乘雲游霧，可謂養性矣，而未可謂孝子也。」（「踈」同「蹀」。）

[一二] 三危：山名。《呂氏春秋・本味》：「水之美者：三危之露；崑崙之井。」高誘注：「三危，西極山名。」又《呂氏春秋・求人》：「西至三危之國，巫山之下，飲露、吸氣之民，積金之山。」梁簡文帝《聽早蟬詩》：「草歇鶗鳴初，蟬思落花後。乍飲三危露，時蔭五官柳。」

〔一三〕哈：通「欱」。《説文·欠部》：「欱，歠也。」段玉裁注：「欱與吸意相近，與歕爲反對。《東都賦》曰：『欱野歕山。』」朱駿聲《説文通訓定聲》：「欱，字亦作哈、作齝。」亢瀣：即「沆瀣」，夜半清露或露氣。古謂仙人所飲吸。《楚辭·遠遊》：「餐六氣而飲沆瀣兮，漱正陽而含朝霞。」王逸注引《陵陽子明經》：「春食朝霞……冬飲沆瀣。沆瀣者，北方夜半氣也。」《文選》張衡《思玄賦》：「飲青岑之玉醴兮，餐沆瀣以爲粻。」呂向注：「沆瀣，露氣也。」《文選》嵇康《琴賦》：「餐沆瀣兮帶朝霞。」張銑注：「沆瀣，清露也。」充虚：《楚辭·惜誓》：「攀北極而一息兮，吸沆瀣以充虚。」《淮南子·氾論訓》：「自當以道術度量，食充虚，衣禦寒，則足以養七尺之形矣。」

〔一四〕洞：通達。《淮南子·原道訓》：「幽兮冥兮，應無形兮；遂兮洞兮，不虚動兮。」高誘注：「洞，達也。」又《淮南子·俶真訓》：「若夫神無所掩，心無所載，通洞條達，恬漠無事，無所凝滯，虚寂以待。」九野：猶九天。《吕氏春秋·有始》：「天有九野，地有九州。」《列子·湯問》：「八紘九野之水，天漢之流，莫不注之。」張湛注：「九野，天之八方中央也。」

〔一五〕從：使跟隨。

〔一六〕滫：通「脩」，深遠。《楚辭·離騷》：「指九天以爲正兮，夫唯靈脩之故也。」王逸注：「靈，神也。脩，遠也。能神明遠見者，君德也，故以諭君。」閔：通「旻」，幽遠。《詩經·小雅·小旻》：「旻天疾威，敷于下土。」朱熹《集傳》：「旻，幽遠之意。」《淮南子·精神訓》：「古未有天地之時，惟像無形，窈窈冥冥，芒芠漠閔，澒濛鴻洞，莫知其門。」高誘注：「閔讀子騫之閔，……皆無形之象。」

〔一七〕《淮南子·原道訓》：「昔者馮夷、大丙之御也，乘雲車，入雲蜺……扶摇抮抱羊角而上，經紀山川，蹈騰崑崙，排閶闔，鑰天門。」高誘注：「崑崙，山名也。在西北。其高萬九千里，河之所出也。」枎桑：即「扶桑」。《淮南子·天文訓》：「日出于暘谷，浴于咸池，拂于扶桑，是謂晨明。登于扶桑，爰始將行，是謂朏明。」錢塘《天文訓補正》：「《初學記》引有注，云：『扶桑，東方之野。』」

〔一八〕《荀子·王霸》：「涂薉則塞。」楊倞注：「薉，與穢同。」纍，通累。《經籍籑詁·寘韻》：「老子銘：何足纍名。累作纍。」《文選》陸機《歎逝賦》：「解心累於未迹。」李善注：「累，猶負也。」《楚辭·哀時命》：「概塵垢之枉攘兮，除穢累而反真。」王逸注：「使君除去穢累而反於清明之德。」《淮南子·精神訓》：「人大怒破陰，大喜墜陽，大憂内崩，大怖生狂。除穢去累，莫若未始出其宗，乃爲大通。」

〔一九〕荷：《漢書·酈食其傳》：「皆握齱好荷禮。」顔師古注：「荷，與苛同。」苛疾：猶重病。《素問·四氣調神大論》：「從之則苛疾不起。」王冰注：「苛者，重也。」

〔二〇〕及：言急切追求。《公羊傳·莊公八年》：「託不得已也。」何休注：「所以辟下言及也。」徐彦疏：「凡言及者，汲汲之辭。」《大戴禮記·用兵》：「及利無義。」孔廣森補注：「及利，汲汲於利也。」

〔二一〕灌：通「觀」。大觀：目光視野宏大闊遠。賈誼《鵩鳥賦》：「小智自私兮，賤彼貴我；達人大觀兮，物無不可。」

〔二二〕湛：《説文·水部》：「没也。」段玉裁注：「古書浮沈字多作『湛』。『湛』、『沈』古今字。『沉』又『沈』之俗也。」《吕氏春秋·誣徒》：「矜勢好尤，故湛於巧智，昏於小利，惑於嗜欲。」高誘注：「湛没於巧詐之智。」《文選》班固《答賓戲》：「浮英華，湛道德。」李善注：「湛，古『沈』字，字或爲『耽』，於義雖同，非古文也。」

〔二三〕无閒：即「無閒」，没有空隙。《老子》四十三章：「天下之至柔，馳騁天下之至堅；無有入無閒，吾以是知無爲之有益。」《文選》揚雄《解嘲》：「大者含元氣，細者入無間。」李善注：「無間，言至微也。」

〔二四〕埍：通「逍」。垗：通「遥」。游於逍遥：指自處安閑自得。《莊子·逍遥遊》：「彷徨乎无爲其側，逍遥乎寢卧其下。」成玄英疏：「逍遥，自得之稱。」

〔二五〕《淮南子·精神訓》：「若夫至人，量腹而食，度形而衣，容身而游，適情而行，餘天下而不貪，委萬物而不利，處大廓之宇，游無極之野，登太皇，馮太一，玩天地於掌握之中，夫豈爲貧富肥臞哉！」高誘注：「廓，虚。」

〔二六〕《淮南子·精神訓》：「以死生爲一化，以萬物爲一方，同精於太清之本，而游於忽區之旁。」高誘注：「方，類也。」

〔二七〕《爾雅·釋言》：「宅，居也。」《淮南子·覽冥訓》：「夫死生同域，不可脅陵。」

〔二八〕庰：同「斥」。《説文·广部》：「庰，郤屋也。」段玉裁注：「俗作『斥』、作『㡿』。」蠷：即「蠖」字。本文簡一三「䨼」寫作「臒」，可參。斥蠖：即「尺蠖」，《考工記·弓人》賈公彦疏引《周易·繫辭下》「尺蠖」作「斥蠖」；陸德明《經典釋文》卷十作「厈（音尺）蠖」。也作「蚸蠖」。王褒《洞簫賦》：「是以蟋蟀、蚸蠖，跂行喘息。」李善注引《爾雅·

釋蟲》曰：「蠖，蚇蠖也。」郭璞注：「今蝍蝛也。」《說文·虫部》：「蠖，尺蠖，屈申蟲也。」桂馥《義證》引《爾雅翼》曰：「尺蠖，狀如蠶而絶小。行則促其腰，使首尾相就，乃能進步。」古書有「尺蠖」與「蛇」對言之例，如《周易·繫辭下》曰：「尺蠖之屈，以求信也；龍蛇之蟄，以存身也。」騰蛇：即「螣蛇」。《說文·虫部》：「螣，神它也。」《爾雅·釋魚》：「螣，螣蛇。」陸德明《經典釋文》：「螣，字又作『騰』。」郭璞注：「螣，龍類也，能興雲霧而遊其中，淮南云蟒蛇。」《荀子·勸學》：「螣蛇無足而飛。」《韓非子·難勢》：「飛龍乘雲，騰蛇遊霧，雲罷霧霽，而龍蛇與螾螘同矣，則失其所乘也。」

[二九] 方：正當。《漢書·楊惲傳》：「惲家方隆盛時，乘朱輪者十人。」

[三〇] 本節用韻：中、宗、沖、充、崇，冬部。擧（魚部）、霧（侯部）、露（鐸部）、野（魚部）、虎（魚部），魚侯鐸合韻。洋、桑，陽部。德、極，職部。廓、宅，鐸部。

•魂曰：「高堂遂（邃）宇[一]，連徐（除）相注[二]；鰫（脩）鐔曲校[三]，蒷壇總靁（雷）[四]；鬬雞游庭，駿馬盈廄[五]；【剌】客來□[六]；三九莅莅[七]，尋杖（丈）爲巧[八]；危冠【縹】服[九]，榆（揄）袂容與[一〇]；横流進退（退），以數相耦[一一]；檀樹（輿）棘槀[一二]，接措（錯）交横[一三]；四〇王孫徙倚，【文】陛芬芳[一四]；馮（朋）友交游，相與曹戲[一五]；後者作謁，願慕高義。此天下至伉四一行[一六]，夫子弗欲從邪？」於是倍敓纍噫[一七]，相屬曰[一八]：「願徵（得）匃精神[一九]，奮卂（迅）刑（形）體（體）[二〇]，强觀清華[二一]。」四二

[一] 遂宇：即「邃宇」，深廣的屋宇。《楚辭·招魂》：「高堂邃宇，檻層軒些；層臺累榭，臨高山些。」王逸注：「邃，深也。宇，屋也。言所造之室，其堂高顯，屋宇深邃。」桓寬《鹽鐵論·孝養》：「夫以家人言之，有賢子當路於世者，高堂邃宇，安車大馬，衣輕暖，食甘毳。」

[二] 徐：邪母魚部；除，澄母魚部，古音可通。《文選》謝靈運《七月七日夜詠牛女》：「蹀足循廣除。」李善注引《說文》曰：「除，殿階也。」又《漢書·王莽傳下》：「自前殿南下椒除。」顏師古注：「除，殿陛之道也。」相注：謂相互接連聚合。《文選》司馬相如《上林賦》：「高廊四注，重坐曲閣。」吕延濟注：「注，猶市也。」《文選》枚乘《七發》：「連廊四注，臺城層構，紛紜玄緑。」劉良注：「注，連也。」

[三] 鰫鐔：即脩鐔，當指建築物上凸出之飾物。案：《淮南子·本經訓》：「乃至夏屋宫駕，縣聯房植，橑檐榱題，雕琢刻鏤，喬枝菱阿，夫容芰荷，五采爭勝，流漫陸離，脩掞曲挍，夭矯曾橈，芒繁紛挐，以相交持。」高誘注：「脩掞、曲挍，皆屋飾也。」曲校：即《淮南子》之「曲挍」。錢大昕《十駕齋養新録·陸氏釋文多俗字》：「《說文·手部》無『挍』字，漢碑木旁字多作手旁，此隸體之變，非别有『挍』字。」

[四] 蒷壇：疊韻聯綿字。蒷，並母元部；壇，定母元部。蓋指曲折迴旋。總：會聚。靁：通「霤」，屋檐。《文選》左思《魏都賦》：「上累棟而重霤。」

[五] 鬬雞：專供搏鬬之雞。古以鬬雞爲博戲。《戰國策·齊一》：「臨淄甚富而實，其民無不吹竽、鼓瑟、擊筑、彈琴、鬬雞、走犬、六博、蹹踘者。」

[六] 剌：簡文作[illegible]，字有殘損，右从「刀」，疑爲「剌」字。

[七] 莅莅：疑即「衝莅」，疊韻聯綿字，相互糾結貌。《漢書·司馬相如傳下》：「騷擾衝莅其紛挐兮，滂濞泱軋麗以林離。」顏師古注引張揖曰：「衝莅，相入貌。」

[八] 尋杖：即「尋丈」，《說文·十部》：「丈，十尺也。」段玉裁注：「《夫部》曰：『周制八寸爲尺，十尺爲丈。』人長八尺，故曰丈夫。然則伸臂一尋，周之丈也。」《文子·精誠》：「故君子者，其猶射者也，於此毫末，於彼尋丈矣！」爲巧：僞巧。《禮記·月令》：「毋或作爲淫巧。」鄭玄注：「爲，詐僞。」《爾雅·釋言》：「造，爲也。」郝懿行義疏：「爲與僞古通用。凡非天性而人所造作者皆僞也，僞即爲矣。」荀悦《漢紀·前漢孝元皇帝紀》：「然後中和之化應，而僞巧之徒不敢比周而妄進矣。」

[九] 危冠：高冠。《莊子·盜跖》：「使子路去其危冠，解其長劍，而受教於子。」陸德明《釋文》：「李云：危，高也。子路好勇，冠似雄雞形。」縹：簡文作[illegible]，字左半殘，疑爲「縹」。縹服：輕妙之服。

〔一〇〕袂：字作「□」，右「衣」旁可參照簡二〇□字；「夬」可參照□（《馬王堆漢墓帛書·老子甲》四三）、□（《馬王堆漢墓帛書·縱橫家書》一五七）。揄袂：即揄袂，指衣袖下垂。《莊子·漁父》：「有漁父下船而來，鬚眉交白，被髮揄袂，行原以上。」陸德明《釋文》：「揄音遥，又音俞，又褚由反，謂垂手衣内而行也。李音投，投，揮也。」《集韻·侯韻》：「揄，垂也。莊子揄袂。」容與：從容閒舒貌。《楚辭·九歌·湘夫人》：「時不可兮驟得，聊逍遥兮容與。」《後漢書·馮衍傳下》：「意斟愖而不澹兮，俟回風而容與。」李賢注：「容與猶從容也。」横流：放縱恣肆貌。

〔一一〕横流：謂放縱隨意。退：从辶艮聲，當爲「退」之異體。案：「退」透母物部，「艮」影母微部。數：道數。相耦：相配合，在一起。《鬼谷子·摩篇》：「夫事成必合於數，故曰：道數與時相偶者也。」

〔一二〕檀樹：疑即「檀輿」，即檀車。古代車子多以檀木爲之。《梁書·張率傳》：「維梁受命四載，元符既臻，協律之事具舉，膠庠之教必陳，檀輿之用已偃，玉輅之御方巡。」麋：參簡五「麋」字，蓋从「己」得聲；則字與「棘」雙聲，且之職對轉，「棘麋」當爲聯綿字。或即衆多之義。

〔一三〕接措：即「接錯」，謂相互接續交錯。《説文·手部》：「接，交也。」《楚辭·九歌·國殤》：「車錯轂兮短兵接。」王逸注：「錯，交也。」交横：縱横交錯。《楚辭·九辯》：「葉菸邑而無色兮，枝煩挐而交横。」王逸注：「柯條糾錯而崱嶷也。」接措交横：絡繹不絶之貌。

〔一四〕《楚辭》屈原《遠遊》：「步徙倚而遥思兮。」王逸注：「徙倚，彷徨東西。」《淮南子·俶真訓》：「至德之世，甘瞑于溷澖之域，而徙倚于汗漫之宇，提挈天地而委萬物，以鴻濛爲景柱，而浮揚乎無畛崖之際。」「徙倚」亦徘徊徜徉之意。文：此字處在殘斷處，依文意推斷暫釋爲「文」，從上半部分的痕迹以及綴合後與下半部分的關係看，尚可存疑。文陛：宫闕的殿階。劉楨《魯都賦》：「路殿巋其隆崇，文陛巘其高驤。」

〔一五〕《左傳·昭公十二年》：「周原伯絞虐，其輿臣使曹逃。」杜預注：「曹，羣也。」

〔一六〕伉行：高尚的操行。《文子·下德》：「敖世賤物，不從流俗，士之伉行也，而治世不以爲化民。」

〔一七〕欬、噫：皆謂張口出氣；倍、纍：皆反覆之義。《集韻·御韻》：「欬，張口皃。」又《戈韻》：「欬，出氣。」盧藏用《析滯論》：「客於是循牆匍匐，帖然無氣，口欬心醉，不知所答矣。」《説文·口部》：「噫，飽出息也。」《莊子·齊物論》：「夫大塊噫氣，其名爲風。」《文選》司馬相如《長門賦》：「心憑噫而不舒兮。」李善注引《字林》曰：「飽出息也。」

〔一八〕屬：勸戒。《漢書·黄霸傳》：「屬令周密。」顔師古注：「屬，戒也。」又《漢書·灌夫傳》：「夫起舞屬蚡。」顔注：「屬，付也，猶今之舞訖相勸也。」

〔一九〕微：參泰山刻石「□」，可釋爲「得」。刉：《説文·刀部》：「劃傷也。……一曰刀不利，於瓦石上刉之。」徐鍇《説文解字繫傳》：「刉，猶摩杚也。」《廣韻·隊韻》：「刉刀使利。」《文子·道原》：「是以聖人内修其本而不外飾其末，厲其精神，偃其知見。」

〔二〇〕卂：《説文·卂部》：「□，疾飛也。从飛而羽不見。」段玉裁注：「引申爲凡疾之偁，故撞下曰卂擣也。……飛而羽不見者，疾之甚也。此亦象形。」後通作「迅」，《爾雅·釋詁上》：「迅，疾也。」郝懿行《爾雅義疏》：「迅通作訊，凡經典振訊、奮訊俱迅之假借。」刑：通「形」。醴：《漢語大字典》依《龍龕手鑑》定「醴」爲「膸」（同「髈」）之俗字。案：「醴」爲「體」之異體；《睡虎地秦墓竹簡》三六·七九「體」作□；《馬王堆漢墓帛書·老子甲》後二四六「體」作□；《銀雀山漢墓竹簡·孫臏》一五四六·七九「體」作□，皆可證。

〔二一〕清華：指景物清秀美麗。《宋書·隱逸傳論》：「巖壑閑遠，水石清華。」

本節用韻：宇（魚部）、注（侯部），魚侯合韻。霤、廄、巧，幽部。與（魚部）、耦（侯部），魚侯合韻。横、芳，陽部。戲、義，歌部。《周禮·春官·龜人》：「西龜曰靁龜。」陸德明《經典釋文》：「靁，力胃反。又如字。」吴承仕《經籍舊音辨證》（中華書局一九八六年）考證「靁」當力冑反，引《類篇》、《集韻》「靁」有「力救反」一讀。孫玉文《「鳥」「隹」同源試證》以爲「靁」由古來母微部轉讀來母幽部。

·魂曰：「於是處閒靜之宫，冠弁以聽朝[一]，族天下博徹閒夏（雅）之士[二]，若張義（儀）、蘇（蘇）秦，孟[四三]柯（軻）、敦（淳）于髡，陽（楊）朱、墨翟，子贛（貢）、孔穿，屈原、唐革（勒），宋玉、景瑣（差）之偷〈倫〉[三]，觀五帝之遺四四道，明三王之法，藉以下巧（考）諸衰世之成敗，論天下之精徹，理萬物是非，别四五同異，離堅白[四]，孔老監（覽）聽[五]，弟子倫屬而爭[六]。天下至神眇[七]，夫子弗欲□四六邪？」曰：「願壹聞之。」四七

［一］《周禮·春官·司服》：「凡甸，冠弁服。」鄭玄注：「冠弁，委貌，其服緇布衣，亦積素以爲裳，諸侯以爲視朝之服。」

［二］《廣雅·釋詁三》：「族，聚也。」《爾雅·釋訓》：「不徹，不道也。」郝懿行義疏：「徹者，通也，達也。」夏：通「雅」。《吕氏春秋·士容》：「客有見田駢者，被服中法，進退中度，趨翔閑雅，辭令遜敏。」

［三］張義：即張儀。蘇：「蘇」之或體。柯：通「軻」。陽朱：《莊子·山木篇》言「陽子」；陸德明《經典釋文》：「司馬云：『陽朱也。』」《韓非子·説林上》作「楊子」。案：楊朱，戰國時魏國人，道家人物，主張「貴生重己」。子贛：孔子弟子；《荀子·大略篇》：「子贛、季路，故鄙人也，被文學，服禮義，爲天下列士。」孔穿：戰國時魯人，孔子之七世孫。《列子·仲尼》：「公子牟變容曰：『何子狀公孫龍之過歟？請聞其實。』子輿曰：『吾笑龍之詒孔穿。』」張湛注：「孔穿，孔子之孫。《世記》云：『爲龍弟子。』」《吕氏春秋·淫辭》：「孔穿、公孫龍相與論於平原君所，深而辯。」高誘注：「公孫龍、孔穿，皆辯士也」。革（來母職部）：通「勒」（見母職部）。瑣（心母歌部）：通「差」（初母歌部）。《史記·屈原列傳》：「屈原既死之後，楚有宋玉、唐勒、景差之徒者，皆好辭而以賦見稱。」偷：當爲「倫」之訛字。

［四］明：《玉篇·目部》：「明，視也。」巧：通「考」，考察。《莊子·秋水》：「公孫龍問於魏牟曰：『龍少學先王之道，長而明仁義之行；合同異，離堅白；然不然，可不可；困百家之知，窮衆口之辯；吾自以爲至達已。今吾聞莊子之言，汒焉異之。』」

［五］孔老：孔子與老子。枚乘《七發》：「使之論天下之精微，理萬物之是非，孔老覽觀，孟子持籌而算之，萬不失一，此亦天下要言妙道也。」監聽：二字漫漶難識，下字左部似爲「耳」；以《七發》之「覽觀」考之，似爲「監聽」。東方朔《非有先生論》：「寡人將竦意而覽焉。」《漢書·東方朔傳》作「覽」，《文選》李善本作「聽」。

［六］倫：原字模糊，依稀可識讀爲「倫」。倫屬：類屬。

［七］眇：通「妙」。

本節用韻：微、非，微部。聽、爭，耕部。

【•】魄曰：「不若處无爲之事，行不言之教[一]；虚静恬愉，如景（影）之效[二]；乘其閣天之車，四八駝（馳）騁八徹（轍）之道[三]，處大廓之究，以靈浮游化府[四]，蟬説（蜕）濁薉（穢），游於至清[五]，因……四九中人於渙天[六]。」魄子乃泏然㯫（隱）机（几）[七]，衍然汗出[八]，滌（渙）然病俞（愈）[九]。五〇

［一］《老子》二章：「是以聖人處無爲之事，行不言之教。」《淮南子·主術訓》：「人主之術，處無爲之事，而行不言之教，清静而不動，一度而不摇，因循而任下，責成而不勞。」

［二］《淮南子·精神訓》：「使耳目精明玄達而無誘慕，氣志虚静恬愉而省嗜慾。」《荀子·王霸》：「若是則恬愉無患難矣。」王先謙集解引盧文弨曰：「宋本恬作怡。」《淮南子·精神訓》：「感而應，迫而動，不得已而往，如光之燿，如景之放，以道爲紃，有待而然。」王念孫《讀書雜志·淮南内篇第七》：「劉績依《文子·九守篇》改『放』爲『效』。念孫案：劉改是也。如景之效謂如景之效形也。」

［三］閣：簡字从「門」，其餘部分不甚清晰，似爲「閣」。案：「閣天」即格天，語本《尚書·君奭》：「在昔成湯既受命，時則有若伊尹，格於皇天。」孔傳以「至」訓「格」；孫星衍今古文注疏引《釋詁》云：「格，陞也。」又《尚書·吕刑》：「庶有格命。」孔穎達疏引鄭玄云：「格，登也。」《説文》「假」下段玉裁注：「佫，古『格』字。」揚雄《方言》

卷一：「洛，至也。邠、唐、冀、兖之間曰假，或曰洛。」又卷二：「洛，來也。自關而東周鄭之郊齊魯之間或謂之洛。」「格」與「閣」古音皆見母鐸部，多通用。《淮南子·原道訓》：「是故大丈夫恬然無思，澹然無慮；以天爲蓋，以地爲輿；四時爲馬，陰陽爲御；乘雲陵霄，與造化者俱。縱志舒節，以馳大區。……上游於霄雿之野，下出於無垠之門。」駝：通「馳」。徹：通「轍」。

〔四〕究：極。《漢書·蕭望之傳》：「恐德化之不究。」顔師古注：「究，竟也，謂周徧於天下。」《淮南子·精神訓》：「若夫至人，量腹而食，度形而衣，容身而游，適情而行，餘天下而不貪，委萬物而不利，處大廓之宇，游無極之野，登太皇，馮太一，玩天地於掌握之中。」郭璞注：「廓，虚也。」浮游化府，謂游於仙化之境。《淮南子·覽冥訓》：「乘雷車，服駕應龍，驂青虯，援絶瑞，席蘿圖，黄雲絡，前白螭，後奔蛇，浮游消摇，道鬼神，登九天，朝帝於靈門，宓穆休于太祖之下。」《淮南子·俶真訓》：「是故聖人託其神於靈府，而歸於萬物之初。」

〔五〕説：通「蜕」。蟬蜕：喻潔身高蹈，猶去故就新，脱胎换骨。《史記·屈原賈生列傳》：「自疏濯淖汙泥之中，蟬蜕於濁穢，以浮游塵埃之外。」《淮南子·精神訓》：「若此人者，抱素守精，蟬蜕蛇解，游於太清，輕舉獨住，忽然入冥。」亦指修道成真，左思《吴都賦》：「桂父練形而易色，赤須蟬蜕而附麗。」至清：極清虚之境。《淮南子·要略訓》：「覽冥者，所以言至精之通九天也，至微之淪無形也，純粹之入至清也，昭昭之通冥冥也。」

〔六〕渙：簡文作[illegible]，未識。此句義不明。

〔七〕洫然：虚静貌。《説文·人部》：「侐，静也。」段玉裁注：「静者，審也，悉也，知審諦也。《魯頌》曰：『閟宫有侐。』傳曰：『侐，淸淨也。』淨乃静之字誤。《周頌》：『假以溢我。』傳曰：『溢，慎也。』許作『誐以謐我』。謐，静語也。一曰無聲也。《左傳》作『何以恤我』。……《莊子》書云：『以言其老洫也。近死之心，莫使復陽也。』老洫者，枯静之意。……《周頌》之『恤』、《莊子》之『洫』皆『侐』之假借。侐與謐古音同部。」㶏：通「隱」；《説文·木部》徐鍇繫傳：「㶏，古今皆借隱字爲之。」隱：依憑。《莊子·齊物論》陸德明《釋文》：「隱，馮也。」

〔八〕衍然：盈溢，盛多貌。《文選》嵇康《琴賦》：「叢集累積，奂衍於其側。」李善注：「衍，溢也。」《楚辭·遠遊》：「音樂博衍無終極兮，焉及逝以徘徊。」蔣驥注：「衍，盛貌。」《詩經·小雅·伐木》：「伐木于阪，釃酒有衍。」朱熹集傳：「衍，多也。」《文選》枚乘《七發》作「涊然汗出」，李善注：「涊，汗貌也。」

〔九〕渙：簡文作[illegible]，字右下从尒，右上爲免，似以「免」或「浼」爲聲符，明母元部，通「渙」（曉母元部）。俞：通「愈」。渙然病愈：《文選》枚乘《七發》作「霍然病已」，李善注：「霍，疾貌也。」胡紹煐箋證：「案：霍，解散之貌。《荀子·議兵篇》『霍然離耳』，楊注：『霍然，猶渙然也。』《爾雅·釋訓》舍人注：『釋釋，猶霍霍，解散之意。』是霍爲解散也。」

本節用韻：教、效，宵部。道、究，幽部。

* * * * * *

……□然根遠乃近□之聖人字曰□衆柱命恬□五一〔一〕

〔一〕本簡由形制及文字書體看來應屬《反淫》，其位置暫不能肯定。爲謹慎起見，暫附於《反淫》正文之後。

附录

本卷所收竹簡一覽表

一　本附録内容包括本卷所收全部竹簡的編號和相關數據，每篇列爲一表。

二　表中的「整理號」是指竹簡經過拼綴、編聯之後的最終編號，即本書採用的編號。「標籤號」是竹簡清理、拍照時給予的臨時編號。

三　「保存狀況」是指竹簡本身的物理狀態，分爲「整」、「斷」、「殘」、「缺角」四種。「整」表示竹簡完整無缺，或雖略有殘缺，但對長、寬、契口位置等要素的測量沒有影響。「斷」表示竹簡折斷，但無殘缺。「殘」表示竹簡有殘缺，並影響到長、寬等要素的測量。「缺角」表示竹簡兩端有一角殘缺，不影響長、寬的測量，但可能影響契口位置的測量。

四　「契口」指竹簡上用於固定編繩的小缺口，「編痕」指編繩在竹簡上的殘留或印痕。在契口清晰可見的情況下，一般測量契口的位置；在契口不清晰而編痕可見的情況下，則測量編痕的位置。若契口（編痕）殘缺，則注明「殘」；若兩者皆不清晰而無法判明其位置，則注明「不清」；若一枚竹簡由多段殘簡綴合而成，其中某段殘簡上本無契口（編痕），則用「—」表示；有些竹簡因殘、斷導致契口（編痕）與兩端的距離無法測量，則注明「無法測量」。上、中契口（編痕）一般測量其與竹簡頭端之間的距離，下契口（編痕）一般測量其與竹簡尾端之間的距離。

五　「劃痕」指竹簡背面的斜直刻劃痕跡，一般測量其左端起始位置和右端終止位置各自與竹簡頭端之間的距離。少數竹簡背面有上下兩道劃痕，其數據用斜綫隔開。未發現劃痕的竹簡則注明「無」。

六　若竹簡預定測量的一端殘斷，而另一端完整，則契口（編痕）和劃痕起止位置均改爲測量其與竹簡另一端之間的距離。在這種情況下，讀者根據表中完整竹簡的平均長度，即可大致推算出契口（編痕）和劃痕的實際位置。

七　對於一些特殊情況，如竹簡殘斷導致測量方式改變，竹簡背後有兩道劃痕，竹簡從劃痕處折斷而使劃痕缺失等，均在備注中用文字説明。

八　表中所有數據的長度單位均爲「厘米」，精確到小數點後一位。

《妄稽》竹簡一覽表

整理號	標籤號	保存狀況	長	寬	上契口/編痕	中契口/編痕	下契口/編痕	劃痕（左）	劃痕（右）	備　注
一	1903	整	32.1	0.8	1.5	16.0	1.8	0.1	0.7	
二	2077	整	32.2	0.8	1.6	16.0	1.8	1.0	1.8	
三	2593	整	32.2	0.8	1.6	16.0	1.8	1.8	2.4	
四a	2108	下殘	25.1	0.8	1.6	16.0	未辨識	2.4	3.0	
四b	1967	上殘	7.1	0.8	殘	殘	1.9	無	無	
五	1995	整	32.2	0.8	1.6	15.9	1.8	3.1	3.7	
六	1936	整	32.2	0.8	1.6	15.9	1.8	3.7	4.2	
七	2048	整	32.1	0.9	1.6	16.0	1.8	4.3	4.9	
八	1796	整	32.2	0.9	1.6	16.0	1.8	5.0	5.6	
九	1899	整	32.1	0.8	1.5	16.0	1.7	0.1	0.7	
一〇	1854	上殘	19.0	0.9	殘	殘	1.7	無	無	
一一a	3380	下殘	13.5	0.8	1.6	殘	殘	1.9	2.4	
一一b	3026	上殘	19.8	0.8	殘	16.1	1.7	無	無	
一二a	2579	下殘	11.1	0.8	1.5	殘	殘	2.6	3.2	
一二b	3450	上下殘	11.3	0.8	殘	5.4	殘	無	無	
一二c	2558	上殘	10.4	0.9	殘	殘	1.7	無	無	
一三a	3720	下殘	3.9	0.8	1.6	殘	殘	3.3	3.9	
一三b	1942	上殘	28.7	0.8	殘	16.1	1.8	無	無	
一四	1983	整	32.2	0.8	1.6	16.0	1.8	4.0	4.5	
一五a	1952	下殘	16.0	0.8	1.6	殘	殘	4.6	5.1	
一五b	2569	上殘	17.3	0.8	殘	殘	1.7	無	無	
一六	1979	整	32.1	0.8	1.6	15.9	1.8	5.2	5.6	
一七	1894	整	32.0	0.8	1.6	15.9	1.7	0.1	0.8	
一八	1795	整	32.1	0.9	1.6	16.0	1.8	1.4	2.2	
一九	1873	整	32.1	0.8	1.6	16.0	1.7	2.1	2.7	
二〇	1861	整	32.1	0.9	1.5	16.0	1.7	2.8	3.4	
二一	2084	下殘	29.8	0.9	1.6	15.9	殘	3.5	4.2	
二二	2035	整	32.1	0.8	1.5	15.9	1.7	4.2	4.7	
二三	1943	整	32.1	0.8	1.6	16.0	1.8	4.9	5.4	
二四	1826	整	32.1	0.8	1.6	15.9	1.7	5.4	5.8	
二五	1746	整	32.0	0.8	1.5	未辨識	1.7	0.1	0.8	
二六	1916	下殘	15.8	0.8	1.6	殘	殘	1.1	1.8	
二七	2071	整	32.1	0.9	1.6	16.0	1.8	2.5	3.1	
二八	1744	上殘	30.5	0.9	殘	16.0	1.7	3.1	3.7	距下端劃痕數據爲29.0、28.4。以平均長42.1换算成距上端分别爲：3.1、3.7
二九a	1956	下殘	21.5	0.8	1.5	15.9	殘	4.2	4.7	
二九b	1848	上殘	11.4	0.8	殘	殘	未辨識	無	無	
三〇	1948	整	32.0	0.8	1.6	16.0	1.7	4.8	5.4	
三一	1867	整	32.1	0.8	1.5	16.0	1.8	0.2	0.7	
三二a	1847	下殘	11.2	0.8	1.6	殘	殘	0.7	1.4	
三二b	1858	上殘	21.4	0.8	殘	殘	1.8	無	無	
三三	2076	整	32.1	0.8	1.5	16.0	1.8	1.3	1.9	
三四	1815	整	32.1	0.8	1.6	16.0	1.7	1.9	2.5	
三五	1763	整	32.0	0.8	1.6	16.0	1.6	2.5	3.1	
三六a	3554	下殘	4.8	0.8	1.6	殘	殘	3.1	3.7	
三六b	2121	上下殘	21.4	0.8	殘	11.4	殘	無	無	
三六c	3607	上殘	6.4	0.8	殘	殘	1.7	無	無	
三七	1934	整	32.1	0.8	1.6	16.0	1.7	3.8	4.3	
三八	1977	整	32.2	0.8	1.6	16.1	1.8	4.4	5.0	
三九	1753	整	32.0	0.8	未辨識	16.0	1.8	5.0	5.5	
四〇a	1918	下殘	11.0	0.8	1.5	殘	殘	0.0	0.3	劃痕從簡中部開始
四〇b	1949	上下殘	12.1	0.8	殘	5.0	殘	無	無	
四〇c	1966	上殘	9.5	0.8	殘	殘	1.8	無	無	

（續 表）

整理號	標籤號	保存狀況	長	寬	上契口/編痕	中契口/編痕	下契口/編痕	劃痕（左）	劃痕（右）	備　　注
四一	2760	上殘	17.0	0.8	殘	殘	1.7	無	無	
四二	3494	上下殘	9.8	0.8	殘	殘	殘	無	無	
四三	1764	整	32.1	0.9	1.5	16.0	1.7	2.2	2.9	
四四	2034	整	32.1	0.8	1.6	15.9	1.7	2.9	3.6	
四五	1859	整	32.1	0.8	1.6	16.0	1.8	3.6	4.1	
四六	1790	整	32.1	0.9	1.6	16.0	1.8	4.6	5.2	
四七	2418	上缺角	31.9	0.9	殘	16.0	1.7	1.1	1.8	
四八	2095	整	32.0	0.8	1.6	16.0	1.7	1.8	2.5	
四九	2028	整	32.1	0.8	1.6	15.9	1.7	2.5	3.1	
五〇	3090	上殘	21.2	0.8	殘	16.2	1.8	無	無	
五一a	1831	下殘	11.0	0.8	1.5	殘	殘	2.1	2.7	
五一b	2584	上下殘	12.4	0.9	殘	6.2	殘	無	無	
五一c	2554	上殘	9.9	0.9	殘	殘	1.8	無	無	
五二	2020	整	32.1	0.8	1.6	15.9	1.8	2.7	3.2	
五三	1757	整	32.0	0.8	1.4	15.8	1.7	3.7	4.3	
五四	1759	整	32.1	0.9	1.5	16.0	1.5	4.4	4.9	
五五	1752	整	31.9	0.8	1.4	16.0	1.7	0.2	0.9	
五六	2025	整	32.0	0.8	1.6	15.9	1.7	0.9	1.5	上部斷裂
五七	1895	整	32.1	0.8	1.6	16.0	1.8	1.8	2.4	
五八	1893	整	32.0	0.8	1.6	16.0	1.7	2.5	3.1	
五九a	1852	下殘	16.8	0.8	1.5	殘	殘	3.1	3.7	
五九b	1850	上殘	16.1	0.8	殘	殘	1.8	無	無	
六〇	1787	整	32.1	0.9	1.6	16.1	1.7	3.8	4.4	
六一	2078	整	32.1	0.9	1.6	16.0	1.8	4.5	5.1	
六二	1935	整	32.2	0.8	1.6	16.0	1.8	5.3	5.8	
六三	1945	整	32.1	0.8	1.5	15.9	1.7	0.1	0.9	
六四	2419	整	32.1	0.8	1.6	16.0	1.7	1.4	2.1	
六五	1976	整	32.1	0.8	未辨識	16.0	1.8	2.1	2.7	
六六	2097	整	32.0	0.8	1.5	16.0	1.7	2.8	3.4	
六七	1765	整	32.0	0.8	1.5	15.9	1.7	3.5	4.2	
六八	1739	整	32.1	0.8	未辨識	未辨識	1.8	4.1	4.7	
六九	1938	整	32.1	0.8	1.5	16.0	1.8	4.8	5.3	
七〇	2049	整	32.1	0.8	1.6	未辨識	1.8	5.4	5.9	
七一	3443	下殘	11.1	0.8	1.6	殘	殘	0.1	0.6	
七二	2244	整	32.1	0.8	1.5	15.9	1.7	0.7	1.3	
七三	2040	整	32.0	0.8	1.6	16.0	1.7	1.3	2.0	
七四	1816	整	32.1	0.8	1.5	16.0	1.7	2.7	3.3	
七五	2041	整	32.1	0.8	1.6	16.0	1.7	3.2	3.8	
七六	1978	整	32.1	0.8	1.6	15.9	1.8	3.8	4.3	
七七	1785	整	32.1	0.9	1.8	16.0	1.8	4.3	4.8	
七八	2072	整	32.1	0.9	1.6	16.0	1.7	5.0	5.5	
七九	2021	整	32.1	0.8	1.6	16.0	1.8	0.0	0.9	
八〇	1791	整	32.2	0.8	1.6	16.0	1.8	0.7	1.3	
八一a	1837	上下殘	7.8	0.9	殘	殘	殘	1.3	1.9	
八一b	2118	上殘	23.4	0.9	殘	16.1	1.8	無	無	
八二a	3363	上下殘	13.7	0.8	殘	未辨識	殘	無	無	
八二b	3395	上殘	13.7	0.8	殘	殘	1.7	無	無	
八三	3626	上下殘	4.6	0.8	殘	殘	殘	無	無	
八四a	3529	上下殘	5.4	0.8	殘	殘	殘	無	無	
八四b	3605	上下殘	5.3	0.8	殘	3.3	殘	無	無	
八五	1833	上下殘	9.9	0.9	殘	殘	殘	無	無	
八六	1856	上殘	19.2	0.9	殘	殘	1.7	無	無	
八七	3476	上殘	10.0	0.8	殘	殘	1.8	無	無	

#《反淫》竹簡一覽表

整理號	標籤號	保存狀況	長	寬	上契口/編痕	中契口/編痕	下契口/編痕	劃痕（左）	劃痕（右）	備　注
一a	2589	上下殘	2.8	1.0	殘	殘	殘	無	無	
一b	3604	上下殘	6.0	1.0	殘	殘	殘	無	無	
二	1875	整	29.8	0.9	1.4	14.8	1.4	7.2	8.0	
三	1599	整	29.8	1.0	1.4	14.8	1.5	8.0	8.9	
四	3891	整	29.7	0.9	1.3	14.8	未辨識	0.0	0.6	
五	3884	整	29.8	0.9	1.4	14.9	1.3	0.8	1.4	
六	3822	整	29.9	1.0	1.4	14.9	1.4	1.6	2.4	
七a	5124	下殘	9.0	0.9	1.3	殘	殘	2.5	3.2	
七b	3994	上殘	21.3	0.9	殘	15.0	1.5	無	無	
八a	3241	下殘	8.6	0.9	1.3	殘	殘	3.9	4.6	
八b	1635	上殘	21.6	0.9	殘	15.0	1.4	無	無	
九	1781	整	29.9	0.9	1.3	14.8	1.4	3.0	3.9	
一〇	1582	整	29.9	0.9	1.9	14.9	1.5	5.2	6.0	
一一	3998	下殘	16.3	0.9	1.4	14.9	殘	6.0	6.9	
一二a	5177	下殘	9.4	0.9	未辨識	殘	殘	無	無	
一二b	5139	上殘	21.2	0.9	殘	14.9	1.4	21.2	20.3	劃痕數據爲距下端
一三	3893	整	29.8	1.0	未辨識	14.8	1.3	9.5	10.4	
一四	5070	上缺角	29.8	0.9	殘	未辨識	1.4	10.4	11.3	缺右上角，中斷
一五	1810	整	29.9	0.9	1.5	14.8	1.3	7.0	7.8	
一六	1719	下殘	25.3	0.9	1.3	14.7	殘	0.0	0.7	
一七	3872	整	29.9	0.9	1.3	14.8	1.3	0.7	1.3	
一八	3881	整	29.8	0.9	1.3	14.8	1.3	1.4	2.1	
一九	5055	整	29.9	0.9	1.4	14.9	1.4	2.2	2.9	
二〇	5057	整	29.9	0.9	1.3	14.9	1.4	3.1	3.8	
二一	3880	整	29.8	0.9	1.3	14.8	1.3	3.8	4.5	
二二	3821	整	29.9	0.9	1.3	14.8	1.4	4.6	5.4	
二三	1598	整	29.9	0.9	1.4	14.9	1.5	5.4	6.2	
二四a	3688	下殘	4.3	0.9	1.3	殘	殘	無	無	
二四b	2754	上下殘	21.4	0.9	殘	13.4	殘	5.4	6.4	
二四c	3262	上殘	7.5	1.0	殘	殘	1.4	無	無	
二五	2157	整	29.9	0.9	1.3	14.8	1.4	8.0	8.9	
二六	5071	上缺角	29.9	0.9	未辨識	14.9	1.4	0.7	1.4	
二七	3890	整	29.9	0.9	1.3	未辨識	1.3	1.5	2.2	
二八	3861	整	29.9	0.9	1.3	14.8	1.6	2.3	3.1	
二九	5105	整	29.9	0.9	1.3	14.8	1.4	3.2	4.0	
三〇	1589	整	29.9	1.0	1.4	14.8	1.4	4.1	5.0	
三一	1594	整	29.8	0.9	1.4	14.9	1.4	2.0	2.8	
三二	1585	整	29.8	0.9	1.5	14.8	1.4	2.8	3.6	
三三a	3695	上下殘	6.2	0.9	殘	殘	殘	2.2	2.9	
三三b	3021	上殘	21.8	0.9	殘	未辨識	1.4	無	無	
三四	2213	整	29.9	0.9	1.3	14.8	1.4	4.4	5.2	
三五	2523	下殘	25.3	0.9	未辨識	14.8	殘	5.2	6.0	
三六	3515	上殘	4.8	0.9	殘	殘	1.6	無	無	
三七	2350	上殘	29.2	0.9	28.5	15.0	1.5	23.0	22.3	劃痕數據爲距下端
三八	2460	整	29.8	0.9	1.4	14.9	1.3	7.8	8.7	
三九	3866	整	29.8	0.9	1.3	14.8	未辨識	3.3	4.0	
四〇	1596	整	29.9	0.9	1.4	14.9	1.5	4.2	4.9	
四一a	3226	下殘	5.3	0.9	1.2	殘	殘	無	無	
四一b	3239	上下殘	7.8	0.9	殘	殘	殘	無	無	
四一c	1855	上殘	18.8	0.9	殘	殘	1.3	無	無	
四二	1588	整	29.8	0.8	1.4	14.8	1.2	5.8	6.6	

（續 表）

整理號	標籤號	保存狀況	長	寬	上契口/編痕	中契口/編痕	下契口/編痕	劃痕（左）	劃痕（右）	備　　注
四三	3879	整	29.8	0.9	1.3	14.8	1.3	6.7	7.5	
四四	3883	整	29.8	0.9	1.3	14.8	1.3	7.5	8.4	
四五	5056	整	29.8	0.9	1.4	14.9	1.4	8.6	9.5	
四六	1604	整	30.0	1.0	1.4	14.9	1.5	0.0	0.7	
四七	2019	整	29.8	1.0	1.3	14.8	1.4	1.4	2.3	
四八	1597	整	29.9	0.9	1.5	14.9	1.5	2.3	3.2	
四九	1595	下殘	27.2	0.9	1.4	14.9	殘	3.3	4.3	
五〇	3814	整	29.9	0.9	1.3	14.8	1.4	4.3	5.2	
五一	1735	上殘	19.1	0.9	殘	殘	1.4	無	無	

《反淫》與《七發》文字異同對照表

《反淫》與枚乘《七發》在内容與結構上多有相同，《七發》中吴客聲稱以「要言妙道」去楚太子之疾，七事計有：聽樂、飲食滋味、逐射、登臨、校獵、觀濤，六事太子均以「僕病，未能」爲應；最終客以「方術之士有資略者」「論天下之精微，理萬物之是非」爲説，楚太子乃「霍然病已」。《反淫》所述十三事之序爲：聽樂、逐射、校獵、飲食滋味、宴飲、登臨、博戲、垂釣、弋射、修道、交游、要言妙道、遊仙；其中聽樂、飲食滋味二事大體與《七發》略同；垂釣、修道二事不見於《七發》；其他各節則多相雜錯；《七發》之觀濤一節在《反淫》中全無體現。下面列表對比兩文異同。

一、聽樂

反淫	七發
魂曰：	客曰：
「龔（龍）門之桐，高百仞而无枝；	龍門之桐，高百尺而無枝。
心紆結而軫抱，根檴疏而分離；	中鬱結之輪菌，根扶疏以分離。
	上有千仞之峯，下臨百丈之谿。湍流遡波，又澹淡之。其根半死半生。
夏即票（飄）風靁辟（霹）磨（靂）之所繳（激）也，冬即蜚（飛）雪焦（霄）霓（霰）之所襍；	冬則烈風漂霰，飛雪之所激也，夏則雷霆、霹靂之所感也。
朝日即離黄、蓋旦鳴焉，募（暮）日即奇雌獨鳥宿焉；	朝則鸝黄、鳱鴠鳴焉，暮則羈雌、迷鳥宿焉。獨鵠晨號乎其上，鵾雞哀鳴，翔乎其下。
葉菀蓄（脩），榦車槁，	
	於是背秋涉冬，
乃使使（史）蘇焯（灼）龜卜𣁽，珡（琴）摯齋（齋）戒，受而裁之，	使琴摯斫斬以爲琴，

	反淫	七發
	野繭之絲爲弦，	野繭之絲以爲絃，
	石岸之欐爲麋（柱），	
	弧（孤）子之鉤爲隱，	孤子之鉤以爲隱，
	寡女珥爲穀。	九寡之珥以爲約。
	臨深谿，倍（背）槁楊，	
	乃使鍾子期操觴（暢）其旁，	使師堂操暢，伯子牙爲之歌。歌曰：「麥秀蔪兮雉朝飛，向虛壑兮背槁槐，依絕區兮臨迴溪。」
	蜚（飛）鳥聞之，纂翻蜚（飛）陽（揚）；	飛鳥聞之，翕翼而不能去；
	孟（猛）獸聞之，垂耳不行；	野獸聞之，垂耳而不能行；
		蚑蟜螻蟻聞之，拄喙而不能前。
	王孫聞之，兆（遥）思心揚。	
	此天下至憂悲也，夫子弗欲聞邪？」	此亦天下之至悲也，太子能强起聽之乎？」
	曰：「浸（寑）病未能。」	太子曰：「僕病，未能也。」

二、逐射[一]

	反淫	七發
A	魂曰：「乘靈（軨）獵車，	客曰：「鍾、岱之牡，齒至之車；
B	駕誘騁之馬，	前似飛鳥，後類距虛，穱麥服處，躁中煩外。
C	攝下（夏）服之筴，載烏嗃（號）之弓，	羈堅轡，附易路。
D	馬四扶，車折風，	於是伯樂相其前後，王良、造父爲之御，秦缺、樓季爲之右。此兩人者，馬佚能止之，車覆能起之。
E	取射千金之重。	於是使射千鎰之重，爭千里之逐。
F	此天下至康樂也，夫子弗欲駝（馳）邪？」	此亦天下之至駿也，太子能彊起乘之乎？」
G	曰：「浸（寑）病未能。」	太子曰：「僕病，未能也。」

[一] 此節《反淫》與《七發》之「校獵」一節文字有參差。《反淫》二A、B、C行與《七發》三A行多同。

三、校獵

	反淫	七發
A		客曰：「將爲太子馴騏驥之馬，駕飛軨之輿，乘牡駿之乘。右夏服之勁箭，左烏號之彫弓。游涉乎雲林，周馳乎蘭澤，弭節乎江潯。掩青蘋，游清風。
B	「……臺（臺）靁（壘）成，湯（蕩）萅（春）江。	陶陽氣，蕩春心。
C	尋虎狼，摯蜚（飛）鳥，	逐狡獸，集輕禽。
D	道極狗馬之材，窮射御之巧。	於是極犬馬之才，困野獸之足，窮相御之智巧，恐虎豹，慴鷙鳥。
E		逐馬鳴鑣，魚跨麋角。履游麕兔，蹈踐麖鹿，汗流沫墜，冤伏陵窘。無創而死者，固足充後乘矣。
F	此天下至浩樂也，大子弗欲過邪？」曰：「浸（寖）病未能。」	此校獵之至壯也，太子能彊起游乎？」太子曰：「僕病，未能也。」然陽氣見於眉宇之間，侵淫而上，幾滿大宅。

四、飲食滋味[一]

	反淫	七發
A	魂曰：「鳿鵠之美，□□醬菹；	
B	楚英之昔（腊），菜以山膚；濮之肉，毻（芼）以筍蒲；	客曰：「犓牛之腴，菜以筍蒲。肥狗之和，冒以山膚。
C	陽山之蔡（穄），鶩水之苽（菰）；	楚苗之食，安胡之飰，摶之不解，一啜而散。
D	胜胜（猩猩）之唂，旄象之腬；鑾（鸞）馮（鳳）之卵，臒臒（臛臛）之濡（臑）。	
E	伊尹煎熬，狄（易）牙調和，	於是使伊尹煎熬，易牙調和。
F		熊蹯之臑，芍藥之醬。薄耆之炙，鮮鯉之鱠，秋黄之蘇，白露之茹。蘭英之酒，酌以滌口。山梁之餐，豢豹之胎。小飰大歠，如湯沃雪。

〔一〕此節《反淫》之D行，《七發》置於F行。

	反淫	七發
G	芬芳烌（燠）熱，過之咽唾。楚苗之食，旋（玄）山之飯，捖【之】不毀，壹啜而散。	
H	此天下至……」	此亦天下之至美也，太子能彊起嘗之乎？」太子曰：「僕病，未能也。」

五、宴飲

	反淫	七發
	「……紹，結以奇（琦）璜，土（杜）若申椒，燕芷（蘺）秦衡（蘅），新（辛）雉（夷）槀本，木蘭之桀（牀），卑（薜）離（荔）要（幽）惠（蕙），江羅（離）褋芳；愔尋歊憂，紅顔溉（既）章；含箬漱酒，夜歓（飲）柘漿；芬惑（郁）尋（感）忽，不知（旦）……【天】下至淫樂也，夫子弗欲離（麗）邪？」曰：「浸（寑）病未能。」	

六、登臨

	反淫	七發
A	魂曰：「登京（景）夷之臺，以望汝海。	客曰：「既登景夷之臺，南望荊山，北望汝海，
B	左江右胡（湖），其樂无有。	左江右湖，其樂無有。
C		於是使博辯之士，原本山川，極命草木；比物屬事，離辭連類。浮游覽觀，乃下置酒於虞懷之宮，連廊四注；臺城層構，紛紜玄緑。輦道邪交，黃池紆曲。溷章白鷺，孔鳥、鶤鵠，鵷鶵、鵁鶄，翠鬣紫纓。螭龍、德牧，邕邕羣鳴。陽魚騰躍，奮翼振鱗。漃漻薵蓼，蔓草芳苓。女桑、河柳，素葉紫莖。苗松、豫章，條上造天。梧桐、并閭，極望成林。衆芳芬鬱，亂於五風。從容猗靡，消息陽陰。列坐縱酒，蕩樂娛心。景春佐酒，杜連理音。

	反淫	七發
D	玆（滋）味襍陳，殺柔（羞）措侅。	滋味雜陳，肴糅錯該。
E	練色淫目，流聲虞（娛）耳。	練色娛目，流聲悅耳。
F	眺望直侄，目極千里，嫪（嫽）艾男女，相引爲友。	
G	乃使陽文、洛纂，西它（施）、毛莅（嫱），含芳被澤，燕服從容，陽（揚）鄭衛之浩樂，結敫（激）楚之遺風。	於是乃發激楚之結風，揚鄭衛之皓樂。使先施、徵舒、陽文、段干、吴娃、閭娵、傅予之徒，雜裾垂髾，目窕心與；揄流波，雜杜若，蒙清塵，被蘭澤，嬿服而御。
H	此天下至靡樂也，夫子弗欲登邪？」曰：「浸（寑）疾未能。」	此亦天下之靡麗皓侈廣博之樂也。太子能彊起游乎？」太子曰：「僕病，未能也。」

七、博戲

反淫	七發
魂曰：「今有廣夏（廈）宮加（架），連垝接粱（梁）；素笑（題）檐榱，連檻通房；列樹橘柚，襍以衆芳。竽瑟陳前，鐘慦（磬）暨（既）張，繆（僚）艾男女，襍坐奄留，六博投栈，相引爲曹。此天下至……」	

八、垂釣

反淫	七發
魂曰：「挂滂浩之艾，游同（洞）庭之薄（浦）；臨石岸之上，陰（蔭）潒楊之下；靜居閒坐，觀勭（動）靜之變，順風波之理，挾蘆竿，垂芳餌，投與浮汎，以鶩鰱鯉。此天下至閒樂也，夫子弗欲施邪？」曰：「浸（寑）病未能。」	

九、弋射

反淫	七發
魂曰：「前有昭（沼）沱（池），後有莞蒲；中有州堆，往來復路。鳿（鴻）鵠鵷鴇，弋（鳶）鷄鷫（鸕）相（鶇），【連】翹（翅）比翼，椄（接）遝（沓）苛（柯）閒，菌鶴鷦義（鵝），孔鶾鵬（鵲）鵜（鷩），芬（紛）雲（紜）窈（幽）海（晦），浩洋於上。於是攫芳莽，爲蒹（擘）芳；張豁子之弩，發宛路之矰；紆（觀）奇直，別雌雄；合蒲苴之數，察逆順之風。此天下至虞（娱）樂也，夫子弗欲爲邪？」曰：「浸（寝）病未能。」	

十、修道

反淫	七發
「……綏刑（形）擾中，棄知（智）遺物，順道反宗，浩无所在，立於大（太）沖，吸竝（納）靈氣，食精自充。勁莇（筋）强末，志氣高宻（崇），真骨清血，蹀虚輕擧，刑（形）豚（遯）神化，乘雲游霧；歓三危，□白露，哈（欱）亢（沆）瀣（瀣）而充虚，精氣洞於九野，至大極之虚无，騎豹從虎；滫（倏）閔（旻）浩洋。西游昆侖，東觀枎（扶）桑；除薉（穢）去纍（累），以全其德；身无苛（苛）疾，壽窮无極。此天下至道也，夫子弗慕及邪？且也吾聞之：大灌（觀）者弗小□，湛於道者弗……□无閒。夫子何不游於埍（道）垗（遥），處於大廓，以萬物爲一，鯑（倏）死生同宅？」魄子曰：「若吾比夫子，猶斥（斥）蠷（蠖）之與騰蛇，身方浸（寝）病，力弗能爲。」	

十一、交游

反淫	七發
魂曰：「高堂遂（邃）宇，連徐（除）相注；鯑（倏）鐔曲校，蕿壇總靁（霤）；鬬雞游庭，駿馬盈廄；【剡】客來□；蓰蓰，尋杖（丈）爲巧；危冠【縹】服，榆（揄）袂容與；横流進退（退），以數相耦；檀榭（輿）棘㰘，接措（錯）交横；王孫徙倚，【文】陛芬芳；馮（朋）友交游，相與曹戲；後者作謁，願慕高義。此天下至伉行，夫子弗欲從邪？」於是倍欯纍噫，相屬曰：「願微（得）匃精神，奮卂（迅）刑（形）膿（體），强觀清華。」	

十二、要言妙道

反淫	七發
魂曰：「於是處閒靜之宮，冠弁以聽朝，	
族天下博徹閒夏（雅）之士，若張義（儀）、蘚（蘇）秦，孟柯（軻）、敦（淳）于髡，陽（楊）朱、墨翟，子贛（貢）、孔穿，屈原、唐革（勒），宋玉、景瑣（差）之偷〈倫〉，	客曰：「將爲太子奏方術之士有資略者，若莊周、魏牟、楊朱、墨翟、便蜎、詹何之倫，
觀五帝之遺道，明三王之法，藉以下巧（考）諸衰世之成敗，論天下之精徵，理萬物是非，別同異，離堅白，	使之論天下之精微，理萬物之是非；
孔老監（覽）聽，弟子倫屬而爭。天下至神眇，夫子弗欲□邪？」	孔老覽觀，孟子持籌而筭之，萬不失一。此亦天下要言妙道也，太子豈欲聞之乎？」
曰：「願壹聞之。」	於是太子據几而起，曰：「渙乎若一聽聖人辯士之言。」涊然汗出，霍然病已。

十三、遊仙

反淫	七發
魂曰：「不若處无爲之事，行不言之教；虛静恬愉，如景（影）之效；乘其閣天之車，駝（馳）騁八徹（轍）之道，處大廓之究，以靈浮游化府，蟬說（蛻）濁蔑（穢），游於至清，因……中人於渙天。」	
魄子乃湎然橐（隱）机（几），衍然汗出，滌（渙）然病俞（愈）。	

北大西漢竹書《妄稽》的整理及其價值

何晉

一、《妄稽》簡的整理與編聯

《妄稽》簡入藏時，竹簡本來的原始排列順序已完全散亂，將它們重新進行編聯以恢復其本來的簡序，便成爲整理工作的首要任務，因爲以後的一切研究都需建立在竹簡正確編聯的基礎上才有價值。所以編聯工作的重要，怎麼强調都不爲過。近一百多年來，在中國出土的簡策越來越多，地域上從西北到江南，時代上從戰國到三國魏晉，出土簡策之豐富，内容之多樣，吸引了中外學者展開了廣泛而深入的研究，成果衆多。由於中國版刻古籍的大量遺存，古籍版本學興盛已久；敦煌寫卷的發現，則推動了寫本學的發展；大量簡策的出土，使我們有了比前人多得多的可資研究的資料遺存，無疑則極大豐富了有關簡牘學的内容。但遺憾的是，在既往的整理和研究中，對出土的散亂簡策之重新編聯，鮮有全面的描述和系統的總結，在普遍意義方法論的層面上尤其缺乏。簡策在被整理完成出版後，其背後先期可能存在的複雜情况、艱辛的關於編聯的思考及其過程、經驗得失，也就不太爲人所知或者並不特意進行歸納總結，偶或有整理者在整理前言或凡例中提及，或者研究者對整理者的編聯不滿意而對一些簡重新編聯時在論文中有所論述，但都並不刻意於此。[一]

在整理《妄稽》簡的過程中，整理者也有諸多摸索和困惑，並希望能與大家分享整理者對這些簡策編聯的一些想法和思考，向大家請教。現在《妄稽》已整理完成並且出版，不管其編聯是否完全正確，大家至少知道這種編聯産生的方法、遵循的原則、思考的理路。這些方法、原則和思路，整理者並不敢奢望它們能上升到理論或方法論的高度，因爲它們僅因《妄稽》簡的整理而生，未必可以推而廣之。

在面對這批歸屬於《妄稽》的散亂無序的竹簡時，大致瀏覽其内容後，編聯工作按照以下方法和原則展開：

[一] 例如上博簡《孔子詩論》的整理者曾述及整理方案和編聯原則，不少研究者也曾重新編聯上博簡《孔子詩論》，並且對他們重新編聯的理由和方法有所論述。

（一）內容比勘

如果簡策的內容，是傳世文獻或考古出土資料中已有相同或相近的內容，這是最讓整理者高興的事情，因爲這樣可以互相比照校勘，極大提高散亂簡策編聯的效率和正確率。例如，與《妄稽》同屬於這批西漢竹書的《老子》，就有多個傳世版本和出土文獻版本可作比勘。這一方法已爲大家所熟知，處處得到應用，兹不贅述。但是，《妄稽》的內容，卻缺少可資比照對勘的傳世或出土的同近文本，它在內容上是唯一的，找不到別的參考，這是《妄稽》編聯中遇到的最大困難。

（二）歸納分組

《妄稽》簡策雖已散亂，但對其初步釋讀後，我們發現可以將其內容進行同類歸納並予以分組，這樣，描述相同或相近內容的簡被彙聚爲一組，每一組簡基本都有一個敘述主題，具體對於《妄稽》篇來説，每一組大致有一個敘述的主題，這些「主題」共同構成了整個篇章。利用這種方法，《妄稽》簡可以按不同的敘述主題進行如下分組：

表一

分組	主題	特徵	竹簡最終編聯號
一組	描寫周春	大量對品行的描寫	一、二、三、四、五
二組	描寫妄稽	大量對容貌醜陋的描寫	六、七、八、二六、二七、三〇、三一、三二、四〇、四一
三組	描寫虞士	大量對容貌美麗的描寫	二〇、二一、二二、二三、二四
四組	人物的對話	以「曰」、「言」、「謂」、「應」等詞爲特徵，對話的主體則可以所冠的人名等來細分，如「妄稽曰」、「姑咎（舅）弗應」、「妄稽又言」、「姑咎（舅）謂妄稽」、「虞士謂妄稽曰」等。	① 妄稽與姑咎（舅）之間的對話：一一、一二、一三、一四、一五、一六、一七、一八、一九 ② 妄稽與虞士之間的對話：四三、四四、四五、五七、五八、五九、六〇、六一、六二、六三、六四、六五、六六、七八、七九、八〇、八一、八六 ③ 妄稽與少母的對話：七五、七六、七七 ④ 妄稽與他人的對話：四七、四八、四九、五〇
五組	妝扮	以妝扮和穿戴衣物的描寫爲主	① 妄稽的妝扮：二九、三〇、三一、三三 ② 虞士的妝扮：三四、三五、三六、三七、三八
六組	妄稽折磨虞士	出現大量動詞及對動作的描寫	四七、五四、五五、五六、五七
七組	周春與虞士彼此相悦	出現表達感情的言語、動作等	三九、六九、七〇
八組	妄稽病死	出現「妄稽大病」、「遺言」等關鍵字	七三、七四

需要説明的是，這種歸納分組只是一種粗略的分組，而且是一種僅僅爲了編聯方便而進行的分組，各組的內容可能彼此有所重複，而且即便同屬於一組的，例如都是描寫妄稽容貌之醜的簡，也有可能分屬不同的段落，如簡六、七、八、二六、二七、三〇、三一、三二、四〇、四一可能就分屬不同的段落。歸納分組的作用在於，能幫助整理者縮小編聯時的取簡範圍，所以在面對散亂簡策數量很大的時候非常有用，如果散亂的簡策數量很少則用處不大；此外，分組後的這些敘述主題，彼此之間的先後銜接順序，還不能通過歸納分組來確定，例如通過上表，我們並不清楚第四組內的幾個對話孰前孰後。

分組的另一個好處是，讓我們也基本瞭解了這篇竹書的大致內容，以便爲進一步編聯作準備。

（三）重點詞及詞頻

在兩枚以上的簡中重複使用同近的詞，或者意義緊密相關的詞，我視之爲重點詞，例如簡一三言「美妾之禍」，簡一四謂「誠買美妾，君憂必多」，簡一六亦言「美妾之禍」，「美妾」就是三枚簡中均有出現的一個重點詞，這三枚簡的位置應該彼此很靠近。我認爲根據重點詞及詞頻，亦可以使相關的簡得到彙聚編聯，這基於一般的敘述常理：描述同一事物的文字往往是緊靠相連的。又例如簡二一言「色若春榮」，簡二二言「手若陰逢，足若揣卵」，簡二三言「臂脛若蒻」，顯然「某若某」是它們的共同點，且均用來形容人體外貌，所以這三枚簡在編聯上也應該很靠近。但有時候，也會出現一點困惑，例如簡二三中有「髮黑以澤，狀若葥斷」，簡二四中也有「髮黑以澤，狀若韱緇」，相鄰兩簡竟然出現如此重複的描寫，讓人疑惑此二簡是否應該相鄰編聯，但從內容和簡背劃痕看又確實應該如此編聯。此外也得注意，同一事物有時也可能會在不同的段落位置中被多次描述。

重點詞及詞頻，既可以幫助我們對全篇的內容快速進行粗略的歸納分組，更能幫助我們在分組後對其中個別簡之間的關係，作進一步更精密的審視，尋求它們在編聯上的關係與順序。

（四）特殊固定詞彙的不可拆分

一些特殊固定的詞彙，特別是人名、地名等專名，如果其前段正好出現在一枚簡的簡尾，後段出現在另一枚簡的簡首，那麽我們很自然就會認定這兩枚簡應該是前後緊接編聯的關係。這種情況當然不是太常見，但並非没有。在《妄稽》簡中，「妄稽」、「周春」這兩個專名都出現了這種情況，例如簡一二簡尾爲「妄」，簡一三簡首爲「稽」；簡一三簡尾爲「妄」，簡一四簡首爲「稽」；簡三九簡尾爲「周」字，簡四〇簡首爲「春」字；簡六三簡尾爲「周」字，簡六四簡首爲「春」字；簡六九簡尾爲「妄」字，而簡七〇簡首爲「稽」字。

（五）用韻

除了詩賦，先秦秦漢的其他文本也常常是有韻的。注意用韻也有助於散亂簡策的編聯，韻腳同近的簡，編聯時可以放在一起考慮。《妄稽》篇大量用韻，其行文，基本上四字一句，在第二句末尾押韻；有時也用韻較密，連續幾句押韻。例如，簡一春、孫（遜）、論（倫）爲文部韻，而羛（義）與簡二的倚、議、麗合韻，其中羛（義）、倚、議爲歌部韻，麗爲支部韻，支歌合韻。不僅因爲文義，還因爲合韻，使得簡一、簡二的編聯進一步得到確定。有時，同一韻部會較多使用，這就爲許多同一韻部的簡編聯在一起提供了可能，例如簡三三、三四、三五、三六的堂、妨（芳）、房、相（廂）、英、常（裳）、黄、行、方（紡）、霜、當（璫）均爲陽部韻。反之，本文有兩簡銜接後發現彼此文字在用韻上不是很明確而讓人困惑，例如簡六五與六六，目前這樣編聯，主要是簡六五之後、簡六六之前都没有合適的簡子以編聯，此外還考慮到了這二簡簡背劃痕能彼此銜接。其實，這二簡彼此在内容上的銜接也並不完美，也許需要重新考慮。理想上的狀態應該是，在内容上契合，在用韻上也契合。

（六）時間

敘事的展開總是伴隨着時間的先後，所以有關時間的記載對編聯也很有作用，尤其是紀日的干支，有很强的時序性，這種時序可以作爲我們編聯的參考。《妄稽》簡中的記時不多，簡二〇言「乙未之日，其姑之陳市」，簡五三言「甲子之日，春爲君使」，從乙未到甲子是二十九天，從甲子到乙未是三十一天，僅根據這兩個記時，尚不能判定孰先孰後，中間間隔太遠，這兩枚簡似乎也不能編聯在一起。當然，即便有明顯的較靠近的時序，有時也不能全按時間的先後來編聯，還要注意是否有倒敘和插敘的可能。

（七）分段（章、節）及其符號

竹簡在書寫時因爲文章内容而另起分段（章、節）、留白或者章節符號的使用，亦有助於内容的分類和編聯。《妄稽》簡中有句讀和重文符號，但没有發現分段、留白或章節符號。

以上七個方面是着眼於竹簡的内容和文義，可以稱之爲内在原則。竹簡的物理形態和形制，同樣也是編聯時的重要參考和有益指導，可以稱其爲外在原則。

歸屬於《妄稽》的這些竹簡，在形制上比較一致：

（八）長度

已存整簡，長度均在三一・九至三二・二厘米之間，長度基本一致。

（九）寬度

所有竹簡的寬度，均在〇・八至〇・九厘米之間，寬度基本一致。

（十）契口／編痕

所有簡均爲三道編繩。上部編痕，距竹簡上端一·五至一·六厘米；中部編痕，距上端一五·九至一六·一厘米；下部編痕，距下端一·七至一·八厘米。都比較一致。從編繩處留下的空白看，《妄稽》簡應是先編後寫的。

（十一）每簡字數

完整的一枚簡，不包括簡上的重文符號和句讀符號，抄寫的文字在三十二至三十六字左右，並不是特別嚴格整齊。字數多少的差異，對《妄稽》簡的編聯，也有一定參考價值，尤其是在殘斷之簡的綴合上。

（十二）簡背劃痕

《妄稽》簡背發現有較爲規律的斜直劃痕，我們推測可能原來是用來標記竹簡順序以防止錯亂的，這無疑直接與《妄稽》的編聯相關。簡背劃痕爲我們在簡策編聯時增添了一種具有重大指導意義的新依據。《妄稽》簡劃痕詳情及資料可參本書前面《簡背劃痕示意圖》。在整理中，我們發現，簡背的劃痕，是從竹簡簡背上端左部開始斜向右下部。劃痕最靠上的共有10枚簡，然後我們再挑出劃痕最靠下的10枚簡，分别列於下表：

表二

劃痕最靠上的10枚簡			劃痕最靠下的10枚簡		
整理編號	劃痕（左端距上）	劃痕（右端距上）	整理編號	劃痕（左端距上）	劃痕（右端距上）
一	0.1	0.7	八	5.0	5.6
九	0.1	0.7	一六	5.2	5.6
一七	0.1	0.8	二四	5.4	5.8
二五	0.1	0.8	三〇	4.8	5.4
三一	0.2	0.7	三九	5.0	5.5
四〇	0.0	0.3	四六	4.6	5.2
五五	0.2	0.9	五四	4.4	4.9
六三	0.1	0.9	六二	5.3	5.8
七一	0.1	0.6	七〇	5.4	5.9
七九	0.0	0.9	七八	5.0	5.5

從上表可見，簡背劃痕，可以從簡背最頂端〇厘米處開始，而結束的最低處距簡頂端爲五·九厘米。《妄稽》簡長約三二厘米，那麼《妄稽》簡背的劃痕，可以說均位於簡的最上部，這和北大西漢竹書中的《老子》簡背劃痕最低處可至簡之中部或稍下方不一樣。顯而易見，若按劃痕分組，表中劃

痕最靠上的十枚簡應該就是每個劃痕組開始的首簡，所以如果没有闕佚的話，那麼《妄稽》若以簡背劃痕來分組就可以分爲十個劃痕組。不過，劃痕最靠下的十枚簡大部分應該是卻不一定能肯定全是劃痕結束的末簡，但這並不妨礙我們追問下一個關鍵問題：首簡和末簡之間應該有多少枚簡？也即：分别由各枚簡簡背劃痕構成的一條起訖完整的劃痕，到底統屬有幾枚簡？在簡寬比較固定的情況下，這和劃痕的傾斜度有關係。不過，我們發現，每個劃痕組的背劃線的傾斜度實際上不太一樣，有時這條背劃斜線看起來也不是太直。以一至八簡的劃痕組爲例，從文字内容銜接上來看很順暢，但這八枚簡所組成的劃痕卻並不是一條斜直線，一、二簡之間出現了一點錯位。統觀這一組八枚簡及其劃痕，可以發現：

① 其簡背劃痕基本構成了一個完整的劃痕組。

② 若忽略極小的誤差〔一〕，那麼前一枚簡劃痕的訖止處，大都是後一枚簡劃痕的開始處。由此可推測簡背劃痕是在編繩編聯之前刻劃上去的，此外竹簡頂端的劃痕多經過編繩所在位置亦可證明這一點。

③ 表中八枚簡組成的劃痕並不完美，簡一與簡二之間的銜接出現了一些錯位，中間有可能缺了一枚簡。

由此我們推測，《妄稽》簡背劃痕組大概統屬有八到九枚簡。

簡一、二之間出現一點錯位，可能是因爲它們之間缺少了一枚簡，這枚簡可能在未寫文字之前進行編聯時，不小心被漏編了；也可能書手在抄寫《妄稽》時出現了錯誤而將這枚簡抽掉廢棄了。

簡背劃痕在《妄稽》編聯中起到的作用，首先是分組，而在一組内它又起到了簡單頁碼的作用。無疑，這在排列簡序時意義重大。當然，這種意義也不宜誇大。因爲，由於劃痕會在各組中重複出現，單從劃痕的角度看一枚簡也有編入不同組中的可能，所以必須要結合文字内容來編聯。根據我們編聯的經驗，文字内容往往才是編聯時最重要的依據。但劃痕的發現，也提醒我們根據文義進行編聯時，也要考慮到簡背劃痕才行。簡背劃痕並不是北大西漢竹書特有的個别現象，過去出土的簡策中亦有類似現象，只不過還没有被足夠重視，將來出土的簡策中也一定還會再有所發現，它的作用和在簡牘學上的意義，相信會引起更多學者的關注和討論。

根據以上對文義和形制兩個方面的檢視，我們最終把《妄稽》簡按照劃痕分爲十二組，每組簡的數量理論上爲八到九枚，但因爲簡策殘缺，實際上整理出來的每組簡數有所不同。需要説明的是，編聯工作並不是僵化地按照上述十二方面的原則來順次展開，它們常常是同時考慮綜合運用的，此外，字詞的釋讀、音韻、不悖常理的情節安排，亦是編聯中需要考慮的因素。但由於《妄稽》簡的殘缺較爲嚴重，目前的編聯尚有許多疑滯之處，仍然存在不少有待解決的疑難問題，例如，簡七一，目前所編聯的位置並不令人滿意，但似乎放在别處更不合適；又例如，簡八四至簡八八，因其殘斷，

〔一〕當初測量簡背劃痕時可能會産生誤差，此外劃痕被刻畫以後，竹簡本身在長時期中也可能會有物理上的收縮發生。

亦未能編聯入正文中合適的位置，故附在最末。所以筆者在此對《妄稽》的編聯作這些交代，希望能得到大家的批評指正，畢竟，正確的編聯，是所有研究工作展開的基礎。

二、《妄稽》的價值

在文學史上，漢代以賦著名。以劉向所編當時國家所藏圖書目録爲基礎而成的《漢書・藝文志》，把圖書分爲六類，其中專有一類「詩賦略」，來著録「賦」與「歌詩」的著作，其中「歌詩」有二十八家，三百十四篇；「賦」則有七十八家，一千零四篇，可見該類著録的作品主要還是賦，尤其是以西漢賦爲多，有八百九十四篇。可惜，《漢書・藝文志》著録的西漢賦，後來大多亡佚。據費振剛先生等輯《全漢賦》統計，西漢、東漢合計留存至今的賦，基本完整的只有百篇左右，加上殘篇一共還不到三百篇。

《妄稽》作爲一篇長幅敘事漢賦，而且是其中極其少見的俗賦，在文學史上可謂意義重大。所謂「俗賦」，特徵之一是往往以敘事爲主，所以《妄稽》在發現之初被視爲一篇古小説，也不是沒有原因的。程毅中先生在《敦煌俗賦的淵源及其與變文的關係》一文中總結這類敘事俗賦有四個主要特徵：①基本上是敘事文學；②大量運用對話；③帶有詼諧嘲戲的性質；④大體上是散文，句式參差不齊，押韻不嚴（參《文學遺産》一九八九年第一期）。其中敘事與對話的特徵，在《妄稽》中特別明顯。

《妄稽》流傳的時代，正是漢賦産生與興盛的時代，其著名者如景、武時期司馬相如的許多賦，名垂千古，流傳至今，但這些大賦之所以都能被《史記》等書載録，不僅在於辭藻華麗絶妙，更在於其格調高雅，意旨深邃，乃越世高談。而《妄稽》卻與之不同，它講的是人間煙火，世俗故事，完全以當時現實生活爲背景。但也可能正因爲這類作品多爲民間喜聞樂見，但不被上層看重，更爲高人雅士所輕，不入載籍，所以流傳不遠，往往湮没亡散，後世留存下來的極少。今天，《妄稽》因爲其世俗的内容，對當時社會生活中家長裏短的詳細記載，成爲研究那個時代的家庭、女性與婚姻的重要史料。可以説，《妄稽》因其稀有及價值，在史學和文學上都可稱一奇。

《妄稽》入藏時，已有不少簡策殘缺，但故事大概可知。《妄稽》的故事雖然發生在滎陽，但其作者是誰已不得而知，其傳抄者或者説閲讀者的生活地域亦因考古發掘信息的缺失而不明，他們可能是滎陽地區的，也可能不是。從《妄稽》文辭上華麗的鋪陳風格來看，當出於文人之手；再據其精美的抄寫字體和較長的竹簡形制看，其擁有者（讀者）可能亦非一般平民，當屬士人貴族之列。如果我們把此篇和同時入藏於北大的其他竹書如《老子》、《蒼頡篇》、《周馴》、《趙正書》、《反淫》的擁有者視爲同一人，綜合書體和簡材，推測《妄稽》可能流傳於楚地。

故事以青年才俊周春因娶醜妻妄稽而痛不欲生，買來美妾虞士，與妄稽産生矛盾而展開。先是買妾之前，妄稽極力阻撓，與公婆之間産生矛盾；

買妾之後，妾稽討好周春失敗，又嫉妒虞士，從而與周春、虞士又産生激烈矛盾。讓人驚異的是，在這個家庭的衝突之中，周春的軟弱和妾稽的强勢，形成了强烈的對比。周春娶妻之前，一切聽從於父母，娶妻的標準爲其母所定，「其母曰：句（苟）稱吾子，不憂无賢」，周春甚至都没有見過妾稽，就被母親安排娶妻回家；而後親自到市場上去選購美妾的仍是周春父母；周春娶妻之後，又處處受制於妾稽，面對如此醜惡的妾稽，只能「坐興大（太）息，出入流涕」，趕緊向父母哭訴；後來心愛的美妾被妾稽殘酷折磨，周春也只能「爲之恐懼」，處處唯唯諾諾，常常默默忍受。而妾稽不僅敢於在買妾前與周春父母辯駁，極力阻攔買妾，而且動輒對丈夫周春「大怒」，斥責周春「錯我美彼（彼）」，甚至當着周春之面打罵虞士，完全不把丈夫放在眼裏。後來趁周春外出，妾稽又抓來虞士對她殘酷折磨，「昏笞虞士，至旦不已」，並且恐嚇周春趕緊賣掉虞士，否則訴諸官司，「速（遫）鬻虞士，毋羈獄訟」，兇悍無比。周春之軟弱，妾稽之强勢，也許是二人本來的真實形象，此種情形，古往今來並不罕見；但也有可能，是在文學上故意爲之，目的是爲了要突出作品中女主人公妾稽的形象，要突出妾稽的醜惡不僅在於外貌，還在於她在夫妻關係中的强勢地位，對夫權的凌駕。

妾稽的强勢，可能來源於她背後的力量。周春這樣的男子，「鄉黨莫及」、「於國无論（倫）」，享譽遠近，爲何娶醜妻妾稽？周春之母乃按照「句（苟）稱吾子，不憂无賢」的標準爲周春娶妻，「謀（媒）勺（妁）隨之，爲取（娶）妾稽」，可見妾稽雖醜，但必有可與周春相匹配的地方，可惜這方面的情況，篇中並無交待，但也可見一些端倪。首先，妾稽反對買妾陳述理由時，除了擔心花費錢財買妾「君財恐散」，還引用嫫母與妲己的故事，陳述歷史上的醜女之賢、美女之禍：「殷紂大亂，用被（彼）亶（妲）己。殺身亡國，唯美之以。美妾之禍，必危君子。」其次，妾稽的貲財衣飾甚豐，人脈甚廣，生病之後曾召其少母，再聯繫到周春對妾稽的態度，我們推測，妾稽不僅受過較多的教育，而且應該出身富貴大族，其强橫跋扈，有恃無恐，可能即與其出身、地位相關。這與漢代婚姻的通常情況也是符合的，史書所載的大多數漢代人婚姻個案中，男女雙方的經濟、政治和社會地位都是十分接近的。《大戴禮記·本命》説：「婦有七去：不順父母去，無子去，淫去，妒去，有惡疾去，多言去，竊盜去。」記載了婦人若有以上七個方面的惡行，丈夫便可將其休去，其中嫉妒就是可以休妻的惡行之一。漢代婦人因妒而遭棄者，在史書中也不乏記載，《漢書·元后傳》：「（元后）母，適妻，魏郡李氏女也，後以妒去。」又《後漢書·馮衍傳》：「衍娶北地任氏女爲妻，悍忌，不得畜媵妾，兒女常自操井臼，老竟逐之。」妾稽「妒聞巍（魏）楚，乃誡（駭）燕齊」，完全可以出之，但周春及其父母卻並無相關考慮和言行，可見妾稽背後的力量，這同時可能説明漢代貴族婦女在婚姻關係和家庭生活中佔有較高地位。相較之下，從市場上「與牛馬同欄」的美妾虞士，被買到周春家中，則毫無地位可言，幾乎任由妾稽鞭笞折磨。

現實如此令人絶望，看起來没有解決之道了。然而文章末尾突然記載「妾稽大病」，痛苦萬分，日夜呼號，竟死去了。故事好像仍然落於惡有惡報的窠臼。但若仔細揣摩妾稽臨死時的懺悔之言：「我妒也，不智（知）天命虖（乎）！禍生乎妒之。」可知本篇要告訴讀者的是，妾稽的醜並不是最大的錯，妒才是給自己帶來禍害與毀滅的關鍵。悔恨之餘，妾稽死前召來虞士，告訴虞士：「吾請奉女（汝），以車馬金財，綦（纂）組五采（彩）。盡盡來取，不告無有。」將自己的貲財嫁妝盡數贈予虞士。妄稽臨死前悔恨的這些言行，述説了《妄稽》篇作者這樣一種道德倫理觀：婦人之妬是禍害與悲劇産生的根源。也就是説，本篇的創作與流傳也許並非只是供人消遣和獵奇，它還有勸誡的目的，作者對讀者是有所期待的。

妄稽悲劇的發生，述説者告訴我們乃婦人之妬所致。但倘若我們追問一下，婦人之妬因何産生？無疑是丈夫對美色的追求所致。作爲追求美色的丈夫周春，是否也應該對這一家庭悲劇作些反省呢？在這篇賦中我們看不到。這也許説明，在這篇賦産生和流傳的那個時代，男人對美色的追求是一種當然和正常，重德不重色還没有成爲士人道德上的主流。

《妄稽》篇基本四言一句，隔句爲韻；有時也用韻較密，連續幾句押韻。類似體例的四言賦，可以追溯到戰國晚期《荀子》中的《賦篇》，學者一般認爲這一類賦與北方的四言説唱文學有關。四言賦在西漢得到了繼承並略有發展，但以詠物爲主，兼有説理、抒情者，如劉安《屏風賦》、孔臧《鴞賦》、《蓼蟲賦》、劉勝《文木賦》，此外枚乘《七發》、揚雄《蜀都賦》也大量運用四言，這些賦仍然雅致有格調。但類似《妄稽》這樣的長篇敘事之賦，講述家庭世俗故事的，現在一篇也看不到。《妄稽》的發現，提醒我們，文學史上的漢賦時代，除了流行格調高雅的大賦，也還有敘述家長裏短的俗賦。《漢書・藝文志》「詩賦略」中，有「雜賦」一類，著録有十二家，共二百三十三篇，可惜均已失傳，不可得聞。這類「雜賦」，據劉勰《文心雕龍・詮賦》所説，與那些大賦風格是不太一樣的，今天有學者認爲，它們主要就是民間性質的俗賦。《妄稽》的發現，讓我們又一睹漢賦之異彩。

北京大學藏漢簡《反淫》簡説

傅剛

北京大學藏西漢竹簡《反淫》，在傳世文獻中，與之相類的文本是《七發》，《七發》中所敘聽樂、遊觀、乘御、射獵、陳説要言等，在《反淫》中均有相類的内容。對比下來，只是表達的層次、部分語辭的變換等不同，可以看作是一個作品對另一個作品的改寫。那麽，是哪一個作品在先，而被哪一個作品改寫的呢？我們初步的判斷是《反淫》在先，《七發》是在《反淫》的基礎上進行的改寫。如果是這樣的話，就給我們帶來了一些需要思考的問題，比如《反淫》與《七發》具有怎樣的關係？早於《七發》，説明什麽問題？意義在哪裏？七體是如何産生的？《反淫》篇題與《七發》篇題代表了什麽？以下，我們就這幾個問題作討論。

一、《反淫》與《七發》是什麽樣的關係？其異同具有什麽樣的意義？

北大藏這批漢簡，整體的抄寫時間，項目組初步判斷爲漢武帝至宣帝時，簡内有一枚術數類簡有「孝景元年」的紀年，很顯然，這枚書景帝謚號的簡，表明書寫年代在景帝之後。另外從字體上看，這批簡也處於銀雀山漢簡與定州八角廊漢簡書體之間，正是漢武帝至漢宣帝時期。《反淫》簡也應該是這一時期的書物，但是，我們以《反淫》與《七發》作仔細的比較，發現《反淫》所列之事，較《七發》碎細，分類亦未爲精確，再結合文内表述思想的前後發展脈絡，我們初步判斷當寫於《七發》之前。《反淫》既與《七發》關係如此密切，則《七發》的寫作主旨以及寫作的時間，就必須先要作討論。

《七發》一文，最早録于《文選》，題作八首，五臣注説：「八首者，上一首是序，中六是所諫，不欲犯其顔，末一首，始陳正道以干之。假立楚太子及吴客以爲語端矣。」至于「七發」之名，李善注説是：「説七事以起發太子，猶楚詞《七諫》之流。」五臣注則説：「七者，少陽之數，欲發陽明於君。」五臣注當受王逸注《九歌》影響，謂「九」爲陽之數，五臣則據而解「七」爲少陽之數。相比之下，李善注更爲可信，即就篇中所言七事以啟發楚太子。此文未録于《史記》、《漢書》，但曹植《七啟序》已經明言枚乘作《七發》，并稱枚乘之後，傅毅、張衡、崔駰皆續作，「辭各美麗」。其後傅玄《七謨序》羅列作者更爲詳備，曰：「昔枚乘作《七發》，而屬文之士若傅毅、劉廣世、崔駰、李尤、桓麟、崔琦、劉梁、桓彬之徒，承其流而作之者紛焉。《七激》、《七欣》、《七依》、《七欵》、《七説》、《七蠲》、《七舉》之篇，於時通儒大才馬季長、張平子，亦引其源而廣之。馬作《七廣》，張造《七辨》，或以恢大道而導幽滯，或以黜瑰奓而託諷詠，揚暉播烈，垂於後世者，凡十有餘篇。」見東漢以後文人模擬枚乘《七發》盛況，七體遂蔚成大國。枚乘《七發》的寫作時間，五臣注稱：「孝王時，恐孝王反，故作《七發》以諫之。」清人梁章鉅《文選旁證》引朱綬則以爲枚乘作於吴王濞時：「《七發》之作，疑在吴王濞時，揚州本楚境，故曰楚太子也。若梁孝王，豈能觀濤曲江哉？」不論如何，以《七發》諷諫藩王，基本成爲後人的共識。其實，這僅是五臣注的意見，李善作注亦僅稱：「説七事以起發太子，猶楚詞《七諫》之流。」太子指文内的楚太子，至于説「猶《七諫》之流」，也不正確，因爲《七諫》的作者是東方朔，晚于枚乘，《七發》不可能受到《七諫》的啟發。事實上，在李善和五臣之前，南朝梁劉勰的意見就與五臣不同，《文心雕龍·雜文》説《七發》：「蓋七竅所發，發乎嗜欲，始邪末正，所以戒膏粱之子也。」此解「七發」爲「七竅所發」，是就人的感官官能而言，與李善的「七事」和五臣的「少陽之數」都不同。人的嗜欲出自七竅，故劉勰以戒膏粱之子，所謂「始邪末正」，是爲《七發》主旨，而非謂戒吴王或梁王。按，劉勰此説實承自晉摯虞。《藝文類聚》卷五七《雜文部》「七」類引摯虞《文章流别論》曰：「此因膏粱之常疾以爲匡勸，雖有甚泰之辭，而不没其諷諭之義也。」可見在唐以前，没有人把《七發》看作是諫書，摯虞近于漢人，其所解或更近于漢人的認識。《七發》羅列七事，其中六事極陳人世間聲色娱虞之樂，如聽樂、滋味、射御、遊觀、田獵、觀濤，皆不能起太子之病，至第七事，述天下之要言妙道，太子遂「據几而起」，「霍然病已」。文中的確看不出與諷諫藩王反事有什麼關係。那麽是否如摯虞、劉勰所説的戒膏粱之子呢？我們認爲也不盡然。綜合《七發》内容以及《七發》所因依的題材，可能與戰國以來的養生之説有關。

《反淫》出現之前，《七發》文體以及題材的來源，一般會追溯至《楚辭》甚或《孟子》。《孟子》之説，見章學誠《文史通義·詩教》，但范文瀾先生認爲：「枚乘《七發》，本是辭賦之流，其所託始，仍應於《楚辭》中求之。」他更提出《大招》是《七發》文體之源。《七發》所列諸事，如飲食滋味之美、歌舞音樂之美、美人進御、宫室遊觀，乃至文末所説要言妙道，皆可在《大招》中找到對應的章節。又引俞樾《文體通釋敘》解釋七體之來源曰：「古人之詞，少則曰一，多則曰九，半則曰五，小半曰三，大半曰七。是以枚乘《七發》，至七而止，屈原《九歌》，至九而止終。不然，《七發》何以不六、《九歌》何以不八？若欲其舉其實，則《管子》有《七臣》、《七主》篇，可以釋七。」《大招》，據王逸注説是屈原作，或云景差，疑不能明。其主旨是説屈原放流九年，精神越散，恐命將終，故憤然大招其魂。招魂中列敘楚國諸美物，飲食、音樂、宫室居處等，與《七發》略有類似，《楚辭》中類似的還有《招魂》。《招魂》，王逸注謂宋玉作，謂宋玉憐哀屈原魂魄放佚，厥命將落，故作《招魂》，欲以復其精神，延其年壽。《招魂》與《大招》的結構基本相同，辭語也多相合，直可視作一篇對另一篇的模寫，這倒是與《反淫》和《七發》的關係相類。從《大招》用辭看，似乎有秦漢以後術語，如「二八接舞，投詩賦只」，儘管王逸解「詩賦」爲「雅樂」，但這裏以「詩賦」連用，先秦文獻中未見。又如「小腰秀頸，若鮮卑只」，王逸解「鮮卑」爲衮帶頭，王逸亦以爲秦無「鮮卑」之號而作此解。又，文中用「孔雀」，此鳥未聞秦以前已入中國。故《大招》或産于漢時亦未可定。不過，本文不擬就此題展開。《招魂》也是先極陳東西南北天地諸方皆不可去，唯楚國故居能得安寧。其後陳列楚國的高堂邃宇、美人進御、飲食滋味、音樂歌舞、六博雜戲等之美。與《大招》不同的是，《大招》結尾有寫魂歸楚國，可以尚法夏、殷、周三王，衆賢并進，無有遺失，《招魂》沒有類似的描寫。

《招魂》和《大招》，據王逸注，主旨皆與諷諫有關，前者謂宋玉「故作《招魂》……以諷諫懷王」，後者亦稱屈原「因以諷諫，達己之志也」，因此兩篇的結構都是先招魂，不讓魂遊于天地四方，因稱楚國居處、飲食、男女、音樂之美以招魂歸楚國，借以諷諫楚王，冀其覺悟。但是我們看《七發》，結構上去掉了招魂的部分，改爲楚太子生病，而其病因是「縱耳目之欲，恣支體之安」，因此造成了楚太子「邪氣襲逆，中若結轖……虚中重聽，惡聞人聲。精神越渫，百病咸生」。這種病雖令扁鵲治内，巫咸治外，皆不可及，故需世之君子，承間語事，變度易意，方能使太子浩唐之心、遁佚之志，無由而至，其病始能痊癒。從這些描寫看，明顯針對如何抑治人的私欲，使人不沉溺于聲色犬馬之中，從而保全身心，持性怡神。如何能夠祛除這種痼疾呢？《七發》提出的要言妙道是：「若莊周、魏牟、楊朱、墨翟、便蜎、詹何之倫，使之論天下之精〔一〕微，理萬物之是非；孔老覽觀，孟子持籌而筭之，萬不失一」，羅列的人物，主要是道家與儒家，而又以儒家爲重，因爲莊周等非儒家持精微之論，但需要孔子與老子覽觀，孟子籌筭，老子作爲道家代表，列于孔子之後，而孟子卻單單提出，與孔、老并列，這也是西漢時孟子獲得的最高地位了。儒道結合的思想，是西漢中期頤養生命的良方。因此，我們説這纔是《七發》的主旨。從這一點出發，我們看到，《七發》改變了《招魂》和《大招》的結構，但是引進了《吕氏春秋》所論養生的文辭作開頭，最能説明這個問題。爲什麼這麽説呢？因爲如果《七發》是爲了諷諫吴王或梁王，就完全没有必要引用《吕氏春秋》對五官嗜欲傷生的批評作爲全文的開頭。

《七發》以楚太子生病起文，吴客前往看視，診其病因爲「縱耳目之欲，恣支體之安」，然後進一步指出這種耳目之欲如何對身體造成傷害：「且夫出輿入輦者，命曰蹷痿之機；洞房清宫，命曰寒熱之媒；皓齒娥眉，命曰伐性之斧；甘脆肥膿，命曰腐腸之藥。」這一段全從《吕氏春秋・本生》來。按，《吕氏春秋・本生》重在講養生，其以爲人生得之于天，但養而成之，則需靠人自己。人之性本是長壽的，但若以外物扣亂人的天性，則不得壽。外物即指五官之嗜欲，故《本生篇》説：「是故聖人之於聲色滋味也，利於性則取之，此全性之道也。世之貴富者，其於聲色滋味也多惑者，日夜求，幸而得之則遁焉。遁焉，性惡得不傷？」是説聲色滋味取之無度，便會傷生。貴富之人，取物也易，「出則以車，入則以輦，務以自佚，命之曰佁〔二〕蹷

〔一〕《文選》李善本作「釋」，中華書局一九七七年影清胡克家刻本，第四八四頁。
〔二〕今本作「招」，誤。參王念孫《廣雅疏證》卷二下「傺眙止待立逗也」條，嘉慶元年序刊本。

之機；肥肉厚酒，務以自彊，命之曰爛腸之食；靡曼皓齒，鄭衛之音，務以自樂，命之曰伐性之斧：三患者，貴富之所致也。」可見《七發》不僅文字，即全文寫作主旨，亦從《吕氏春秋》。

《七發》既非爲諷諫吴王或梁王所作，則其寫作時間的考定，便與吴王謀反或其至梁無關了，也就是説，《七發》可以是枚乘在吴時所寫，也可以是在梁時所寫。在《反淫》未出之前，可以作如上看法。但現在《反淫》出來了，我們根據《七發》與《反淫》的關係，可以判斷《七發》産生在《反淫》之後。

根據北大所藏漢簡書寫時間的總體判斷，這批簡大致推測在漢武帝中期，最晚不應晚于漢宣帝，《反淫》簡的抄寫時期似乎也應該是這一時期。但我們發現《反淫》有兩支簡不諱「徹」字，即簡四九：「駝（馳）騁八徹（轍）之道」、簡四五：「族天下博徹閒夏（雅）之士」，當然，古代的避諱情況非常複雜，當時避諱是否至嚴，都還要深入考察。如荀子在漢代稱爲孫卿，唐司馬貞《史記索隱》、張守節《史記正義》皆謂荀卿避漢宣帝諱，改姓孫[一]，顔師古《漢書藝文志注》亦從之。此説後人表示懷疑，清人謝墉《荀子箋釋序》曰：「漢時尚不諱嫌名，且如後漢李恂與荀淑、荀爽、荀悦、荀彧俱書本字，詎反于周時人名見諸載籍者而改稱之？若然，則《左傳》自荀息至荀瑶者多矣，何不改耶？且即《前漢書》任敖、公孫敖俱不避元帝之名驁也。」這似乎表明了漢代避諱不嚴。不過，謝墉舉例并不甚當，如李恂、荀淑等爲東漢人，其不避漢宣帝諱，不能證明漢代諱避不嚴。至于任敖，則是高祖時人，公孫敖爲武帝時人，其不避元帝諱，是自然的了，但若説武帝時而不避武帝諱，則是無論如何都説不通的。比如《漢書》避「莊」字諱極嚴，因爲《漢書》于東漢明帝永平年間受詔編著，故避明帝諱嚴，如莊助、莊安皆改姓嚴。關于避諱，漢人有明説，如《漢書·高帝紀》，荀悦稱：「諱邦字季，邦之字曰國。」《高后紀》：「不疑爲恒山王。」如淳曰：「今常山也，因避文帝諱，改曰常。」可見漢代避諱是事實。又，《高帝紀下》：「帝置酒雒陽南宫，上曰：『通侯諸將。』應劭曰：『舊曰徹侯，避武帝諱曰通侯。通亦徹也。』」此爲高帝時事，則是《漢書》追改。雖然現在所見漢代文獻中有不避諱者，如《漢書》記景帝立膠東王劉徹爲太子，又《百官公卿表》記徹侯，皆不諱「徹」，這種不諱的現象，説明漢代諱字使用的複雜性。到底是班固不諱，還是文獻流傳過程中的改變？也還值得再討論。不論如何，漢人既然明確稱有避諱，且有實例，我們就不能不考慮像《反淫》這種真實保留了漢代文獻原貌的文本，其用字特徵應該值得注意。自然，漢代出土文獻中也有不避諱的，如馬王堆漢墓帛書《老子》甲本不避「邦」字，造成這個現象的原因，是因爲臨文不諱，還是因爲别的原因，還有待再討論，但不能因此便説漢人避諱不嚴，而對諱字不予理睬。所以，對于《反淫》的這兩支簡，我們還是要作爲判斷書寫時代的一個證據的。

文字的證據還有，如「眇」字的使用。《反淫》簡四五至四七：「别同異，離堅白，孔老監（覽）聽，弟子倫屬而爭。天下至神眇，夫子弗欲□邪？」「神眇」之「眇」字，即「妙」字，也即《七發》中「至言妙道」的「妙」字，據清人黄生《義府》説，枚乘以前表達深微義的「要妙」，多作「幼眇」、

[一] 參見《史記·孟子荀卿列傳》司馬貞索隱，中華書局標點本一九五九年版，第二三四八頁，《史記·老莊申韓列傳》張守節正義，中華書局標點本一九五九年版，第二一四七頁。

「杳眇」。如《漢書·元帝紀》：「分刌節度，窮極幼眇。」《中山王傳》：「每聞幼眇之音。」注作：「要妙。」〔一〕皆「深微」義。漢以後借爲「美好」之稱，因改其字从女，作「妙」，其實古無此字。又說《老子》之「妙」字，必後人所改。《易·繫辭》：「妙萬物而爲言。」「妙」亦「深微」義，非「美好」義。今本作「妙」，古文定不爾。因此，黄生總結說：「枚乘《七發》『此亦天下之至言妙道』，漢人用『妙』字始此。」〔二〕據黄生此言，似證《反淫》無論寫作或抄寫，皆應早于枚乘。

此外，《反淫》簡一六中字「心」旁的寫法，與北大藏秦簡《教女》「心」字寫法相同，而在漢武帝以後的簡中，則没有出現過這樣的書寫，也可側面證明《反淫》簡的書寫年代較早〔三〕。

《反淫》簡四三至四四列有一串諸子名單，也是一個有意思、可供參考的材料，其中簡首四三列的是縱横家張儀、蘇秦，根據《漢書·武帝紀》載：「建元元年冬十月，詔丞相、御史、列侯、中二千石、二千石、諸侯相舉賢良方正直言極諫之士。丞相綰奏：『所舉賢良，或治申、商、韓非、蘇秦、張儀之言，亂國政，請皆罷。』奏可。」明見武帝即位之初，即罷法家與縱横家，但在《反淫》中卻首列張儀、蘇秦二人，亦證《反淫》的寫作，當早于武帝時。

前言《七發》與《楚辭》中的《招魂》、《大招》比較相近，二《招》的主旨是以招魂爲主，借以諷諫楚王，但其所描述的楚國居處、飲食、聲色等，則與秦漢以來道家養生學派主張不以物傷性不合，故《七發》將二《招》中這部分鋪敘單列出來，以與道家養生學說結合，表達要祛除耳目之欲，以要言妙道怡養情性，以達長壽的思想。在《反淫》未出現之前，我們直接將《七發》與二《招》、以及《吕氏春秋》結合起來考察，但《反淫》的出現，讓我們看到在二《招》至《七發》之間，還有《反淫》所代表的時段。

《反淫》與《七發》的相似度，遠遠超過其他作品，其所羅列諸事，統計下來，有聽樂、馳御、射御、飲食滋味、聚飲、登臺遊觀、博戲、魚釣、弋鳥、至道之游、朋遊曹戲、論辨、歸宗道家等十三事，與《七發》完整的七事不同。《反淫》也是以問答形式展開的，由魂問魄答，以「魂曰」起文，前列諸事以「天下至某樂」收，以「夫子弗欲」如何發問，以「浸病未能」結束一節。《反淫》的十三事，多有與《七發》相合者。比如《反淫》的「龍門之桐」一節（簡二至七），與《七發》第一事「聽樂」相合；《反淫》「乘靈獵車」一節（簡八至九），與《七發》第五事校獵相合；《反淫》「鴡鶬之美」一節（簡一二至一四），與《七發》第二事飲食相合；《反淫》「登京夷之臺」一節（簡一八至二一），與《七發》第四事遊觀相合；《反淫》「高堂

〔一〕按《漢書·元帝紀贊》：「窮極幼眇。」顔師古注：「幼眇，讀曰要妙。」中華書局標點本一九六二年版，第二九八至二九九頁。又，《漢書·中山王傳》載劉勝對武帝問曰：「每聞幼眇之聲，不知涕泣之横集也。」顔師古注：「幼音『一笑反』。『眇』音『妙』。幼妙，精微也。」中華書局標點本一九六二年版，第二四二三頁。

〔二〕據《文淵閣四庫全書》本，上海古籍出版社本二〇〇三年版。

〔三〕此據項目組成員劉麗博士提供、由朱鳳翰教授整理的秦簡《教女》。

遂宇」一節（簡三九至四二），與《七發》第四事「置酒於娱懷之宮」一段略相合；《反淫》「於是處閒靜之宮」一節（簡四三至四七），與《七發》末章第七事相合。不合處如《反淫》「……紹結以奇璜士若」一節（簡一五至一七）、「挂滂浩之艾」節（簡二四至二六）、「前有昭沱」節（簡二七至三〇）、「緩刑擾中棄知遺物」節（簡三一至三八）、「不若處无爲之事」節（簡四八至五〇），此外，暫不能拼入的簡五一，《七發》亦無對應文字。

僅就文字上看，這些是《反淫》與《七發》不合者，其實，如「紹結以奇璜士若」寫聚飲之樂，「挂滂浩之艾」寫魚釣之樂，「前有昭沱」寫弋鳥之樂，在《七發》「既登景夷之臺」一節中皆有反映。《七發》「既登景夷之臺」列爲第四事，首曰：「既登景夷之臺，南望荆山，北望汝海，左江右湖，其樂無有。」此寫登臺游觀之樂，故稱「其樂無有」。以下分別寫聚士：「於是使博辯之士，原本山川，極命草木，比物屬事，離辭連類。」登臺聚博辯之士，正符「登高而賦，可以爲大夫」古義。浮游觀覽後，乃下置酒於娱懷之宮，因敘宮殿城池之壯麗。圍繞宮殿城池，遠觀則有鳥、魚、草、木，其景怡人，于是列坐縱酒，過渡到聚飲群歡。有飲則有樂，故發激楚、鄭衛之風，遂即有美人進御，故此稱天下之靡麗，皓侈廣博之樂也。我們看到，這些內容，在《反淫》中分別列爲登臺、聚飲、魚釣、弋鳥、朋遊曹戲，不同的是，《七發》中將釣、弋等事，改寫爲游觀之景，但前後的因從關係，還是能夠看出的。

除了這些可以看出是經過改寫的事類外，《七發》未采用的事類如博戲、至道之游，以及末事歸宗于道家，則是值得我們討論的。

博戲是指古人六博之戲，古人常以爲戲，《招魂》所列事中有「菎蔽象棊，有六博些」，《反淫》亦曰：「六博投枝，相引爲曹。」但是這個博戲，《七發》并没有列入。這大概是《七發》整合了《反淫》中遊觀、聚飲、聲色諸樂事，集爲遊觀一事，將《反淫》所寫諸事皆置于臺的空間背景下展開，層次依次爲：臺上、臺下、臺遠近四周，《反淫》中的魚釣、弋鳥也變爲鳥、魚、草、木的景物鋪敘，六博大概不便安排而棄置不用。《七發》不僅整合了《反淫》中較爲碎細的分類，而且對某些題材加重了鋪敘的份量。主要是兩類：田獵和觀濤。

田獵，在《反淫》中主要是簡一一所寫：「臺（臺）靁（壘）成，湯（蕩）萅（春）江。尋虎狼，摯蜚（飛）鳥，道極狗馬之材，窮射御之巧。」至于簡八至九所寫：「乘靈（軨）獵車，駕誘騁之馬，攝下（夏）服之筴，載烏嗃（號）之弓，馬四扶，車折風，取射千金之重。」就「取射千金之重」看，此實論乘御之樂，非獵事，但在《七發》中卻改作「將爲太子馴騏驥之馬，駕飛軨之輿，乘牡駿之乘，右夏服之勁箭，左烏號之彫弓」，以爲田獵事的開頭。至于「取射千金之重」，則置于乘御之樂中，是《七發》將《反淫》一事中的文句，改在兩事中使用。《七發》加强了田獵的內容，分獵前準備、獵囿、獵事、獵後飲宴諸層次。尤其是獵事中又特别著墨于獵之物、獵之人、會獵等，這樣的描寫與司馬相如《子虛賦》頗爲近似，尤其是開頭一段，結構相同，用事相同，二篇皆有「右夏服之勁箭，左烏號之彫弓」二句，且皆用于田獵事中，這説明《七發》之寫其實是枚乘入梁之後，在與司馬相如等辭賦之士相切摩的過程中，互相學習而形成的作品。在梁王時產生的作品，司馬相如的《子虛賦》、枚乘的《七發》，都對田獵題材產生了濃厚的興趣，從而成爲辭賦寫作中的一大特色。

有助于證明《七發》是産生于枚乘入梁在與司馬相如等辭賦之士切磋中寫作的，「觀濤」一事在《七發》中的加入，也是能夠説明問題的。《反淫》所列十三事中没有寫觀濤，但在《七發》中增加爲末事，而且成爲篇幅最長的文字。不可否認，《七發》中描寫最精彩動人的事類，是田獵和觀濤。田獵之寫，以上已作分析，觀濤事類也是如此。關于觀濤的寫作，前人認爲是枚乘在吴王時寫作的證明。因爲觀濤的地點在揚州，如前引朱綬之説是。這樣的説法自有道理，但枚乘本吴淮陰人，游吴王爲郎中，其有觀濤經驗但未必一定要在吴王時所寫。寫作需有背景，尤其是辭賦之作，吴王雖招致游士，但未聞吴王時有辭賦寫作活動，梁孝王則不同，《西京雜記》載梁孝王集游士于忘憂館，使各爲賦，其事雖爲晉人所記，但應該合于一定事實。《漢書·枚乘傳》記枚乘遊梁，「梁客皆善屬辭賦，乘尤高」，與《西京雜記》所記相合。因此，像「觀濤」這樣長篇鋪敘摛采的文字，只能是枚乘入梁後，在與梁客如司馬相如、路喬如、鄒陽等辭賦之士的寫作活動中産生。此外，我們還注意到，《七發》對《反淫》的改寫，觀濤一節，與其他六事在結構上似不適配，其所占篇幅，除略長于田獵外，卻遠遠大于其他五事，這種比例上不等，也顯示出枚乘對新增加的事類，在文辭鋪敘上的熱愛。這種寫法，完全不帶任何諷諫目的，全然沉浸於辭賦鋪張揚厲的寫作快感裏，純然是辭賦家的作派。故而我們也由此認爲《七發》作于枚乘入梁之後。

除了這一題材上寫作變化，告訴我們《七發》有可能産生于梁王時，更重要的是，從《反淫》到《七發》，還發生了由重道家黄老思想轉向儒道綜合中益重儒家思想的轉變，這就是《七發》要言妙道的内容與《反淫》所述完全不同的變化。

《反淫》中除了耳目聲色之樂的描寫外，還有三事寫到精神境界的遊和對諸子思想的描述。

對精神境界的描述是：

「……緩刑（形）擾中，棄知（智）遺物，順道反宗，浩无所在，立於大（太）沖，吸𠯆靈氣，食精自充。三一勁肪（筋）强末，志氣高宻（崇），真骨清血，蹀虚輕舉，刑（形）豚（遯）神化，乘雲游霧；歙（飲）三危三二□白露，哈（欱）亢（沆）瀣（瀣）而充虚，精氣洞於九野，至大極之虚无，騎豹從虎；滫（脩）閔（旻）浩洋。三三西游昆侖，東觀柣桑；除薉（穢）去纍（累），以全其德；身无荷（苛）疾，壽窮无極。此天下三四至道也，夫子弗慕及邪？且也吾聞之：大灌（觀）者弗小□，湛於道者弗三五……□无閒。夫三六子何不游於埍（逍）垗（遥），處於大廓，以萬物爲一，𦣻（脩）死生同宅？」魄子曰：「若吾比夫三七子，猶庌（斥）蠷（蠖）之與騰蛇，身方浸（寖）病，力弗能爲。」三八

此事我們暫定爲至道之遊，這是《七發》中所没有的，很明顯這是對道家思想中清寂太虚境界的描述，與《淮南子》所寫多有相合。如首句「緩刑（形）擾中，棄知（智）遺物，順道反宗」，就是道家思想的表述。以下如「食精」、「勁肪（筋）」、「輕舉」、「處於大廓」、「以萬物爲一，𦣻（脩）死生

同宅」等，皆可在《淮南子》中找到來源。具體的解釋，可參考本書《反淫》「釋文注釋」。綜合全文，《反淫》中無論是思想的表述，還是文辭的使用，受到《淮南子》的影響，是顯見的。《淮南子》一書，劉安于建元二年（前一三九）入朝獻于武帝，則見此書在此之前已經編好。劉安于文帝十六年（前一六四）襲封淮南王，其爲人好書鼓琴，不喜弋獵狗馬馳騁，招致賓客方術之士數千人，作《内書》二十一篇、《外書》甚衆。是其招賓客著書之事應在其王淮南時就已經開始，或謂當在七國之亂平定之後，其實，劉安對朝廷的怨恨不臣之心，因其父劉長之死，早已萌生，《史記》稱他：「時時怨望厲王死，時欲畔逆，未有因也。」因此，他王淮南後，招致賓客著書，應該不至七國之亂後。如果是這樣的話，《反淫》的寫作，應該就是景帝年間。《淮南子》的主要思想傾向，高誘《淮南鴻烈解敘》明確説：「此書其旨近老子，淡泊無爲，蹈虚守靜。」《反淫》所表現的正是「蹈虚守靜」的境界，帶有濃厚的道家色彩。但是這種思想的表現，《七發》没有采用，似乎表明《七發》寫作時，這樣虚無飄渺的思想不被看重了。

《反淫》受《淮南子》影響，還表現在用魂魄對話的形式上。《反淫》以魂魄問答結構全文，與《七發》的以楚太子與吴客問答不同。魂與魄，據《左傳》昭公七年記子産曰：「人生始化曰魄，既生魄，陽曰魂，用物精多，則魂魄彊。」又昭公二十五年「心之精爽，是謂魂魄」。高誘注《吕氏春秋》「費神傷魂」曰：「陽精爲魂，陰精爲魄。」漢之前討論魂魄如此。至《淮南子·主術訓》又謂「天氣爲魂，地氣爲魄」。亦從魂爲陽精，魄爲陰精來。《禮記·郊特牲》曰：「魂氣歸於天，形魄歸於地。」蓋言魂本附氣，氣必上浮，故言魂氣歸於天；魄本附形，形既入土，故言形歸於地（參孔穎達《春秋左傳正義》昭公二十五年疏）。魂魄皆附人身之神靈，以此作爲答問之主，與《七發》的以楚太子與客問答以人的身份不同。《淮南子·説山訓》開始亦有一節魂魄對問：「魄問於魂曰：道何以爲體？曰：以無有爲體。魄曰：無有，有形乎？魂曰：無有。何得而聞也？魂曰：吾直有所遇之耳。視之無形，聽之無聲，謂之幽冥。幽冥者，所以喻道而非道也。魄曰：吾聞得之矣，乃内視而自反也。魂曰：凡得道者，形不可得而見，名不可得而揚，今汝已有形名矣，何道之所能乎？魄曰：言者獨何爲者？吾將反吾宗矣。魄反顧，魂忽然不見。反而自存，亦以淪於無形矣。」這可能是《反淫》所本。但《反淫》以魂魄問答鋪敘數事，文體與《淮南子》的僅借魂魄發端闡述其無爲的道家思想又不同。從前文我們分析《七發》與《招魂》、《大招》的關係知道，《七發》的結構和寫作受到了二《招》的影響，《反淫》也是如此，二《招》以招魂爲題，則《反淫》采用魂魄問答形式，是否與招魂題材有關係呢？是值得進一步研究的。

在《反淫》所列諸事中，它與《七發》的同，也是與二《招》的同，但與《七發》的異，卻又與二《招》同。如六博之事，《反淫》和《招魂》都同，而《七發》没有。又《反淫》所寫的「繆艾男女，褋坐奄留」，《招魂》中有「士女雜坐，亂而不分」；《反淫》有「高堂遂（邃）宇」，《招魂》亦有此句；《反淫》「結以奇（琦）璜土（杜）若」，《招魂》有「結綺璜」句，這反映了《反淫》在《七發》之前，更早地受到二《招》的影響。

《反淫》來源又不僅限于二《招》，當是《楚辭》作品乃至戰國及漢初相關的文辭都有借鑒。比如《反淫》第二三簡「繆艾男女，褋坐奄留，六博投栈，相引爲曹」句，雖然《招魂》也有「士女雜坐」的描寫，但《反淫》此句更與《史記・滑稽列傳》所載淳于髡對齊威王説「男女雜坐，行酒稽留，六博投壺，相引爲曹」接近。司馬遷所引此語來源，已不可知，但顯然《反淫》的作者是見到司馬遷所引的這段材料的。而在《反淫》所引的諸子中，赫然就有淳于髡，證明《反淫》的作者讀過淳于髡的議論，故《反淫》引用其文辭，也是可以理解的。

《七發》對《反淫》更具有意義的改變，反映在要言妙道内容表述不同上。我們看《反淫》最末二節：

魂曰：「於是處閒靜之宫，冠弁以聽朝，族天下博徹閒夏（雅）之士，若張義（儀）、蘚（蘇）秦，孟四三柯（軻）、敦（淳）于髡，陽（楊）朱、墨翟，子贛（貢）、孔穿，屈原、唐革（勒），宋玉、景瑣（差）之偷〈倫〉，觀五帝之遺四四道，明三王之法，藉以下巧（考）諸衰世之成敗，論天下之精微，理萬物是非，別四五同異，離堅白，孔老監（覽）聽，弟子倫屬而爭。天下至神眇，夫子弗欲□四六邪？」曰：「願壹聞之。」四七

魂曰：「不若處无爲之事，行不言之教；虛靜恬愉，如景（影）之效；乘其閣天之車，四八駝（馳）騁八徹（轍）之道，處大廓之究，以靈浮游化府，蟬説（蜕）濁薉（穢），游於至清，因……四九中人於渫天。」魄子乃洫然隰（隱）机（几），衍然汗出，渫（涣）然病俞（愈）。五〇

很明顯看出，前一節所述内容即《七發》最末一節，也即《七發》所説的「要言妙道」，楚太子聞聽之後，「據几而起曰：『渙乎若一聽聖人辯士之言！』涊然汗出，霍然病已。」但在《反淫》中，魄只是説「願壹聞之」，可見《反淫》不以此爲要言妙道，於是魂再引末節「處无爲之事，行不言之教」以啟發魄。魄於是「洫然隰（隱）机（几），衍然汗出，渫（涣）然病俞（愈）」。令魄病愈的要言妙道，在《反淫》裏明確爲道家無爲思想，與前一節的諸子之説不同。仔細分析諸子之説，我們發現，有縱横家、儒家、墨家、辭賦之士，所闡述之道爲「五帝之遺道，三王之法」，目的則是考諸衰世成敗，論天下精微，理萬物是非，別同異，離堅白，既有儒家理想，也有名辯家的目的，又與《七發》中以道家、儒家爲主不同。這種變化説明了什麼問題呢？我們認爲，從《反淫》到《七發》的變化，説明了從重道家黄老思想向重儒、道結合，乃至偏重儒家思想的變化。《反淫》中所列諸子，儒家所占比重非常小，孟子、子贛、孔穿與其他諸子并列，尤其居于首位的是縱横家，其他也是辭賦家多，顯示了這個時期對縱横家和辭賦家的重視。事實上，辭賦家正是縱横家在漢初的身份轉變。從這個名單中，我們看到，孔子仍然居于重要地位，「孔老監（覽）觀」，孔還居于老之前，但結合末節闡述道家黄老無爲思想的事實，此處的「老」居于「孔」後，應該不是表明老不如孔，而是當時一種表述習慣，甚至是當時一種語詞的連用，因爲在《七發》中，已經明白了表示了重儒的傾向後，仍然用「孔老監（覽）聽」一詞。除此之外，我們還發現，孟子地位的變化。《反淫》中，孟子與諸子并列，但在《七發》中卻單獨列出在孔、老之後了：孔、老覽觀，還須孟子籌算，這與《反淫》中「孔老監（覽）聽，弟子倫屬而爭」的表述不同。「弟子倫

屬」當指孔、老弟子輩，但在這裏明確説需儒家的孟子籌筭，則是抬高了孟子地位，同時也加强了儒家思想的表達。「籌筭」，以籌筭之，即今計算意思，《文選纂注》解爲「折衷」，五臣注解爲「筭精微之理」，是説前引諸子言論，尚需孔、老考察，再由孟子折衷分析其精微之理，則孟子地位的上升，已見發生于《七發》時期了。發生變化的時期，即《反淫》到《七發》的時期，漢初以來思想的變化，在這兩篇作品中得到了印證。除此以外，還有一種解釋，即這種變化是否與地域有關？結合我們前文所討論，《七發》應當是枚乘至梁後所寫，那麽是否表明吴、楚之地流行道家思想，梁地更近于儒家？但枚乘入梁，已是七國之亂後，吴、楚地方諸王勢力遭受到了毁滅性的打擊，此前流行的道家思想，也許此時也已經發生了變化。枚乘入梁寫作《七發》，改變了《反淫》的思想内容，既與梁地流行的學術思想有關，也還是與時代變化的氣息緊密相關。

以《七發》與《反淫》所列名單比較，我們還發現，《反淫》名單較《七發》更爲複雜。《反淫》中縱横、道、名、儒各家都有，《七發》主要集中于道家，又有墨家、名家，這種學派人物的減少，反映了當時思潮的變化，法家、縱横家已經退出《七發》的名單，作者認可的主要是道家和儒家，而以儒家爲宗，這是值得注意的傾向。

此外，《反淫》所列辭賦之士名單，在文學史上具有重大意義，這是西漢文獻中除《史記》以外第一次開具的楚辭作家名單，尤其是提及到屈原、宋玉、唐革（勒）、景瑣（差），從而有力地證明了《史記·屈原列傳》記載諸楚辭作家的真實性。一九七二年山東臨沂銀雀山出土漢簡發現了二十二枚簡，首簡簡背有「唐革」二字，確定爲篇題，那是出土文獻第一次證實了《史記·屈原列傳》記載的真實性，而這支簡將屈原、宋玉、唐勒、景差並列，提供名單的完整，又自具有更珍貴的文獻價值。

《反淫》的文獻價值，也是非常值得重視的。比如有關通假字的使用，提供了實例。又比如用韻接近于先秦韻部（參考邵永海教授文），對我們瞭解漢代景帝年間的用韻，應該有幫助。此外，《反淫》還具有校勘價值，如《七發》「論天下之精微」，「精」字，李善本作「釋」，今據《反淫》可證五臣本作「精」字爲是。又如「孔老覽觀」句，「老」字，李善注稱：「『老』或爲『左』也。」今據《反淫》可證或本之誤。

二、《反淫》文體性質、作者及文學史意義

《反淫》内容如上，那麽從文體上看，它與《七發》是一種文體嗎？對它的文體性質如何判定呢？

很顯然，《七發》不是楚辭體，雖然受到了楚辭的影響。《反淫》從羅列事類上看，似乎應該與《七發》文體相近。但是，楚辭的二《招》，也是羅列事類的，二《招》卻是楚辭體。那麽如何判别楚辭體與非楚辭體呢？關于什麽是楚辭，學術界一般用宋人黄伯思《東觀餘論》所下的定義「書楚語，作楚聲，記楚地，名楚物」來界定。這就是説作品必須具有楚地的特徵，語言、聲韻、地名、物産等，都出自楚地。其實，除了這些要求外，楚辭之

所以具有特殊性，還與作者是楚人有關。事實上，也須是楚人，纔能突出《楚辭》的特點。但到了漢代武帝以後，北方人學習楚辭，模仿寫作，如東方朔是平原郡厭次（今屬山東德州）人，作有《九諫》，王褒是蜀郡資中（今四川資陽縣）人，作有《九懷》，這些作品也都被劉向編入《楚辭》。東方朔、王褒能表現純正的楚地特徵嗎？起碼語言就不行。這説明到了漢代，楚辭并不僅僅依據語言、聲韻、地點、物產來判斷了，起作用的是文體本身，即楚辭作爲一種文體被使用，它的文體形式顯示與其他文體的區別。比如屈原所作《離騷》、《九歌》、《九章》等，宋玉所作《九辨》、《招魂》等，都是楚辭，但宋玉的《風賦》等，劉向編《楚辭》便不收，則見雖同爲楚人所作，同用楚地、楚物、楚聲，但漢人還是有所區分。區分的界限是什麽呢？將楚辭與宋玉《風賦》等比較，可以明顯見出《楚辭》重在以香草比興、抒寫情志，而《風賦》諸篇，則以鋪敘風物爲主，故前人謂「體似散文」（《昭明文選集成》引周平園語），可見二者在漢時已經形成兩種不同文體。《反淫》主要受二《招》影響，理應屬《楚辭》體，但是，在文體上，《反淫》卻并不同于二《招》。以《招魂》爲例，按照王逸所説：「宋玉憐哀屈原忠而斥棄，愁懣山澤，魂魄放佚，厥命將落，故作招魂。」故全文以第一人稱招魂歸來，其後段雖鋪寫楚地之聲色宴樂，仍然是對魂的招喚，與《反淫》魂對魄鋪敘風物不同。從語言形式上看，《招魂》因爲是抒寫情志，故用語氣詞「些」字加强抒情的特徵，與《離騷》用「兮」、《大招》用「只」一樣。《楚辭集注》説：「些，《説文》云：『語詞也。』沈存中云：『今夔峽湖、湘及南北江獠人，凡禁呪句尾，皆稱些，乃楚人舊俗。』」是見用「些」等語氣詞，是楚人爲加强抒發情感力量的用詞習慣，并且形成爲《楚辭》的語言特徵。《反淫》不用這樣的語氣詞，而是客觀鋪陳，更多是賦法，亦無比興，文體上與賦更近。這種近于賦的文體，已經顯示出對《七發》文體的影響。但是，我們認爲，這種文體，更多地是受到戰國以來問對體的影響，可以看作是由《楚辭》到漢賦發展的過程中尚未成熟的文體。直到枚乘《七發》及司馬相如《子虛賦》出現後，漢大賦的文體才正式成立。《反淫》未出現之前，我們對《七發》文體的來源并不甚清楚，《反淫》的出現，很好地補充了這個鏈環。

確定了文體性質，我們需要討論《反淫》的作者問題。

如上所言，《反淫》既然產生於《七發》之前，《七發》是在《反淫》基礎上的改寫，這就引出一個問題：《反淫》和《七發》是同一作者嗎？出現這兩篇作品題材和類型都相似的情況，可能有兩種可能：一是枚乘利用當時流傳的《反淫》的內容重新進行改寫，歸納爲七事，命名爲《七發》。先秦以來對相同的歷史題材和傳説進行利用，在《左傳》、《國語》、《韓非子》、《新書》、《新語》、《説苑》等書中都存在，但那只是對相同題材的使用，與《反淫》和《七發》這種改寫不同。與之略微相同的似是《招魂》和《大招》。關于這兩篇作品，我們前文略作介紹，這兩篇作品的作者是誰，產生的年代等，一直是學術界討論的問題，不論是什麽結論，這兩篇作品的結構和內容基本相同是沒有問題的。因牽涉問題較廣，本文不擬展開，比如我們認爲《大招》產生的時間可能晚些，因此文中有些非先秦時期的詞語，如「詩賦」、「孔雀」、「鮮卑」等詞語的使用，似當爲漢以後所能有。又，《招魂》爲司馬遷所明言，且以爲屈原作品[一]，《大招》來歷則不甚清楚，王逸注以爲景差所作，亦無證據。不過，我們關心的是，這種對同一作品進行改寫的形式，是不是能在《招魂》和《大招》兩篇作品上得到證明？毫無疑問，這兩篇作品在結構上具有相同性，都是以招魂起，繼而鋪敘楚地飲食、聲色、田獵、遊觀等以爲招引，二篇作品顯然具有前後摹仿的關係。但是，仔細分析，在具體的文辭使用上，仍然有較大的不同，這與《反淫》和《七發》文辭多一致是不同的。因此，像《反淫》和《七發》這種寫作現象，此前似未曾發生過。我們還是比較傾向于這兩篇作品都是同一作者所爲，也即都是枚乘的作品。《反淫》産生在前，《七發》産生在後。這當然是一種猜測，但并不是無根據的想像。這種對自己作品進行改寫的現象，在漢代是有例證的。比如司馬相如在梁王時寫作了《子虚賦》，後至朝廷又爲武帝寫作《天子游獵賦》，即傳世的《子虚上林賦》，後者其實是司馬相如在《子虚賦》的文本基礎上改寫的。《反淫》寫作的目的，前論當爲闡述養生之説，但全文結構鬆散零亂，事類劃分不嚴密精細，《七發》則整合爲七事，并且將魂魄對話改爲吴客對楚太子，將虚無且具有道家色彩的説話者，改爲現實生活中人物，使之具有可信性。漢代自武帝好辭賦，至宣帝達于鼎盛，誠如《兩都賦序》所説，其時言語侍從之臣、公卿大臣，朝夕論思，日月獻納，至成帝時録其所作，千有餘篇。可見當時上至帝王、下至公卿大臣等皆好辭賦。《漢書・王褒傳》又記有與《七發》相類的事：「其後太子體不安，苦忽忽善忘不樂，詔使褒等皆之太子宫虞侍太子，朝夕誦讀奇文，及所自造作，疾平復廼歸。」此雖發生于宣帝時，然可見《七發》謂吴客以事類啟發太子，實有可信的背景。如果《反淫》爲枚乘所作，帶來的問題就太多了，相信會對西漢辭賦體寫作的既有結論産生影響。因此對《反淫》的作者問題，還要進行更深入地討論。

《反淫》出現以前，《七發》被作爲枚乘當然的作品，并没有産生太多的問題，對枚乘以七爲題視作自然之事，但隨著《反淫》的出現，我們就要思考這樣的問題：《反淫》不以數字爲題，爲何枚乘改寫後卻以「七」爲題？《反淫》列有十三事，枚乘爲什麼會整合爲七事？《七發》篇題是枚乘自己命名，還是流傳過程中整理者的命名？

七體當然是起源于枚乘《七發》，這是自漢代以來的公識，也就是説在枚乘之前，没有七這種文體。七體立名，自然是因爲文列七事之故。但「七」之成爲一種文體，并産生影響，根據目前能夠見到的文獻，已經在東漢以後了。東漢有一批文人模擬《七發》寫作，但在西漢，似未見有人模寫。但至若傅毅、崔駰等皆以「七」作題目，可見東漢時流傳的《七發》，應該就是篇題。從這一點看，《七發》是枚乘所名，這也就是説，《七發》不僅對《反淫》内容作了整合改寫，題目也改爲《七發》，稱爲七，就是因爲文列七事。以「七」爲題，有什麼特别的意義嗎？因爲略後于枚乘的東方朔也作有《七諫》，唐李善注《文選》，説《七發》「猶《楚辭・七諫》之流」，似乎以枚乘《七發》受《七諫》影響而作。事實上東方朔晚于枚乘。那麼東方朔的《七諫》受《七發》的啟發嗎？據王逸注，《七諫》是東方朔追憫屈原所作。古人臣有三諫不從，退而待放之説，屈原與楚同姓，無相去之義，故加爲七諫。《七諫》

[一]《史記・屈原賈生列傳》：「太史公曰：余讀《離騷》、《天問》、《招魂》、《哀郢》，悲其志。」中華書局標點本一九五九年版，第二五〇三頁。

全是追憫屈原的内容，與《七發》無關，則見與東方朔「七」的命題，與枚乘没有關係。枚乘之前，以數字命題并造成影響的是「九」。《楚辭》作家屈原有《九歌》、《九章》、宋玉有《九辯》，西漢文人則有王褒的《九懷》、劉向的《九嘆》，東漢王逸則作《九思》，是見「九」儼然成爲一體。以「九」爲題，王逸説是「陽之數，道之綱紀也」，又説：「故天有九星，以正機衡；地有九州，以成萬邦；人有九竅，列人形之要。」因爲具有這些意義，所以屈原、宋玉、王褒、劉向等人「采其九以立義焉」。看來，賦予數字以政事意義，在東漢時便已開始。故後人對《七發》的解釋，也有以七竅解者，《文心雕龍·雜文》所説的「蓋七竅所發」，明顯從王逸解「九辨」而來。王逸以陽之數解「九」題的來源，未必正確，宋洪興祖《楚辭補注》謂：「皆以九爲名者，取簫韶九成，啟《九辯》、《九歌》之義。」可見，《楚辭》作品以九爲題，當與上古傳説中的《九歌》等有關。屈原、宋玉以九爲題，并没有建立文體的意思，若漢人以九爲題，明顯是作爲一種文體使用了。但很奇怪，九體在西漢時爲王褒、東方朔等采用，但到東漢以後，除漢王逸、晉陸雲以外，很少有人再使用九體了。原因可能如唐人皮日休《九諷系述》所説：「其文難述，其詞罕繼。」但七體同樣也是「腴辭雲搆，夸麗風駭」（《文心雕龍·雜文》），難以爲文，故述作者雖多，爲後人所稱者殊少，吴訥批評説：「規倣太切，了無新意。」（《文章辨體序説》）雖然如此，東漢以後模擬的人卻很多，觀《文心雕龍·雜文》所列作品可知，這與九體的凋落是不可同日而語的。《反淫》十三事羅列瑣細，其實是可以整合的，如遊觀、博戲、魚釣、弋鳥，《七發》于第四事中將其整合爲一事，而整合後便覺結構緊嚴，層次明晰，造語愈加工妙，也更合于辭賦的要求。因此，枚乘選擇七爲題，很顯然表明是經過了思考，捨棄了《反淫》根據内容標題的方式，同時也没有沿用自《楚辭》以來用「九」爲題的傳統，開創了七體。更重要的是，如果如前所推測，《反淫》爲枚乘所作，那麼枚乘改寫之後，不再沿用「反淫」爲題目，而更爲「七發」，則顯示此題目肯定具有不同于「反淫」的意義，而以七事啟發，名曰「七發」，也一定具有某種特定的考慮。這種特定的意義，具有多種可能性，比如與《七發》寫作時的辭賦寫作背景有没有關係？我們前文分析枚乘《七發》可能是他在梁時與司馬相如等辭賦家切磋過程中所寫，如果放在這個背景中考慮，我們對《七發》改變了《反淫》簡單的楚辭體結構，而更重在突出鋪采摛文這種符合賦體寫作的特點，便可理解了。在同一時期，司馬相如寫作了《子虛賦》，枚乘則改寫《反淫》，完成了《七發》，都標志著真正意義上的賦體的成立。《七發》畢竟是從《反淫》而來，而《反淫》是從楚辭而來，因此《七發》仍然會帶有楚辭的色彩，這與司馬相如開創的大賦特徵略有不同，這也是爲什麼七體能夠獨立成爲一體的原因。因而在相當長一段時間内，人們將七體與楚辭放在一起討論，蕭統編《文選》也以七體文置于楚辭之後。但是，七體畢竟不同于楚辭，它與楚辭抒發楚人的幽憂之思不同，而更著重于鋪陳事類，所以它的文體特徵與賦更近，這一文體的出現，是枚乘以楚辭傳統與入梁後當時涌起的鋪敘風物的寫作風氣結合的産物，更是與流行于北方的雜賦文體結合的産物。楚辭體影響到漢大賦的産生，由《反淫》至《七發》的改寫，可以得到很好的證明。但這種影響，并不像學術界所認爲的，産生于戰國的楚辭，直接影響到漢人的寫作，從而産生了大賦。而實際上是通過枚乘等深受楚辭影響的人，由楚地北上梁地後，將楚辭寫作與北方自秦以來流行的雜賦結合起來，創造了一種新文體——大賦，時間是漢景帝末年。

《反淫》字詞考釋

邵永海

一、軫抱

簡二：「心紆結而軫抱。」其中「軫抱」字作「」，字有刓缺。按：前字爲「軫」似無疑義，可參馬王堆漢墓帛書《老子》甲本後一九六、《漢晉西陲木簡彙編》五四・八；後字參照孔龢碑「鮑」作「」定爲「抱」。

「軫抱」或作「抮抱」、「紾抱」，義謂縈迴盤曲、糾纏扭結之貌。《淮南子・原道訓》：「扶搖抮抱羊角而上。」高誘注：「抮抱，了戾也。扶搖直如羊角，轉如曲縈行而上也。」《説文》：「紾，紾轉也。」段注：「紾轉蓋古語。……凡了戾曰紾轉，亦單評曰紾，亦曰軫軳（牛力反）。」高誘和段氏均以「了戾」爲訓，《説文》：「了，尥也。」段注：「尥，行脛相交也。牛行腳相交爲尥。凡物二股或一股結糾紾縛不直伸者，曰了戾。」《廣雅・釋訓》：「軫軳，轉戾也。」王念孫疏證：「各本軳譌爲軳，自宋時本已然。」

二、「欙」與「糜」

簡五：「石岸之欙爲糜。」此語不見於《七發》；其中「欙」字因漫漶而字形有損，由文義知爲木名，暫定爲「欙」。案：字右下「里」字或爲聲符，來母之部；故字可與「梓」（精母之部）通；或此即「梓」之異體。《詩經・鄘風・定之方中》：「椅桐梓漆，爰伐琴瑟。」《淮南子・修務訓》：「山桐之琴，澗梓之腹，雖鳴廉隅，脩營唐牙。」明張大命輯《太古正音琴經》：「天下之材柔良莫如桐，堅剛莫如梓。以桐之虛，合梓之實，剛柔相配，天地之道，陰陽之義也。」

糜：此字右部似有缺損，上部或从「宀」；字蓋以「殳」爲聲符（禪母侯部），與「柱」（定母侯部）古音可通。琴上之「柱」在文獻中較早可見者乃《淮南子・齊俗訓》：「今握一君之法籍，以非傳代之俗，譬由膠柱而調琴也。」藏本作「琴」，王溥本、王鎣本、朱本、汪本、張本、吴本等作「瑟」；按：《列子・湯問》：「匏巴鼓琴，而鳥舞魚躍，鄭師文聞之，棄家從師襄游。柱指鈞弦，三年不成章。」楊伯峻注引馬敘倫曰：「古書言『琴』、

『瑟』不甚別異。《史記·魏世家》『中旗憑琴而對』，《韓非子》作『推瑟』，《説苑》作『伏瑟』，是其例也。」漢魏六朝文獻中所見「琴柱」的用例，如《古詩一十九首》之十二：「音響一何悲，絃急知柱促。」南朝梁江淹《蓮花賦》：「秋雁度兮芳草殘，琴柱急兮江上寒。」由此大致可以推知，琴柱乃調節弦之張弛以定音準的部件，故須以堅木爲之。

三、轂

簡五：「寡女珥爲穀。」穀，《説文·木部》「楮也」，與文意不合。按：「穀」古音見母屋部，與「轂」古音同，故《爾雅·釋詁上》郝懿行義疏：「轂、穀古音同。」「轂」可指弓弩射击的目標，《管子·小稱》：「匠人有以感斤欘，故繩可得料也；羿有以感弓矢，故轂可得中也；造父有以感轡筴，故遬獸可及，遠道可致。」尹知章注：「轂謂射質棲皮者也。」此義亦用「轂中」，《莊子·德充符》：「遊於羿之轂中，中央者，中地也。」郭象注：「弓矢所及爲轂中。」成玄英疏：「其矢所及，謂之轂中。」

由射質義我們可以建立起「轂」與「的」之間的聯繫。《禮記·射義》鄭玄注：「的，謂所射之識也。」《説文》收「旳」，釋曰「明也」。段注：「旳者，白之明也，故俗字作『的』。」許慎引《周易·説卦傳》「爲的顙」，即馬之額頂爲白色。白色在古人的色彩認知中具有鮮明的特性，故引申爲鮮明義，《文選》宋玉《神女賦》：「眉聯娟以蛾揚兮，朱脣的其若丹。」段玉裁認爲「的」之箭靶靶心義正由此引申而來。由靶心之義引申爲目標、準的，如《韓非子·外儲説左上》：「人主之聽言也，不以功用爲的，則説者多棘刺白馬之説。」

《文選》枚乘《七發》：「九寡之珥以爲約。」李善注引《列女傳》曰：「魯之母師，九子之寡母也。不幸早喪夫，獨與九子居。」「約」字五臣本作「⿰弓勺」，李善注：「《字書》曰：『約，亦的字也。』」的，琴徽也。」《玉篇·弓部》：「⿰弓勺，又作的。」《集韻·錫韻》：「⿰弓勺，射質也。通作的。」

琴徽是一弦外側面板所嵌十三個圓點標志，以金、銀、玉、石等製成。徽之點位實爲弦之泛音振動節點；在按音彈奏時作爲按音準之參考。「的」由靶心、標準之義引申指琴徽義，實因靶心和琴徽這兩者之外形和功能特徵高度相似。「轂」受「的」影響，由「射質」之義平行引申出琴徽義。《韓非子·問辯》：「夫言行者，以功用爲之的轂者也。」正以「的轂」連用表示目標、標準之義。

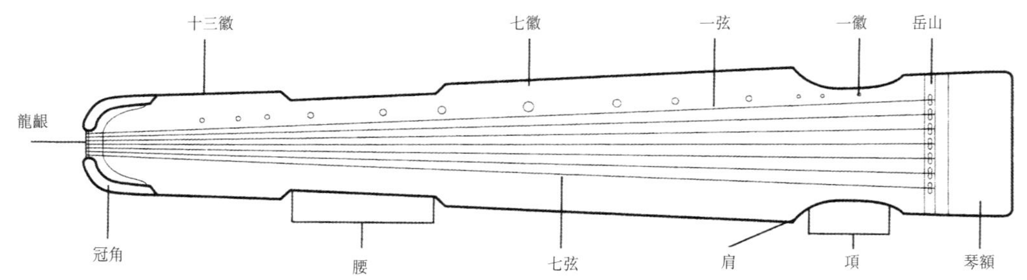

圖一　琴面示意圖

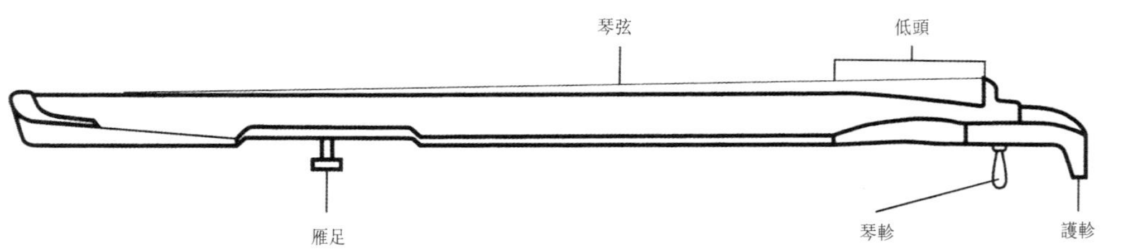

圖二　琴側示意圖

《文選》張銑注：「鉤、珥皆寶也。隱、㔆皆琴上飾，取孤子寡婦之寶而用之，欲其聲多悲聲。」

四、旄象之腬

簡一三：「旄象之腬。」「腬」字作「[glyph]」，右漫漶；參照武威簡「柔」作「[glyph]」、「[glyph]」，范式碑「柔」作「[glyph]」，因釋作「腬」。《說文・肉部》：「腬，嘉善肉也。」《玉篇・肉部》：「腬，肥美也。」概「旄象之腬」即旄牛和大象身上宜食用的肥美之肉。

《呂氏春秋・本味》：「肉之美者，猩猩之脣，貛貛之炙，雋觾之翠，述蕩之踏，旄象之約。」高誘注：「旄，旄牛也，在西方。象，象獸也，在南方。約，節也，以旄牛之尾、象獸之齒以飾物也。一曰：約，美也，旄象之肉美貴異味也。」高誘所提出的關於「約」字的兩種語義解釋中，第一種說法顯然難以成立，以語境分析，此「約」當指可食之物而非飾品。後世學者又提出多種解釋，略述如下：

甲、清雷學淇《介菴經說》：《呂覽・本味》云：「旄象之約。」據王逸《楚辭注》及許氏《說文》，「約」即「尾」也。故《禮》云「旄舞」，《楚詞・招魂》云「土伯九約」，王注：「約，屈也。」「屈」即《說文》「尾」字，今「尾」字。

乙、清梁學昌《庭立記聞》：象約，肉之美者。旄象之約，高注：「約，飾也。一曰美也。」畢氏輯校引《楚辭・招魂》「九約」王逸注：「約，屈也。」疑屈爲𡳐之譌。諸藹堂云：「屈即𡳐，非譌字。《玉篇》：『𡳐，短尾。』與《說文》訓『無尾』同。《淮南・原道》注：『屈讀秋雞無尾屈之屈。』畢校以《說文》『無』字爲衍，亦非。」而象尾不聞與牛尾並稱珍美。明謝肇淛《五雜俎》云：「象體具百獸之肉，惟鼻是其本肉，以爲炙，肥脆甘美。約即鼻也。」此說似勝。然則旄亦以鼻爲美乎？

丙、清洪頤煊《讀書叢録》「旄象之約」條：《本味篇》「旄象之約」高注：「約，飾也，以旄牛之尾、象獸之齒以飾物也。一曰：約，美也。旄象之肉美貴異味也。」頤煊案：「約」當爲「白」，聲之誤也。《文選》張景陽《七命》：「髦殘象白。」《詩・韓奕》正義引陸璣疏「熊脂謂之熊白」，則髦象之脂皆可謂之白也。

丁、清胡紹煐《文選箋證》：張景陽《七命》「髦殘象白」條：《呂覽・本味篇》「旄象之約」高誘注：「一曰：約，美也。」美即脂也，謂旄象之脂也。旄與髦同。《太玄・童》「出泥入脂」范注：「脂，美也。」可證白亦脂也。《大雅・韓奕》「有熊有羆」正義引陸璣疏：「熊脂謂之熊白。」據此，則殘白皆脂名。故《呂覽》陳肉之美，並舉旄象之約矣。

案：諸說中以「尾」或「鼻」等動物部位釋「約」，無論詞義還是文意均有未安；以「約」指肉之美者，則理據似嫌不足。「約」古有於笑切一讀，影母宵部，或可與「肴」（匣母宵部）通；《說文》：「肴，啖也。」段注：「謂熟饋可啖之肉。」《廣雅・釋器》：「肴，肉也。」如此，《呂氏春秋》之

「約」與《反淫》之「脎」語意相同；高誘注以「美」釋「約」，乃以屬性代指本體。

五、臒臒之濡

簡一三濡：通「臑」。「臑」之音義關係比較複雜，約略而言，有如下五項：（一）乃到切，人或動物前肢。《説文》：「臑，臂羊矢也。」（二）人朱切，肱骨。（三）人之切，煮熟。（四）奴困切，肉醬。《集韻・恨韻》：「臑，肉醢。」（五）乃管切，温暖。

文獻中「臑」之音義，舊注分歧較多。《淮南子・詮言訓》：「周公殽臑不收於前。」高誘注：「臑，前肩之美也。」以第（一）項音義釋「臑」；王念孫《讀書雜志》引王引之曰：「臑，當爲腝。」《説文》：「腝，有骨醢也。」取第（三）項音，又取第（四）項義；《楚辭・招魂》：「肥牛之腱，臑若芳些。」王逸注：「臑若，熟爛也，言取肥牛之腱爛熟之，則肥濡腝美也。」以第（三）項音義釋「臑」，洪興祖補注：「臑，嫩耎貌。」取（二）人朱切音。《文選》枚乘《七發》「熊蹯之臑」李善注：「左氏傳曰：『宰夫臑熊蹯不熟。』《方言》曰：『臑，熟也，音而。』」亦以「臑」爲動詞，取第（三）項音義。

案：《吕氏春秋・本味》：「肉之美者：猩猩之脣，貛貛之炙。」《説文》：「炙，炮肉也。」本爲動詞，也作名詞，《釋名・釋飲食》：「炙，炙也。」畢沅疏證：「炙，火熟之肉也。」《文選》揚雄《解嘲》：「東方朔割炙於細君。」劉良注：「炙，亦肉也。」以「熟爛」釋「臑」，則「臒臒之濡」與「貛貛之炙」用詞不同，而句法一律。

王念孫《廣雅疏證》：「胹、臑、濡並通。」《集韻・之韻》「濡」收人之切一讀，釋義爲「亨肉和湆」。

六、愔尋歆憂

簡一六：「愔尋歆憂。」此句似難以由字面直接解讀；而從語音構造上看，「愔尋」古皆侵部，當爲疊韻聯綿字。歆：字當从欠酉聲，與「憂」皆古幽部，故「歆憂」亦當爲疊韻聯綿字。「愔尋」二字前爲影母後爲邪母；「歆憂」二字前爲從母後爲影母；「愔尋」和「歆憂」在聲母上均爲齒音和影母的組合。這種語音構成上的特質，應該不是偶然的。

先討論「歆憂」。二字幽部疊韻。《詩經・陳風・月出》一章：「月出皎兮，佼人僚兮。舒窈糾兮，勞心悄兮。」毛傳：「舒，遲也。窈糾，舒之姿也。」清馬瑞辰《毛詩傳箋通釋》：「窈糾，猶窈窕，皆疊韻，與下『懮受』、『夭紹』同爲形容美好之詞，非舒遲之義。」「窈」古音爲影母幽部，「糾」古音爲見母幽部。「窈糾」描述體態輕盈、柔美多姿之貌。《月出》二章：「舒懮受兮，勞心慅兮。」「懮受」亦爲幽部疊韻聯綿字，《玉篇》：「懮受，舒遲之貌。」胡承珙《毛詩後箋》：「凡此疊字形容，即《梁冀傳》所謂『愁眉啼裝，折要齲齒，以善爲妖態』者也。」懮，影母幽部；受，禪母幽部。《月出》三章：「舒夭紹兮，勞心慘兮。」胡承珙《毛詩後箋》：「舒夭紹兮……謂嬋娟作姿容也。」夭，影母宵部；紹，禪母宵部。張衡《西京賦》：「要紹修態。」「要紹」即「夭紹」。

以上「窈糾」、「懮受」、「夭紹」均與「窈窕」義同；《詩經·周南·關雎》：「窈窕淑女，君子好逑。」「窕」古音爲定母宵部。在語音構造上，這些聯綿字前字聲母爲影母字，後字聲母變化較多；韻母則爲幽部或宵部。[一]「歕憂」前字聲母爲從母，後字聲母爲影母，此屬聯綿字兩個音節互換，楊樹達《積微居小學述林》卷六：「《莊子·逍遥遊》篇云：『藐姑射之山有神人焉，肌膚若冰雪，綽約若處子。』『綽約』即『夭紹』之倒文也。」綽，昌母藥部；約，影母藥部，其語音構造方式和語義與「歕憂」同。

下面討論「愔尋」。「愔尋」皆爲侵部字，關於侵部與幽宵二部的通轉關係，章太炎《成均圖》多所闡述，「侵幽對轉，如禫服作導服，味道作味覃，侵從帚而音亦與帚相轉，寑訓宿而音亦與宿相轉，冘豫即猶豫，栠弱即柔弱是也。」[二]陸志韋、施向東、孫玉文等也作過深入探討，[三]茲不詳述。「愔尋」亦與「窈窕」義同。揚雄《方言》卷十：「遥、窕，淫也。九嶷、荆郊之鄙謂淫曰遥，沅湘之閒謂之窕，窈窕冶容。」郭璞注：「言心遥蕩也。」清戴震疏證：「《廣雅》：『遥、窕，婬也。』義本此。淫、婬同。《荀子·禮論篇》：『故其立文飾也，不至於窕冶。』楊倞注云：『窕讀爲姚。姚冶，妖美也。』」「淫」古音在餘母侵部；「遥」古音在餘母宵部；《方言》所言「淫」在長江中游一帶稱「遥」或「窕」，正反映了上古漢語中幽部字在南方方言區中與侵部字的交涉，可爲佐證。

最後，附帶討論簡一六「憂」的寫法。此簡「憂」寫作「」，「心」在字右，且作「」，與簡帛中一般寫法有異；不過北大藏秦簡《教女》中有此寫法：（思）、（悔）。

七、洛纂

簡一九、簡二〇：「乃使陽文、洛纂，西它、毛蓯。」其中，「洛纂」即《七發》之「閭娵」，注釋部分已從語音方面作了説明。下面試提供更多證據作進一步申論。

[一] 關於幽部和宵部的關係，可參閱華學誠、謝榮娥《秦漢楚方言區文獻中的幽部與宵部》，《語文研究》二〇〇九年第一期。

[二] 請參章太炎《國故論衡》，商務印書館，二〇一〇年。王寧、黄易青《章太炎先生成均圖的結構及其元音系統》，《中國語言學》第二輯，山東教育出版社，二〇一〇年。

[三] 陸志韋《古音説略》，《陸志韋語言學著作集》（一），中華書局一九八五年；施向東《試論上古音幽宵兩部與侵緝談盍四部的通轉》，《天津大學學報》社會科學版一九九九年第一期；孫玉文《漢語變調構詞考辨》「集」字條，商務印書館，二〇一五年。

娵，或作「陬」、「須」、「姝」，王念孫《讀書雜志·荀子第八》「閭娵子奢」條：「楊注曰：『閭娵，古之美女。』《後語》作『明陬』，蓋一名『明陬』。《漢書音義》韋昭曰：『閭陬，梁王魏嬰之美女。』……盧云：『明』是『閭』字之誤，楊未省照耳。」《戰國策·魏策》：「今主君之尊，儀狄之酒也；主君之味，易牙之調也；左白台而右閭須，南威之美也。」《戰國策·楚策》：「閭姝子奢，莫知媒兮。」娵、陬、須、姝四字皆侯部字，故「娵」與「纂」（元部）聲相同（精母）而韻不通。

《說文·糸部》：「纂，侶組而赤。从糸，算聲。」「纂」與「陬」皆有「聚」義。《廣韻》：「纂，集也。」《文選》潘岳《笙賦》：「歌棗下之纂纂。」李善注：「攢，聚貌。纂與攢古字通。」朱駿聲《說文通訓定聲》：「纂，又爲蕝；蕝、纂雙聲。《史記·叔孫通傳》『爲綿蕞』，《索隱》：『蕝，今之纂字。』」裴駰《集解》引如淳曰：「置設綿索，爲習肄處。蕞謂以茅翦樹地爲纂位。《春秋傳》曰『置茅蕝』也。」《文選》潘岳《西征賦》：「蕞芮於城隅者。」李善注引《字林》曰：「蕞，聚貌也。」《文選》左思《魏都賦》：「蠻陬夷落。」李周翰注：「陬，聚也。」

「纂」之「聚」義並非由本義引申而來，而是與「䋈」相關。《說文·糸部》：「䋈，約也。从糸，具聲。」《廣雅·釋詁四》：「䋈，纏也。」由纏束義引申爲會聚義。䋈，見母屋部；娵，精母侯部；二字語義上俱有會聚義，語音上侯屋對轉。

八、宮加

簡二二：「今有廣夏宮加。」宮加：即宮架，或作「宮駕」。段玉裁《說文解字注》：「古無『架』字，以『加』爲之。」《淮南子·本經訓》：「乃至夏屋宮駕，縣聯房植，橑檐榱題，雕琢刻鏤。」馬宗霍《淮南子參證》（齊魯書社，一九八四年）云：「《說文·木部》無『架』字。……架構之字，古蓋假『駕』爲之。《說文·馬部》云：『駕，馬在軛中也。』軛爲轅前橫木，橫於馬之頸上。駕之言加，謂以車加於馬也。引申之，凡以物相交加者皆得曰駕。……『架』乃後起之構架專字。《文選》李注引『駕』作『架』，蓋以專字易假借字，未必所見《淮南》古本如是。」《淮南子·本經訓》又云：「魏闕之高，上際青雲，大廈曾加，擬於昆侖。」高誘注：「大廈，大屋也。曾，重，架，材木相乘架也。其高與崑崙山相像也。」「曾加」即「層架」，指大廈用材木層層疊架。

九、笑

簡二二：「素笑檐榱。」「笑」字从竹天聲。案：「素笑」即「素題」，「天」與「題」皆有人之顛頂義，爲同源字（參見王力《同源字典》三二五頁）。《說文·一部》：「天，顛也。」《廣雅·釋言》：「天，顛也。」《易·睽卦》：「其人天且劓。」虞翻注：「黥額爲天。」陸德明《經典釋文》引馬融注：

「剟鑿其額曰天。」徐中舒主編《甲骨文字典》：「自羅振玉、王國維以來皆據《説文》釋卜辭之、、爲天，謂象人形，二即上字，□象人之顛頂，人之上即所戴之天，或以□突出人之顛頂以表天。」《廣雅・釋親》：「題，頟也。」《山海經・北山經》：「文題白身。」郭璞注：「題，額也。」二字古音亦近：天，透母真部；題，定母支部。「題」有物體之一端義，《孟子・盡心下》：「高堂數仞，榱題數尺。」趙岐注：「榱題，屋霤也。」《淮南子・精神訓》：「今高臺層榭，人之所麗也，而堯樸桷不斲，素題不枅。」高誘注：「素題者，不加采飾。不枅者，不施欂櫨，俱交架也。」

十、⿰氵⿱㕣木楊

簡二四：「陰⿰氵⿱㕣木楊之下。」⿰氵⿱㕣木，字疑从「㕣」聲（羣母幽部），通「樛」（見母幽部），《説文・木部》：「朻，高木也。」段注據《韻會》改爲「高木下曲也」，云：「樛即朻也，一字而形聲不同。」案：「樛」從「翏」聲，《説文・羽部》：「翏，高飛也。」又《風部》：「飉，高風也。」又《水部》「漻，清深也。」又《口部》「嘐，誇語也。」故「樛」當有長大義。《文選》謝朓《敬亭山》：「樛枝聳復低。」吕向注：「樛，長。」《文選》班固《幽通賦》：「葛緜緜於樛木兮。」張銑注：「樛木，高木也。」《文選》孫綽《遊天台山賦》：「攬樛木之長蘿。」李周翰注：「樛木，長木也。」故「⿰氵⿱㕣木楊」即長楊。

十一、菌鶴

簡二八：「菌鶴鷦義。」菌鶴：鳥名。《逸周書》卷七：「請令以珠璣、瑇瑁、象齒、文犀、翠羽、菌鶴、短狗爲獻。」孔晁注：「菌鶴，可用爲旌翳。」《墨子》卷十五：「壞其牆無以爲客菌。」孫詒讓《閒詁》：「菌猶言翳也，《周書・王會篇》有『菌鶴』，孔注云：『菌鶴可用爲旌翳。』是菌有翳蔽之義。」案：孔注解説菌鶴之用途，非釋「菌」義，故以此證菌有翳蔽之義，所據不足。朱駿聲《説文通訓定聲》：「菌，又託名幖識字。《周書・王會》『翠羽菌鶴』注：『菌鶴，可用爲旌翳。』」亦不足信。案：菌鶴，或即玄鶴，《史記・司馬相如列傳》「雙鶬下，玄鶴加」張守節正義引《相鶴經》云：「鶴壽二百六十歲則色純黑。」玄，匣母真部；菌，羣母文部；漢代真文二部合流。

十二、⿰井鳥

簡二八：「孔鶾⿰井鳥鵜。」⿰井鳥，从鳥井聲，疑即「鶄」字異體，二字均精母耕部；又《説文・鳥部》：「鳽，鮫鶄。」《爾雅・釋鳥》：「鳽，鵁鶄。」「⿰井鳥」與「鳽」形近義同。㓝、刑同一字。鶄：《廣韻・青韻》：「鶄，鶄鶴，鳥也，出南海。」《文選》左思《吴都賦》：「鶄鶴鶖鶬，鸛鷗鷁鸕，氾濫乎其上。」

十三、㡿

簡三八：「猶㡿蠸之與騰蛇。」案：《説文·广部》：「㡿，郤屋也。」段玉裁注：「俗作『厈』、作『斥』。」又「訴」下段注：「凡從『㡿』之字，隸變爲『庠』，俗又譌『斥』。」居延漢簡「斥」作庠（圖版158.11）、庠（圖版139.6）；馬王堆漢墓帛書「斥」作庠（相馬經四上）、庠（相馬經三一下）、庠（相馬經一〇上）。

十四、鏅鐔

簡三九：「鏅鐔曲校。」鐔：劍柄末端與劍身連接處兩旁突出部分，狀如蕈類，亦稱劍珥、劍首等。《漢書·匈奴傳下》：「玉具劍。」孟康曰：「摽首鐔衛盡用玉爲之也。」顔師古曰：「鐔，劍口旁横出者也。」脩鐔：當指建築物上凸出之飾物。《淮南子·本經訓》作「脩掞曲挍」，高誘注：「皆屋飾也。」掞，喻四談部；鐔，邪母侵部。「鐔」從「覃」聲，《淮南子》中有「撢掞」連語，《淮南子·俶真訓》：「夫挾依於跂躍之術，提挈人間之際，撢掞挺挏世之風俗。」吴承仕《淮南舊注校理》云：「掞訓利者，讀與《易傳》『剡木爲矢』同。覈實言之，撢掞疊韻，挺挏雙聲，皆爲連語，不得別義釋之。而《淮南》注文，多有此例。《主術篇》：『狡躁康荒。』注云：『康，安。荒，亂。』狡躁、康荒，並以疊韻成義，明不得訓康爲安，其謬正與此同。不審爲傳寫久譌，抑注家未達訓詁之例也。」由此，《淮南子》之「脩掞」亦當依「脩鐔」爲訓方合高誘「屋飾」之義。

十五、蓂壇總靁

簡三九：「蓂壇總靁。」「蓂壇」爲疊韻聯綿字，義爲曲折迴旋。與「蓂壇」在語音構造上相關的聯綿字很豐富，下面列表略舉數例：

聯綿字	音　韻	語　義	用　　例
盤岸	並元+疑元	盤曲的崖岸。	《文選》宋玉《高唐賦》：「盤岸巑岏，振陳磑磑。」
盤桓	並元+匣元	盤旋；曲折迴繞。	酈道元《水經注·桓水》：「雍戎二野之間，人有事於京師者，道當由此州而來。桓是隴坂名，其道盤桓旋曲而上，故名曰桓，是今其下民謂是坂曲爲盤也。」
盤旋	並元+邪元	旋轉，迂迴。	元稹《夢游春七十韻》：「過盡萬株桃，盤旋竹林路。」
盤蜿	並元+影元	盘旋屈曲。	《齊民要術》引舊題晉郭璞《玄中記》：「天下之高者扶桑，無枝木焉；上至天，盤蜿而下屈，通三泉也。」

聯綿字	音韻	語義	用例
槃衍	並元+餘元	盤曲延展貌。	劉向《説苑・辨物》：「靈龜文五色，似玉似金，背陰向陽，上隆象天，下平法地，槃衍象山，四趾轉運應四時，文著象二十八宿。」
盤盤	並元+並元	曲折迴繞貌。	李白《蜀道難》：「青泥何盤盤，百步九折縈巖巒。」
薠壇	並元+定元	曲折迴旋。	

案：「壇」有上演切一讀，禪母元部。《周禮・夏官・大司馬》：「暴内陵外則壇之。」鄭玄注：「壇，讀如同墠之墠。」如此則上述聯綿字在語音構造方面更具一致性。

附論：《反淫》用韻特點初探

《反淫》在語言形式上以四言爲主，間取六言、五言或更長的句子；韻散夾雜；一般隔句爲韻；换韻較多。就其用韻的特點觀之，基本與先秦韻部一致，但也呈現出漢代語音的一些特點，如「宇、注」相叶，是侯部三等加入魚部的例子；「枝、離」相叶，是支歌交涉的例子。試看「登臺」一節：

魂曰：「登京夷之臺，以望汝海。左江右胡，其樂无有。兹味襍陳，殽柔措侅。練色淫目，流聲虞耳。眺望直徑，目極千裏，嫪艾男女，相引爲友。乃使陽文、洛纂、西它、毛蓯，含芳被澤，燕服從容，陽鄭衛之浩樂，結敫楚之遺風。此天下至靡樂也，夫子弗欲登邪？」曰：「浸疾未能。」

此節「臺、海、有、侅、耳、里、友」同爲先秦之部；其中「有、友」與「之」部字押韻而不與幽部交涉，也體現出西漢時代的特徵。「蓯、容」東部與「風」相叶，羅常培、周祖謨（一九五七）指出：「《淮南子》的押韻，東冬合爲一部，在西漢韻文中是一個特點。」（《漢魏晉南北朝韻部演變研究》七九頁）下面是「垂釣」一節：

魂曰：「挂滂浩之艾，游同庭之薄，臨石岸之上，陰藻楊之下；靜居閒坐，觀動靜之變，順風波之理，挾蘆竿，垂芳餌，投與浮汎，以鶩鰱鯉。此天下至閒樂也，夫子弗欲施邪？」曰：「浸病未能。」

此節包括三個韻段：「薄、下」爲鐸魚對轉相叶；「變、竿」爲元部叶韻；「餌、鯉」爲之部叶韻。

「逐射」一節有如下韻段：

攝下服之筴，載烏嗃（號）之弓，馬四扶，車折風，取射千金之重。

該韻段以「弓（蒸部）、風（冬部）、重（東部）」爲韻，蒸冬東合韻。羅常培、周祖謨（一九五七）指出：「『風』字與蒸部字押韻的例子，『僅見於揚雄的韻文裏。』」（《漢魏晉南北朝韻部演變研究》五一頁）

「修道」一節有如下韻段：

真骨清血，蹀虛輕舉，刑脉神化，乘雲游霧。歙三危，□白露，哈亢𦑝而充虛，精氣洞於九野，至大極之虛无，騎豹從虎。

該韻段以「舉（魚部）、霧（侯部）、露（鐸部）、野（魚部）、虎（魚部）」，魚侯鐸合韻。羅常培、周祖謨（一九五七）指出：「魚侯兩部合用是西漢時期普遍的現象，這是和周秦音最大的一種不同。作家之中除僅僅存下一兩篇文章的不算以外，像賈誼、韋孟、嚴忌、枚乘、孔臧、淮南王劉安、司馬相如、中山王劉勝、東方朔、王褒、嚴遵、楊雄、崔篆這些人的作品，没有不是魚侯兩部同用的。」（《漢魏晉南北朝韻部演變研究》二一頁）

圖書在版編目(CIP)數據

北京大學藏西漢竹書. 肆 / 北京大學出土文獻研究所
編.—上海：上海古籍出版社, 2015.10 （2021.3重印）
ISBN 978-7-5325-7917-4

Ⅰ. ①北… Ⅱ. ①北… Ⅲ. ①竹簡文－研究－中國－
西漢時代 Ⅳ. ①K877.54

中國版本圖書館CIP資料核字(2015)第287349號

本版責編：毛承慈
裝幀設計：吴均卿
技術編輯：隗婷婷
數碼攝影：蔡志榮　熊　洋

ISBN 978-7-5325-7917-4

北京大學藏西漢竹書[肆]

北京大學出土文獻研究所　編

上　海　古　籍　出　版　社　出版发行

（上海瑞金二路 272 號　郵政編碼 200020）

網　址：www.guji.com.cn
E-mail：guji1@guji.com.cn
易文網：www.ewen.co

上海界龍藝術印刷有限公司印刷
開本 889×1194　1/8　印張 24.5　插頁 6　字數 200,000
2015 年 10月第 1 版　2021 年 3 月第 2 次印刷
印數：1,001-1,300
ISBN 978-7-5325-7917-4/K.2140
定價：1180.00 元
如發生質量問題，請與承印公司聯繫